王村镇志

LOCAL RECORDS OF WANGCUN

山东省淄博市周村区王村镇志编纂委员会　编

图书在版编目（CIP）数据

王村镇志 / 山东省淄博市周村区王村镇志编纂委员会编 .-- 北京：方志出版社，2018.11
（中国名镇志丛书）
ISBN 978-7-5144-3372-2

Ⅰ . ①王… Ⅱ . ①山… Ⅲ . ①乡镇—地方志—淄博
Ⅳ . ① K295.25

中国版本图书馆 CIP 数据核字（2018）第 237641 号

· 中国名镇志丛书 ·

王村镇志

编　　者：山东省淄博市周村区王村镇志编纂委员会
责任编辑：梅中英

出 版 人：冀祥德
出 版 者：方志出版社
地址　北京市朝阳区潘家园东里 9 号（国家方志馆 4 层）
邮编　100021
网址　http://www.fzph.org
发　　行：方志出版社图书经销中心
电话　（010）67110500
经　　销：各地新华书店
排　　版：北京纺印图文设计制作有限公司
印　　刷：北京中科印刷有限公司

开　　本：787 × 1092　　1/16
印　　张：20.5
字　　数：425 千字
版　　次：2018 年 11 月第 1 版　　2018 年 11 月第 1 次印刷

ISBN 978-7-5144-3372-2　　**定价**：165.00 元

序一

习近平总书记指出："不忘历史才能开辟未来，善于继承才能善于创新……只有坚持从历史走向未来，从延续民族文化血脉中开拓前进，我们才能做好今天的事业。"中国优秀传统文化是在漫长的历史长河中历经无数次涤荡和沉淀而形成的思想精髓，蕴藏着无穷的宝藏和无尽的力量。发掘和继承优秀传统文化，是延续中华文明"根"与"魂"的必由之路。与时俱进，推动传统文化不断开拓创新，是中华文明常葆勃勃生机的重要保证。

"国有史，邑有志。"编修地方志是中国特有的文化现象，是中华民族的优秀文化传统。数千年来，连绵不断的志书编修为保护中华民族根脉，传承中华文明发挥了不可替代的作用。中国现存古志有 8000 余种，占现存古籍的十分之一。中华人民共和国成立以来，编修完成数万种省、市、县三级综合性行政区域志、部门志、行业志、专志等，编纂数万种地方综合年鉴、行业年鉴和专门年鉴等，整理出版数千种历代方志及相关研究成果，发表相当数量的方志理论与年鉴理论研究成果。这既是对我国国情、地情持续开展的大规模普遍调查，也是对各地自然与社会发展状况进行的综合研究，其成果构成了一座丰富的文化资源宝藏，为各级领导科学决策提供了重要参考，为推动经济社会发展和文化建设发挥了重要作用。

当前，中国特色社会主义进入新时代，全国地方志事业也进入新时代。如今的地方志事业围绕党和国家利益、经济社会发展，以人民为中心开拓创新，志、鉴、馆、史"四驾马车"并驾齐驱，志、鉴、馆、网、库、用、会、刊、研、史"十业并举"，加快实现在全国范围内全面推进地方志从一项工作向一项事业转型升级。在党中央、国务院的亲切关怀和各级地方志工作者的共同努力下，一批紧密结合社会发展需求、具有独特创造性的工作逐步开展，涵盖中国名镇志、中国名村志、中国名山志、中国名水志、中国名街志等"名志"系列文化工程是其中代表。作为首个"名志"系列文化工程的中国名镇志文化工程，启动于 2015 年，至今已是第三个年头。中国名镇志丛书在记述主体上，选择中国历史文化名镇、经济强镇、特色镇等在全国具有影响力和代表性的乡镇，旨在全面展示中国名镇的文化精髓；在内容题材选择上，重在突出不同名镇的“名”和“特”，力求集中体现不同名镇最精彩的部分，增强可读性；在志书编纂程序设置方面，志书申报、篇目设计、专家审读、专家组验收等流程环环相扣，紧密结合，力争把每一部志书都打造成精品佳志。

习近平总书记指出：“历史和现实都表明，一个抛弃了或者背叛了自己历史文化的民族，不仅不可能发展起来，而且很可能上演一场历史悲剧。”2018 年是改革开放 40 周年，40 年来中华大地发生了翻天覆地的变化，乡镇发生了极为深刻的改变，从粗茶淡饭到有机食品，从粗布衣裙到精美时装，从土屋平房到高楼大厦，人民生活水平大大提高，城乡差距不断缩小。然而，在感受辉煌成就的同时，我们也应该看到，许多精巧的古建、精湛的工艺、亲切的乡音、独特的乡俗也在快节奏的发展中与我们渐行渐远，曾经的家乡正逐渐变为记忆中的故园。

党的十九大报告提出乡村振兴战略，此后党中央、国务院又推出一系列重大举措。实施乡村振兴战略，必须全面加强乡村文化建设，培养乡村文化自信，培植文化之“根”，铸牢文化之“魂”。没有乡村文化的高度自信，没有乡村文化的繁荣发展，就难以实现乡村振兴的伟大使命。振兴乡村文化，既要塑形，更要铸魂，必须遵循乡村发展的客观规律，在发展中把文化的精髓保留下来，把乡土味道、乡村风貌的“魂”传承下去。在保留优秀乡村文化内核的基础上，用现代表现方式，把反映时代精神、先进理念的内容通过群众喜闻乐见的文化产品表达出来，才能够让乡土文化具有更强大的生命力。用创新性的模式书写乡镇志，传承和抢救乡土历史文化，激发爱国爱乡情怀，为探索中国特色新型城镇化发展经验、发展模式、发展道路提供历史智慧和现实借鉴，正是实施中国名镇志文化工程的目的和意义所在。

“月是故乡明”。中国人素有“家国情怀”，家乡的山水是最为美丽的，家乡的风俗是充满温暖的，一声亲切的乡音，一口熟悉的家乡菜，都能拨动游子的心弦，让其魂牵梦萦。中国名镇志丛书是一套全面梳理中国名镇历史人文，挖掘文化特色，突出“名”和“特”的镇志。它能让人民群众深刻感受到本土本乡自然的优美、历史的醇厚、人物的杰出、艺文的风雅等，有助于培养人民群众对家乡文化的自信，激发起人民群众浓烈的爱乡爱国情怀，助力国家新型城镇化建设和乡村振兴战略的实施。

是为序。

中国社会科学院院长
中国地方志指导小组组长　谢伏瞻

序二

连绵不断地编修地方志是我国特有的文化传统，为传承中华文明作出了巨大的贡献。在党中央、国务院的高度重视和支持下，这一古老的文化传统焕发勃勃生机，展现新的活力，成为保存、继承、发扬光大中华优秀传统文化的重要依托，培育和践行社会主义核心价值观的重要媒介，社会主义先进文化建设的重要组成部分，发展中国特色社会主义，增强道路自信、制度自信、理论自信的重要载体，在实现“两个一百年”奋斗目标和中华民族伟大复兴中国梦进程中具有不可替代的地位和作用。

事物总是在不断发展中前进。经过改革开放以来30余年的发展，中国特色地方志事业与传统的编修地方志已不可同日而语，形成了志（志书）、鉴（年鉴）、库（地情数据库）、馆（方志馆）、网（地情网站）、刊（期刊）、会（学会）、研（理论研究）、用（开发利用）等多业并举的新格局。截至2015年10月底，全国编纂完成首轮、二轮省、市、县志书8000多种，编修部门志、行业志、专业志、乡镇村志27000多种，编纂地方综合年鉴2300多种，累计整理旧志2500多种，还编纂出版了大量的地情书，字数以百亿计，形成以反映国情、地情为主要内容，全面系统、持续不断、卷帙浩繁的社会科学成果群。另外，还开通了27个省级网站、230个市级网站、816个县级网站；建成国家方志馆1个、省级方志馆16个、市级方志馆86个、县级方志馆近300个。这些成果，成为国家极为重要的文化资源，是国家文化软实力和公共文化服务体系的重要组成部分。

最近几年，地方志工作的触角在不断延伸，部门志、行业志、专业志、特色志、乡镇村志编纂方兴未艾，成为当前地方志事业发展新的增长点和亮点。特别是乡镇志，兴起了编纂热潮，从自发的民间行为逐渐过渡为政府组织的文化行为，有的省份以政府令形式将其纳入地方志编修范畴，像河南省还以省政府办公厅名义要求全省普修乡镇志。乡镇志并不是一个新生事物，据现有资料可考，宋代常棠所撰《澉水志》是现存最早的一部乡镇志。与省、市、县三级志书相比，乡镇志虽属小志，但意义却不小，特别是在当前国家全力推进新型城镇化建设的背景下，乡镇志的作用更显重要。

启动中国名镇志文化工程，是适应当前新型城镇化建设形势发展需要、地方志事业发展形势需要的重要举措，也是充分发挥地方志存史、资政、育人功能的重要手段。作为最基层行政组织的志书，镇志是最接近中国社会发展变迁的国情、地情记录文本，具有重要的历史文献价值。而作为充分反映本区域自然、政治、经济、文化和社会的历史与现状的资料性文献，镇志又能全面展示发展脉络，摸索发展经验，为探索中国乡镇未来发展方向提供借鉴和参考。当然，对于祖祖辈辈生于斯长于斯的中国人来说，故乡就是一个魂牵梦萦的地方，故乡的情怀终生难忘。留得住乡愁，记得住乡思，充分展示名镇文化魅力，激发爱乡、爱国情怀，正是中国名镇志文化工程题中应有之义。

是为序。

中国社会科学院原院长
中国地方志指导小组原组长　王伟光

序三

“国有史，邑有志”，中国自古就有注重编史修志的传统。按照我国目前地方志行政法规，国家各级地方志机构的法定职责是编纂省、市、县三级志书，并不包括县以下的乡镇志和村志。这种规定，一方面可能因为全国有数百万自然村落和数万乡镇，全部实行官修很难实现；另一方面可能因为我国历史上就有“皇权止于县”的说法，县以下的民间社会历来是一个以自治为主的领域。然而，改革开放几十年来，我国社会正在发生巨变，这种巨变在基层社会的乡镇、村落、家庭领域更为深刻。作为“乡之首，城之尾”的镇，逐渐被日益崛起的大都市淹没了光彩，村落在快速的城镇化过程中每天都在大量消失，农村家庭的小型化、空巢化趋势非常突出。在这种情况下，我一直在思考，如何留得住历史文化记忆和乡愁，如何把修志的工作向基层社会延伸？

中国人的“家国情怀”，是从“诚意、正心、修身”开始，到实现“齐家、治国、平天下”。所以从国家一统志，省、市、县三级志，到乡镇志、村志、家谱，也是一个完整的系统。

正是在这种背景下，我们决定启动中国名镇志文化工程。乡镇是无数中国人生命的底色和成长的摇篮。如何在城镇化进程中，留得住乡愁，记得住乡音，忘不了乡思，事关城镇化进程的人文关怀和文化保护，事关文化血脉的传承。同时，科学记录城镇化进程，反映城镇化成就，也为今后探索城镇化发展规律、积累经验提供了基本素材。作为全面系统记述一定行政区域的自然、政治、经济、文化和社会的资料性文献，志书是以上功能最好的载体。

我国目前有 4 万多个乡镇，全部修乡镇志还不具备条件。中国名镇志丛书选择的是传统文化名镇、历史军事重镇、革命历史名镇、民族特色名镇、特色经济名镇、旅游景观名镇等类型的乡镇，应该是最具代表性的，在中国乡镇文化传承和社会发展中具有标杆意义。

编纂中国名镇志丛书是对乡土历史文化的保护。随着城镇化进程加快，有不少乡镇被撤并，有些还是在历史上有重要意义的历史文化名镇、特色镇等。如不及时对其历史进行整理、记录，这些重要的历史资料将散佚殆尽。因此，中国名镇志丛书的编纂是对宝贵历史资料的抢救。

编纂中国名镇志丛书是对乡土意识的传承。什么东西有魅力？故乡的山水，乡音乡情的记忆，乡土的气息和家乡菜的味道，不管走到哪里，总是触动心弦。中国名镇志丛书记录的是家乡的山山水水，家乡的历史文化，家乡的风土人情，留住的是乡愁。这些最能激发远方游子和本地民众的爱乡情怀、爱国情怀。

编纂中国名镇志丛书是一种学术探索。镇志的编纂，实质也是一次深入的社会调查研究。“麻雀虽小五脏俱全”，相比省、市、县，乡镇第一手资料的获得需要付出更大的努力。我们也希望在志书编纂上有所创新，使中国名镇志丛书成为一套图文并茂、雅俗共赏的新型志书。

中国社会科学院副院长
中国地方志指导小组常务副组长 李培林

山东省淄博市周村区王村镇志编纂委员会

2016 年 1 月至 2017 年 2 月

主　　任　耿　峰

副 主 任　张开俊

委　　员　李　民　张保国　梅　雷　成　科　张丽娟
李　锋　张　兴　王现坡　李　刚　毕于意
李怀晶　朱训祥　赵　勇

办公室主任　张丽娟（兼）　李　锋（兼）

山东省淄博市周村区王村镇志编纂委员会

2017 年 3 月至 2018 年 10 月

主　　任　张开俊

副 主 任　王晓峰

委　　员　张保国　梅　雷　袁　钊　张丽娟　李　锋
王现坡　王泽旭　李　刚　李　建　李玉海
孙洪滨　毕研娟　孙　娜　毕于意　李怀晶
樊继锴　史芸安

办公室主任　张丽娟（兼）　毕研娟（兼）　孙　娜（兼）

山东省淄博市周村区王村镇志编辑人员

主　　编　李国经　孙方之

编　　辑　毕于润　吕则泉　毕思宝

　　　　　张德生　刘延华　毕玉桓

编　　务　王媛媛　王　帅

照片提供　孙方之　王恩元　王焕尧　王荣亨　张砚铭

　　　　　沈远海　毕　娟　韩发远　彭延宽　毕于起

　　　　　王村镇宣传办公室

　　　　　王村铝土矿

　　　　　山东第二耐火材料厂

　　　　　山东省生建八三厂

　　　　　山东华王酿造有限公司

中国名镇志丛书凡例

一、以马克思列宁主义、毛泽东思想、邓小平理论、“三个代表”重要思想、科学发展观、习近平新时代中国特色社会主义思想为指导，坚持辩证唯物主义和历史唯物主义的立场、观点和方法，存真求实，全面、客观、系统记述中国名镇城镇化进程和改革开放成果，传承和抢救乡土历史文化，激发爱国爱乡情怀，留住乡愁，为探索中国特色新型城镇化建设、服务乡村振兴战略提供历史智慧和现实借鉴。

二、为全面反映入志事物发展脉络，各志上限追溯至事物发端，下限一般断至各镇志启动编修年份，个别重大事项可延至搁笔。详今明古，着重反映时代特色和地方特点，重点体现各镇的“名”与“特”。

三、记述地域范围以下限年份的行政辖区为主。为体现名镇在更大区域内的意义，可以从更开阔的区域视野记述与该镇相关的内容。

四、统一采用纲目体，设类目、分目、条目三个层次。横排门类，纵述史实，述而不论。

五、综合运用述、记、志、传、图、表、录等各种体裁，以志体为主。体裁运用适当创新，篇目设置不求面面俱到，一般意义上的乡镇级内容略去不载。

六、除引用文字和附录文献资料外，统一使用规范的现代语体文记述，行文力求朴实、严谨、简洁、流畅、优美，具有较强可读性。

七、人物部类遵循“生不立传”原则，人物传主按生年排序，只选录对本镇发展有重大影响的人物，不面面俱到。

八、各项数据一般采用国家统计部门数据。数据缺乏的，采用主管部门或主办单位正式提供的数据。

九、数字用法、标点符号、计量单位分别执行国家标准《出版物上数字用法》（GB/T 15835—2011）、《标点符号用法》（GB/T 15834—2011）、《国际单位制及其应用》（GB 3100—1993）和《有关量、单位、符号的一般原则》（GB 3101—1993）。历史上使用的计量单位，如斗、石、里、尺、磅、华氏度等，在引文时可照录。考虑到社会使用习惯，全书中亩不统一换算。

十、中华民国成立前的纪年，使用朝代年号纪年，括注公元年份；中华民国成立后的纪年，均使用公元纪年。志中所称“解放前（后）”，以该镇解放日为界；“新中国成立前（后）”，以中华人民共和国成立日 1949 年 10 月 1 日为界；“改革开放前（后）”，以 1978 年 12 月中共十一届三中全会召开为界。本志“×× 年代”，凡未加世纪者，均指 20 世纪。

十一、为节省篇幅，避免重复，本志采用条目互见法。参见条目的表示形式为：参见本志“×× 类目 · ×× 分目 · ×× 条目”。

十二、对旧志、古籍中的繁体字、冷僻字一般用简化字或通用字替换，易引起误解的则保留。

十三、记述各个历史时期的党派、机构、职务、地名等，均以当时的名称为准。对频繁使用的名称，首次用全称并括注简称，其后用简称。

十四、各镇志需要单独说明的事项，均在各自编纂始末中记述。

王村镇在中国的位置

审图号：GS（2018）5807 号

王村镇在山东省的位置

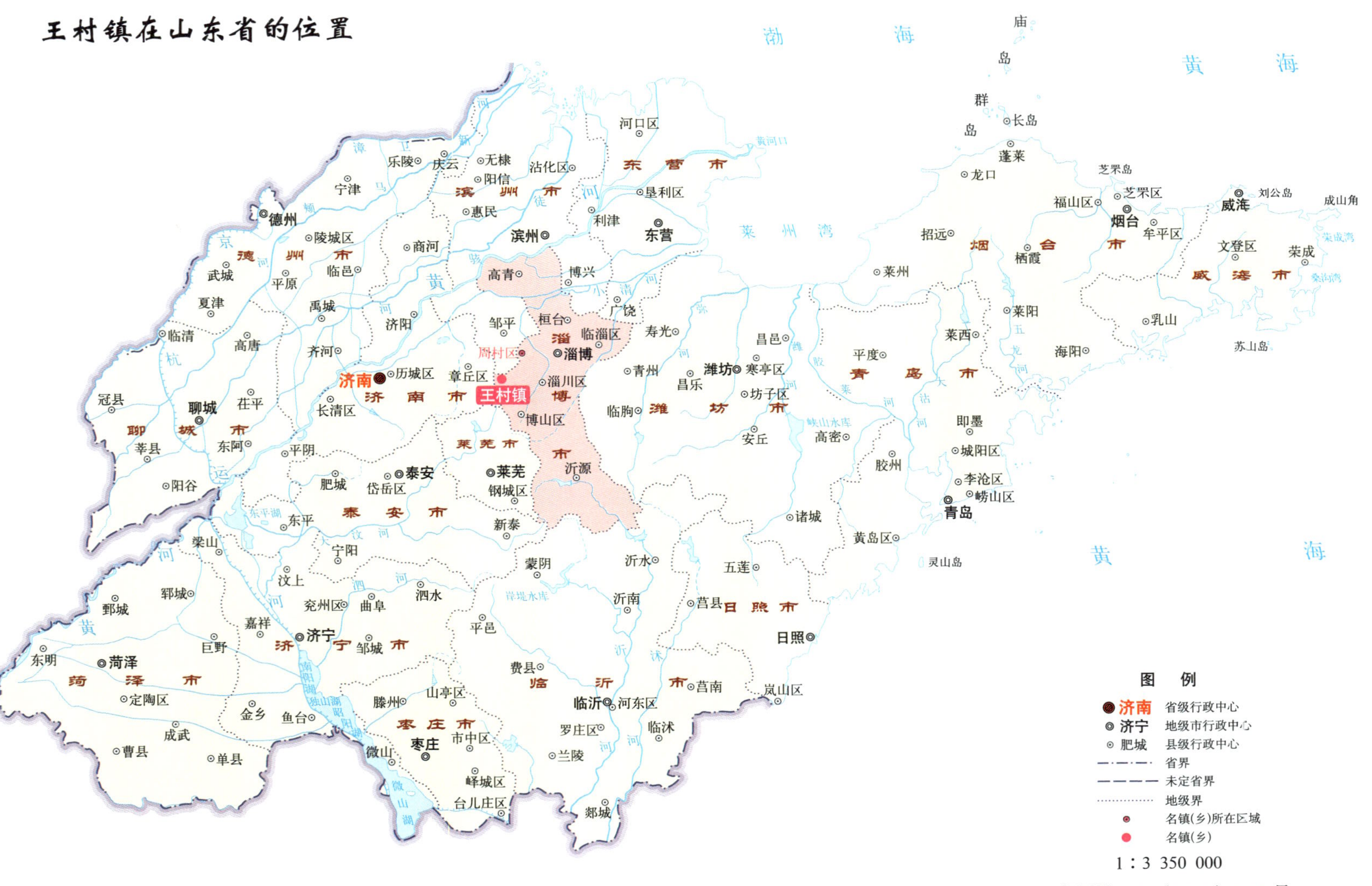

渤海
黄海
莱州湾
庙岛群岛
长岛
蓬莱
龙口
芝罘岛
芝罘区
福山区
烟台
牟平区
刘公岛
威海
成山角
文登区
荣成
乳山
苏山岛
招远
栖霞
莱州
莱阳
海阳
烟台市
威海市
莱西
平度
即墨
城阳区
李沧区
崂山区
青岛
胶州
黄岛区
灵山岛
青岛市
高密
诸城
五莲
日照
日照市
莒县
莒南
岚山区
昌邑
寒亭区
潍坊
坊子区
昌乐
青州
寿光
临朐
安丘
潍坊市
河口区
垦利区
东营
利津
东营市
沾化区
无棣
阳信
庆云
乐陵
滨州
惠民
滨州市
博兴
高青
广饶
桓台
临淄区
淄博
周村区
王村镇
淄川区
博山区
沂源
淄博市
邹平
章丘区
济南
历城区
长清区
济南市
济阳
商河
齐河
平阴
德州
宁津
陵城区
临邑
平原
禹城
武城
夏津
德州市
临清
高唐
茌平
聊城
东阿
冠县
莘县
阳谷
聊城市
泰安
岱岳区
肥城
东平
宁阳
新泰
泰安市
莱芜
钢城区
莱芜市
蒙阴
沂水
沂南
平邑
费县
临沂
河东区
罗庄区
兰陵
临沭
郯城
临沂市
梁山
汶上
兖州区
曲阜
泗水
嘉祥
济宁
邹城
金乡
鱼台
微山
济宁市
郓城
鄄城
巨野
东明
菏泽
定陶区
成武
曹县
单县
菏泽市
滕州
山亭区
枣庄
市中区
峄城区
台儿庄区
枣庄市
东平湖
南阳湖
独山湖
昭阳湖
微山湖
峡山水库
岸堤水库
黄河口
图例
济南 省级行政中心
济宁 地级市行政中心
肥城 县级行政中心
省界
未定省界
地级界
名镇(乡)所在区域
名镇(乡)
1：3 350 000
审图号：GS（2018）5807 号

王村镇地图

南郊镇
凤凰山
北河东
宁家庄
金山
南河东
萌
水
镇
簸箕山
东阳夕
西阳夕
葫芦山
邹
平
县
G309
郭家新村
平楼新村
东道开
彭家庄
彭东社区
西道开
郭家庄旧址
平楼村旧址
陈家庄旧址
双沟
毛家庄
后坡庄
解家泉旧址
姚家庄旧址
上沙沟
朱家庄
和家庄
前坡庄
朱首湾
下沙沟
栗家庄
黄埠
小尚庄
章
王村镇
万家庄
大尚庄
丘
区
王洞村
王村村
东铺
中央村
西铺
大史社区
栾古城
曹古城
川
市
尹家庄
苏李村
张古城
杨古城
大史家庄旧址
辛庄
沈古城
李家疃
淄
西宝山

图　例
镇政府驻地
村庄
县界线
乡镇界线
铁路
G309 国道及编号

审图号：GS（2018）5807 号

蒲松龄画像

《石隐园里的晚宴》：清康熙二十六年（1687），一代诗宗王渔洋在王村镇西铺村石隐园与蒲松龄相会　韩家平　绘画

西铺村“四世一品”石牌坊（2015 年）

四岳一品
豸冠迭持鳳誥頻頒民部第

胶王公路王村段（2016年）

路经镇域的高速动车（2015年）

目录

《聊斋志异》诞生地

巍峨葱茏簸箕山（2010 年）

王村镇地处山东省中部，淄博市最西端，济南、滨州、淄博三市交界处，隶属淄博市周村区，素有“淄博西大门”之称。2015 年，全镇总面积 57.49 平方千米，人口 44116 人，辖 41 个行政村，1 个居民委员会。改革开放以后，先后被列入全国小城镇建设试点镇、全国小城镇综合改革试点镇、全国综合实力千强镇、山东省历史文化名镇、省级文明镇。

王村古称王村峪，又称王村店。域内村庄沿峪而列，散落如舟。北望泰岱副岳山东长白山，层峦叠嶂，岚光照人；南瞻豹山、冲山诸峰，远近错落，闲云飞渡；东北隅凤凰山、葫芦山、卧虎山、簸箕山，依次横列，似屏如嶂。青杨河一泓清流，从镇域西鄙北流而去；白泥河从白云山南麓清嶂泉汩汩而出，东流与望京河、七河、毛家泉、葫芦山诸泉相汇，于猪头湾伏山汇流东去入范阳河。王村扼东西交通孔道。明朝中叶以后，济南府通往青州府的官道就纵贯镇域，清光绪三十年（1904）胶济铁路修通后，在王村设车站。民国以后，王村至周村、博山、淄川的公路先后贯通，王村成为鲁中地区的交通枢纽。改革开放后，交通更加畅达，309 国道、102 省道、胶王公路、泉王公路四条干线从域内穿过，胶济铁路、胶济电气化铁路从域内东西穿过。西达省会济南，东经周村到淄博中心城区，皆不足一小时车程。

王村镇田园风光（2010 年）

早在龙山文化时期，这里便有先民聚居繁衍。西去20千米，便是著名的龙山文化发现地城子崖遗址。凤凰山船沟遗址、南河东东周文化遗址、大史村济南国汉墓遗址、李家疃文化遗址、唐家石屋等古人类遗址，都曾出土龙山文化至唐宋间的人类文化遗迹和文物。殷商时期的逄陵古城，西汉时期的土鼓城，都曾是街巷相接、烟火千家、车毂相击的山左重镇，领一时风骚。王村有民谚曰“唐朝建庙，元朝修道”。有碑碣可征，大兴教寺建于唐代，炳灵公庙则建于元朝。旺盛的香火相伴繁盛的交易，王村成为远近闻名的山左繁华市镇，明嘉靖《淄川县志》就把王村列为“王村镇”。历经明清两朝，王村经济、文化发展达到极盛。至清朝初年，被文人士子称为“西南一都会”。

岁月悠悠，沧海桑田。经元末战乱，山东地区炊烟不升，十室九空。明初，朝廷自山西、河北等地区向山东地区大批移民，王村一带是移民落籍重点地区。百余年后，有三个家族脱颖而出，成为一方望族，这便是苏李庄王氏、李家疃王氏和西铺庄毕氏。明朝洪武年间（1368—1398），苏李王氏定居豹山之阴苏李庄，世代耕读，至五世王教考中进士，任职于户部。王教一介郎官，却志向高远，操同冰清。课门门治，榷关关治，

三老“论寿”（2005年）

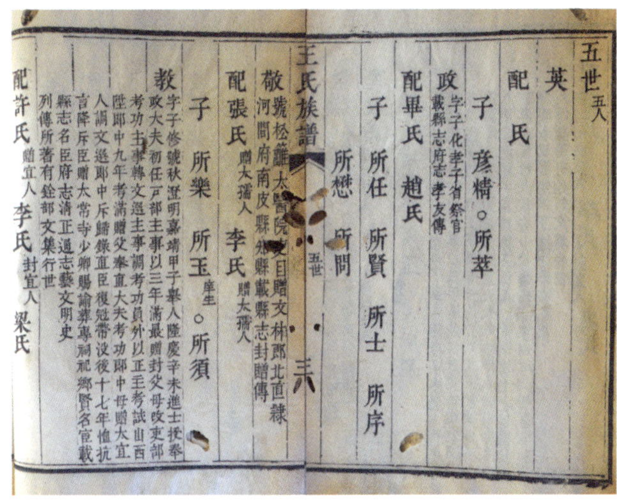

五世 五人
英
配 氏
子 彥犒。所萃
政 字子化孝子省祭官載縣志府志孝友傳
配畢氏 趙氏
子 所任 所賢 所士 所序
所懋 所問
王氏族譜 五世 三六
敬 號松巖太醫院吏目贈文林郎北直隸河間府南皮縣知縣載縣志封贈傳
配張氏 贈太孺人 李氏 贈太孺人
子 所樂 所玉 庠生。所須
教 字子修號秋涇明嘉靖甲子舉人隆慶辛未進士授奉政大夫初任戶部主事以三年滿最贈封父母改吏部考功主事轉文選主事調考功員外以正己考試山西陞郎中九年考滿贈父奉直大夫考功郎中母贈太宜人調文選郎中斥歸錄直臣復冠帶沒後十七年恤抗言降斥臣贈太常寺少卿賜諭葬專祠祀鄉賢名宦載縣志名臣府志清正通志藝文明史列傳所著有銓部文集行世
配許氏 贈宜人 李氏 封宜人 梁氏

王教于《王氏族谱》中的记载

督赋赋治，所至有声，被民众视为古贤臣庚桑楚再世。任吏部考功司郎中后，选贤任能，激浊扬清，抑斥奔竞，深得朝野称赞，得“冰鉴”之誉。王教之后，科举连捷，廉吏数出。王教之侄王所须，官任知县、知州。他秉承王教精神，廉洁勤政，体恤民瘼，积劳成疾，殉职任上。明末清初，王所须三子连中进士，“兄弟三进士”的光环，耀眼一时。百年之内，其后裔入仕为官者次第相望，至清末有十余人之多，居官清廉，有乃祖之风。明天启元年（1621），朝廷下旨，在淄川县城为王教立专祠供祀，门额上“风清百世”四个擘窠大字，近四百年间引来无数路人仰慕的目光。至今苏李庄的古槐、铺道、王氏祠堂，似乎还在向人们诉说着王氏家族当年的荣耀和辉煌。继苏李王氏之后崛起的是淄西毕氏。百余年的家业积累，持续数代的耕读教子，到第七世时，毕氏家族终于完成了乡绅向官宦的“龙门之跳”，首功之人是明嘉靖年间的布衣毕木。毕木胸次高旷，和易坦直，好善乐施，极重教子齐家，推行仁爱谦让。他立下家训：守前谟，不居间，不放债，不攻煤井；愿后世，学吃亏，学认错，学好读书。他与诸子朝夕相伴，督学课书，劝善责恶，如春风化雨。其四子毕自严赴任松江府推官时，他只以“清、慎、勤”三字相嘱。毕自严为官42年，履职21任，官至太子太保、户部尚书。其时兵事四起，国库亏空。毕自严殚精竭虑，矢忠矢勤，左撑右持，力挽狂澜。八子毕自肃，官至辽东巡抚，捐躯边关。毕木六子毕自寅，官至南京户部广东司主事。毕木八子中二进士，一举人，毕木被誉为“淄邑教子第一人”。毕氏自明嘉靖年间（1522—1566）开枝散叶，人丁兴旺。“兄弟三士同升”之后，毕氏代有科名，至清朝晚期，流风余韵犹存，

十七世毕道远，官至户部右侍郎、仓场总督、礼部尚书、兵部尚书，以廉直、平易、亲民闻名朝野，乡民誉之为“青袍尚书”。毕氏之家风家教远播齐鲁，毕道远撰联表其家族为“十七世诗礼门第，五百年孝友家风”。李家疃王氏崛起于明朝后期，王宣化为官

苍翠蓊郁的葫芦山生态园（2013 年）

清廉，秉公执法，坚却珠宝十坛，依律置罪官死刑。王氏后人经商致富，至清中期成为钟鸣鼎食、富甲一方的大家望族。亭台楼榭，豪宅高第相连成片，粉墙黛瓦，深巷古院，明清风韵今日犹存。

蒲松龄设馆教学、写作《聊斋志异》的绰然堂（2014 年）

康熙初年，社会安定，人民休养生息，王村的人文历史迎来了繁荣气象。西铺万卷楼旁，石隐园里花木扶疏，簸箕山下，候仙园中蝉鸣泉响，文人荟萃，高珩、唐梦赉、袁藩、毕际竑、毕际有，皆为才情出众、高蹈脱俗之士，又同为仕途坎坷、命运多舛，相聚一起，谈古论今、诗酒唱和，登东西豹山，攀长白诸峰，探查牙幽洞，濯青杨、白泥诸水，颇得魏晋士人之意。不过，他们对市俗的态度又不同于古人，也曾应县令之请，纂修《淄川县志》。毕际有曾在王村大集代完市税，唐梦赉也曾在磁窑坞代完市税，二人匡时救弊、关心民瘼之志昭然乡里。康熙十八年（1679），有一位书生走进了石隐园，这位独具才情的书生，便是后来被称为“世界短篇小说之王”的蒲松龄。蒲松龄和其在王村坐馆期间完成的《聊斋志异》，让王村和毕氏名扬天下。蒲松龄坐馆毕府，东翁慧眼识才，对西席待之优渥，尽管诸孙科举无名，而竟从无半点责怨。毕府内万卷楼藏书甚富，蒲松龄如鱼得水。经史子集、百家艺文、科考制艺、桑农巫医、野史笔记、天文地理，蒲松龄拆箧翻栋，如渴骥饮泉，废寝忘食，终成饱学之士，自然成为“淄西文化圈”的后起之秀。他的交际圈逐渐扩大，诗词唱和，代人酬答，修路社事，惩恶扬善，乡里间无人不识蒲先生。蒲松龄愤世嫉俗，欲借小说浇胸中块垒，搜集奇闻异事，几近痴迷。酿酒作坊里，与酒大工、醋大工讲古；王村短工子市里，听庄稼汉倾诉愁怨；西铺村头古道旁，他设茶水招待路人，搜罗稀奇见闻。夜雨篷窗，豆棚瓜架，都曾有蒲松龄的身影。据西铺村毕氏耆老回忆，“聊斋”就是万卷楼之旁的三间砖房，民国初年时，门额上尚有砖雕“聊斋”二字，乃是篆书，大如茶盘，蒲松龄在此下榻，篝灯夜读，呵冰濡毫，创作出一篇篇“志异”小说。“千秋学馆名中外，不赖东家赖塾师”，正是蒲松龄与毕府的邂逅，才熔铸出一座文学丰碑。

王村群山环绕，地故硗啬，却也是一方水土养一方人。独特的褐土性土地适宜种植谷子、高粱，而它们是酿酒拌醋的优质原料。经过匠人上千年的薪传演进，以当地高粱、红谷再辅之以甘洌泉水，酿造出的王村黄酒、王村醋，成为名闻遐迩的山东特产。明朝中期，毕氏家族就已经在王村街上建有酿造黄酒、食醋的作坊。明崇祯年间（1628—1644），毕自严诸子分家，其中一支家产中就有“临街坊子三座”的记载，王村街上至今仍有“坊子崖”的地名。清朝前期，“水里淘金”的酿造业成为王村的主导产业，王村牛家、杨家等家族都开始经营酿造业。曾几何时，王村街店铺林立，交易繁盛，“红谷梅魁酒”送进京城进贡。1927 年，王村红谷酒在胶济铁路沿线土特产品展览会上获得二等奖。20 世纪 30 年代，王村街上酿造业字号达 30 余家。客商熙攘，车载马驮，产品畅销黄河两岸，泰山南北。新中国成立后，王村酿造业百溪汇流，成立国营企业王村酿造厂，数百年的酿造工艺得以传承、发扬光大。2009 年，王村醋传统酿造技艺被列入山东省省级非物质文化遗产名录。除王村黄酒、王村醋之外，曾令王村蜚声在

王村特产：王村醋、王村黄酒、王村豆花香酱油（2010 年）

外的还有手工织造的“王村绸”。王村绸用槲蚕丝织造，其柔滑、舒适的质地，典雅的“宝光色”，又比桑蚕丝绸胜出一筹。从清道光年间（1821—1850）到20世纪30年代，王村绸走俏江北百年，被记入《中国实业志》和《淄川乡土志》。

造化的力量慷慨赠予王村让人艳羡的资源禀赋，王村地下尽是宝藏。20世纪三四十年代，铝矾土、黏土开采引来国内外业界的关注和侵略者的贪婪掠夺。七七事变之后，日本侵略者专门修筑从王村火车站至康山子的铁路支线，一车车耐火原料被辗转运到青岛港，装船运往日本。新中国成立后，国家在王村建设起山东王村耐火材料厂、山东王村铝土矿、山东生建八三厂。20世纪五六十年代，王村焦宝石产业崭露头角，为中国的钢铁工业发展立下汗马功劳，并出口创汇，支援国家建设。改革开放的号角吹响以后，耐火材料产业进入全面发展的春天。1993年，王村铝土矿生产的硬质黏土熟料获得国际欧洲质量奖。2015年，王村有黏土矿开采企业5家，已探明储量2315.6万吨，开采量76万吨。耐材制品企业160余家，耐材行业年销售收入达到72亿元，王村成为闻名全国的耐火材料基地。

岁月的脚步匆匆而过，不经意间留下一些痕迹。走进王村镇，许多村庄依然保有明清风貌。古宅老院，青砖灰瓦，布局严整，有的高昂雄伟，有的精致典雅，窄巷古树，塘湾石桥，点缀其间，与白墙红瓦的现代民居揖让进退。民国以前的建筑群有20余处，其中以李家疃、西铺村、万家村、苏李村、沈古城村、东铺村、北河东村保存最为完好。李家疃以“九门一庄”为中心的古院落有30余座，古建筑占地面积4万平方米，多数建于清中期以前。清朝乾嘉年间（1736—1820）的酒店胡同、盐店胡同、亚元府和“四大门”、“五大门”依然完整，“养在深闺人未识”。2010年，李

李家疃亚元府大门（2015年）

家疃被住建部、国家文物局命名为“中国历史文化名村”。2013 年后，开始规划、实施修复保护工程。2015 年，建起李家疃村乡村记忆博物馆。万家村是毕氏家族聚居之地，现有明代建筑两处，一处是始建于明代嘉靖年间（1522—1566）的菩提庵，清朝咸丰五年（1855）重修时，户部右侍郎、仓场总督毕道远撰文作记的石碑仍存。另一处是建于明嘉靖年间的百业堂，为毕木祀先教子之处。毕道远于清光绪年间为祭祀其先祖辽东巡抚毕自肃所修建的祠堂，今辟为毕道远纪念馆暨毕氏家族文化展馆。还遗存投豆亭、卜子城、万安溪、万安桥、毕氏谕葬墓等明清古迹多处。苏李村明清古建筑群，包括王氏宗祠（时思堂）、王氏家族私塾学校、王氏家宅等，占地 1200 余平方米，明万历十四年（1586）王教兄弟所建的“时思堂”，至今保存完好，被列为山东省文物保护单位。西铺村是毕氏祖先始迁之地，也是明崇祯年间户部尚书毕自严尚书府第所在，同时是《聊斋志异》诞生之地。今存有毕氏家祠和尚书府、石隐园等明清古建筑。尚书府被列为山东省文物保护单位。20 世纪 80 年代，将石隐园一部分开辟为蒲松龄书馆，作为文化旅游景点对外开放，被列为青少年爱国主义教育基地。2015 年，开始实施石隐园、尚书府的修复、保护工程。2015 年起，万家村、西铺村、北河东村、东铺村也相继被列为山东省传统村落，加以保护。沈古城村等明清古建筑群被列为山东省文物保护单位。对于这方土地上的文化资源，王村镇一直视如拱璧，倍加呵护，制订了王村镇总体规划，实施文物古迹保护工程。

王村远离城邑，三面环山，民风淳朴，习俗袭古。民国以前，几乎村村有泰山社、观音阁、关帝庙、土地祠，因为地近泰山副岳，民众信仰“泰安奶奶”尤为普遍。传说农历三月十五为泰安奶奶生日，村村醵资派人赴泰山“接驾”，演戏庆贺，尤为隆重。又有龙王庙、石大夫爷爷、炳灵公诸神信仰。明朝时，祈雨、葫芦山会、青龙山庙会、春社、杂耍扮玩诸项民众活动已经十分兴盛。每当太平之岁，人情欢娱，箫鼓之声阗街溢巷，一乡男女童叟同此一乐。王村实为西路五音戏发源之地。清末民国初，五音戏（“肘鼓子”戏）在镇域兴起，李家疃村王焕奎演艺绝伦，艺名“自来喜”，唱念做打，有勾魂摄魄之功，时与“五音泰斗”邓洪山齐名。新中国成立以后，演戏、扮玩之俗风靡乡村，春节过后，元宵节前，村村搭戏台，街街锣鼓声。改革开放以来，芯子、高跷、旱船、龙灯、舞狮等杂耍活动又起新潮，彭阳威风锣鼓串乡进城，名震一时。

文明进步的车轮是靠人推动的，人最值得称道的品格是善良。从古至今，王村一地，代有古道热肠之士。他们担当道义、扶危济困，关心桑梓，兴利除弊，世代传颂。明清时期，毕恪捐资修桥；毕忠臣善行乡里，名列“旌善亭”；王教捐粮舍粥，全活灾民逾万；毕木焚卷豁债；毕自严父子设义仓赈灾，毕际有代完市税；杨学峻慷慨捐金，义救乡亲出囹圄，捐金解兄弟讼争，义举善行流传乡里。民国年间，崔馥堂勇斗日酋救乡亲，卖地办赈全活乡亲，解衣赠人解危难，“善人”之誉闻名遐迩。新中国成立以后，王村镇人急公好义、见义勇为之风发扬光大。1980 年，宁家庄村医宋广德，勇救落窖儿童，舍生取义，英名长存。1985 年，镇中学新建教学大楼，全镇上下踊跃捐款。1998 年修筑宝山路，1999 年中学教学楼改造，捐资额都在百万元以上。全镇扶贫、慈善捐助活动成为常例，各企业、各村慷慨解囊，鲁王建安公司 30 年中年年捐款，累计金额达 195 万元。扶危济困蔚然成风，从而难者得助，贫家学子得以就读，残障人士得到照顾，孤寡老人安度晚年。2008 年，胶济铁路“4・28”特别重大交通事故在镇域内发生，前坡庄、和家庄数百名村民见义勇为，主动抢救伤员，为救治危重患者赢得了时间，新华社发通稿表扬。

“数风流人物，还看今朝”。王村以深厚的人文积淀、丰富的物产矿藏、淳朴的乡村风情向世人展示着独特魅力。改革开放以后，王村人开放、务实、坚毅的品格，放眼四海的眼光，敢为天下先的勇气，使王村成为淄博市首富之区，屡屡被列入淄博市经济强镇，山东省重点镇。2003 年，被山东省政府命名为“山东省历史文化名镇”。2015 年，全镇完成税收 23574 万元，财政收入 10480 万元，农民人均纯收入 20882 元。着眼未来，全镇确立了创新、协调、绿色、开放、共享的发展理念，立足转型升级，着力建设焦宝石产业特色城镇；保护、整合传统文化资源，建设文化魅力城镇；推进环境整治，建设生态优美城镇；共享发展成果，建设幸福安居城镇。

繁荣、和谐、美丽、古风犹存的历史文化名镇——王村的未来一定会更加美好！

风光旖旎白泥河（2014年）

基本镇情

区位交通

区位 王村镇位于淄博市周村区西部，北纬 36° 40′ 05″，东经 117° 42′ 21″。海拔高度 126 米。古为淄川、长山、章丘三县交界之地，今是淄博、济南、滨州三市接壤之所。东北与周村区萌水镇、南郊镇为邻；南与周村区商家镇接壤；西北与章丘市官庄乡、普集镇交界；东南与淄川区岭子镇相接；西北与邹平县临池镇毗连。全境东西最宽处 5.7 千米，南北最长处 9.5 千米，总面积 57.49 平方千米。镇政府距周村城区 19 千米，距淄博市政府所在地张店约 39 千米，距济南泉城广场 65 千米。

交通 境内公路、铁路交通便利。国道 309 线、省道 102 线自西向东贯穿境内，省道泉王公路、胶王公路从镇域南部通过，有 6 条镇村公路连接各村，胶济铁路在王村、彭家庄设站，与济南东站、济南西站、青银高速、济南遥墙国际机场等形成一小时车程交通圈。

省道 102 线经王村镇政府大门前通过（2014 年）

建置区划

建置沿革 殷商时期，王村属逢伯陵氏封国逢国。周朝建立以后，王村属姜太公封国齐国。秦朝实行郡县制，其地属齐郡。西汉初年，其地属济南郡土鼓县，东汉因之。东晋省土鼓县，至刘宋时期复置土鼓县。南北朝齐代土鼓县并入卫国县，隋改卫国县为亭山县，王村一带属亭山县。唐朝时亭山县并入章丘县，王村一带属之。宋朝镇域内属淄州淄川郡。金朝属山东东路，元朝先后属淄莱路、般阳路。元初，王村峪、王村店始见诸文字。明朝在王村设忠信乡，隶属般阳府淄川州、淄川县。明朝中期，王村形成市

朱首湾水库风光（2014年）

镇。清朝仍属淄川县忠信乡。清乾隆元年（1736），淄川县所辖8乡改为10路，镇域内村庄分属正西路、又西路。民国初年，废府改道，镇域内分属济南道淄川县正西路、又西路。1928年撤道，淄川县属山东省直辖。1930年，淄川县辖10路改为10个区，区以下设镇乡，镇域分属淄川县第六区王村镇、彭家镇、古城乡、河阳乡和第七区池头乡。

龙王沟出土的古菱齿象化石（2007年）

1948年3月，淄博地区解放。1948年8月，淄川县将所辖11个区以山水命名。镇域西部为冲山区，区公所驻地王村，仍保留王村镇建制。镇域东北部7个村庄为萌山区。1950年3月，将各区按数字顺序排列，全县划为136个乡镇，镇域分属第六区和第七区，仍保留王村镇建制。1955年4月，淄川县撤销，设立杨寨区和洪山、黑山、昆仑3个工矿区，区以下设办事处。镇域分属杨寨区王村办事处和池头办事处。1956年2月，撤销杨寨区、设立淄川区，镇域属淄川区王村办事处。1956年10月，撤销办事处，小乡合并为大乡。镇域分属王村乡、彭阳乡、萌水乡。1958年9月，成立人民公社，实行政社合一。镇域分属王村人民公社和萌水人民公社。1963年，淄川区公社辖区调整，镇域分属王村人民公社和彭阳人民公社。1970年10月，王村、彭阳人民公社划归周村区。1982年2月，撤销王村人民公社，成立王村镇；1984年，撤销彭阳人民公社，成立彭阳乡。2001年3月，王村镇、彭阳乡合并，成立新的王村镇。

行政区划 新中国成立以后，镇域内行政区划多次变动。1950年3月至1955年5月，镇域内设“一镇九乡”。王村镇、彭阳乡、河东乡、道开乡、毛家乡、大尚乡、双铺乡、苏辛乡、郭栗乡、古城乡。1955年5月至1956年3月，镇域内设“一镇七乡”：王村镇、彭阳乡、池头乡、大尚乡、双铺乡、苏辛乡、郭栗乡、古城乡。1956年3月至1958年9月，镇域设王村乡、彭阳乡，东部7村隶属萌水乡。1958年9月至1963年2月，镇域内中西部34个村隶属王村人民公社，东部7个村隶属萌水人民公社。1963年2月至1984年4月，镇域中西部设立王村人民公社，辖20个村，彭阳人民公社，辖21个村庄。1984年4月至2001年3月，镇域内设王村镇，辖20个村，彭阳乡，辖21个村庄。2001年3月至2015年12月底，王村镇与彭阳乡合并，辖41个行政村。

新中国成立后至 2015 年王村镇行政区划情况表

表 1

时间	辖区
1950 年 3 月 至 1955 年 5 月	王村镇：王村 彭阳乡：彭家庄、东阳夕、西阳夕、解家泉、姚家庄、朱家庄 河东乡：北河东、南河东、宁家庄（今邹平县的吕家庄，东、西、北三个台头村亦在此乡） 道开乡：东道开、西道开、平楼、郭家、上沙沟、下沙沟、陈家庄 毛家乡：毛家庄、前坡庄、后坡庄、朱首湾、双沟 大尚乡：大尚、小尚、和家、中央（今邹平县的望京村亦属此乡） 双铺乡：东铺、西铺、万家（今邹平县的柏家、郑家亦属此乡） 苏辛乡：苏李庄、辛庄、王洞、李家疃、尹家庄 郭栗乡：栗家、大黄埠（今邹平县的郭庄、佛生、小黄埠、青庄亦属此乡） 古城乡：大史家庄、张古、沈古、栾古、杨古、曹古
1955 年 5 月 至 1956 年 3 月	王村镇：王村村 彭阳乡：彭家庄、北河东、南河东、宁家庄、东阳夕、西阳夕、姚家庄、解家泉、朱首湾、毛家庄、双沟、前坡、后坡 池头乡：东道开、西道开、平楼、郭家、上沙沟、下沙沟、陈家庄 大尚乡：大尚、小尚、和家、中央 双铺乡：东铺、西铺、万家 苏辛乡：苏李庄、辛庄、王洞、李家疃、尹家庄 郭栗乡：栗家、大黄埠 古城乡：大史家庄、张古、沈古、栾古、杨古、曹古
1956 年 3 月 至 1958 年 9 月	王村乡：王村村、西铺村、东铺村、万家村、张古、沈古、栾古、杨古、曹古、苏李、辛庄、王洞、李家疃、尹家庄、栗家庄、大黄埠、大史 彭阳乡：彭家庄、北河东、南河东、宁家庄、东阳夕、西阳夕、姚家庄、解家泉、朱首湾、毛家庄、双沟、前坡、后坡、大尚、小尚、和家、中央 萌水乡：东道开、西道开、平楼、郭家、上沙沟、下沙沟、陈家庄 （注：1956 年 3 月至 1956 年 10 月间，区以下乡以上设办事处。镇域内萌水乡归池头办事处；王村乡、彭阳乡归王村办事处）
1958 年 9 月 至 1963 年 2 月	王村人民公社：王村村、西铺村、东铺村、万家村、张古城、沈古城、栾古城、杨古城、曹古城、苏李庄、辛庄、王洞村、李家疃、尹家庄、栗家庄、大黄埠、大史村、彭家庄、北河东、南河东、宁家庄、东阳夕、西阳夕、姚家庄、解家泉、朱首湾、毛家庄、双沟庄、前坡庄、后坡庄、大尚庄、小尚庄、和家庄、中央村 萌水人民公社：东道开、西道开、平楼村、郭家庄、上沙沟、下沙沟、陈家庄
1963 年 2 月 至 1984 年 4 月	王村人民公社：王村村、西铺村、东铺村、王洞村、李家疃、辛庄、尹家庄、苏李庄、张古城、沈古城、杨古城、栾古城、大史村、中央村、大尚庄、和家庄、小尚庄、栗家庄、黄埠村、万家庄 （注：1982 年 2 月撤销王村人民公社，成立王村镇，辖区未变动） 彭阳人民公社：宁家庄、北河东、南河东、东阳夕、西阳夕、彭家庄、毛家庄、双沟庄、后坡庄、前坡庄、朱首湾、解家泉、朱家庄、姚家庄、陈家庄、上沙沟、下沙沟、西道开、平楼村、郭家庄、东道开

续表 1

时间	辖区
1984 年 4 月 至 2001 年 3 月	王村镇：王村村、西铺村、东铺村、王洞村、李家疃、辛庄、尹家庄、苏李庄、张古城、沈古城、杨古城、栾古城、大史村、中央村、大尚庄、和家庄、小尚庄、栗家庄、黄埠村、万家庄 彭阳乡：宁家庄、北河东、南河东、东阳夕、西阳夕、彭家庄、毛家庄、双沟庄、后坡庄、前坡庄、朱首湾、解家泉、朱家庄、姚家庄、陈家庄、上沙沟、下沙沟、西道开、平楼村、郭家庄、东道开
2001 年 3 月 至 2015 年 12 月	王村镇：王村村、西铺村、东铺村、王洞村、李家疃、辛庄、尹家庄、苏李庄、张古城、沈古城、杨古城、栾古城、大史村、中央村、大尚庄、和家庄、小尚庄、栗家庄、黄埠村、万家庄、宁家庄、北河东、南河东、东阳夕、西阳夕、彭家庄、毛家庄、双沟庄、后坡庄、前坡庄、朱首湾、解家泉、朱家庄、姚家庄、陈家庄、上沙沟、下沙沟、西道开、平楼村、郭家庄、东道开

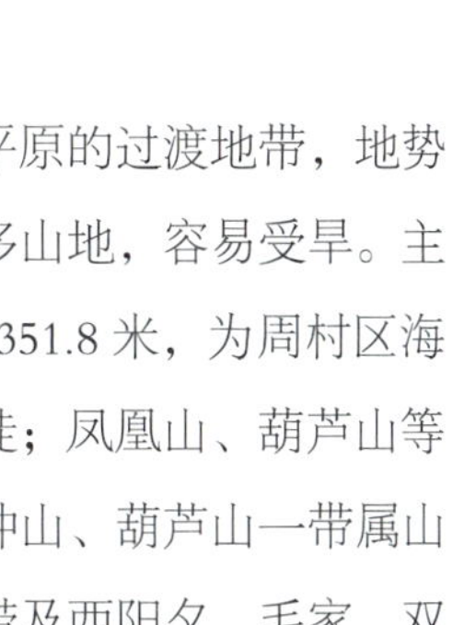

自然环境

地形　地貌　王村镇地处泰沂山系，北缘是泰沂山脉向华北平原的过渡地带，地势南高北低，西高东低，南部为丘陵地带，北部是平原。南部丘陵多山地，容易受旱。主要山脉有西豹山、东豹山、冲山、葫芦山、凤凰山，西豹山海拔 351.8 米，为周村区海拔最高点。东西豹山、冲山丘陵地带以二叠系砂岩为主，坡度较陡；凤凰山、葫芦山等丘陵地以侏罗系砂岩、页岩为主，坡度较缓。东豹山、西豹山、冲山、葫芦山一带属山丘陵坡地，镇域东部、中部属低丘陵坡地，东铺、栗家、中央一带及西阳夕、毛家、双沟一带属丘陵洼地。主要河流有玉带河、青杨河，境内流长 15.6 千米，流域面积 31.77 平方千米。

气候　王村镇属温带大陆性季风气候，大陆度为 63.9%，年干燥度为 1.26，属半湿润地区，四季分明，日照充足，2003—2015 年，年平均气温 13.5℃。主要风向为西南风。年平均降水量 634.8 毫米。春季平均 50 天，回暖迅速，干旱多风，十年有八年春旱。夏季平均为 108 天，湿热多雨，降雨集中在 7—8 月，雨热同季。常有暴风雨、冰雹发生。冰雹往往从王村西山口区进入镇域东北部，经西阳夕、彭家庄一带进入南郊镇、淄川区。秋季平均 61 天，雨量骤减，气温下降，多秋高气爽大气，十年有五年秋旱。冬季平均 146 天，干冷少雪，多北风。

矿产 王村镇矿产资源丰富，主要有煤、耐火黏土、长石石英砂岩、砖瓦用黏土、煤、细砂岩等。硬质耐火黏土矿赋存于二叠系石盒子组万山段底部，分布在东豹山、西豹山、杨古城一带。截至 2015 年，探明储量 2315.6 万吨，未探明储量预计 1000 万吨。长石石英砂岩分布于彭家庄、陈家庄、下沙庄、后坡庄、毛家庄一带。砂岩位于侏罗系坊子组中上部地层中，属陆相碎屑建造。该砂岩所含成分：石英石 62.28%，钠长石 37.14%，铁等 0.3%，可用于生产高档日用陶瓷、建筑卫生陶瓷及玻璃、白水泥。煤，分布在王村镇与淄川区、章丘市临界处，属三叠系山西组淄川段。累计探明基础储量 3207.8 万吨，保有基础储量 273.9 万吨。细砂岩分布在卧虎山、葫芦山一带，近年停止开采。

土壤 土壤类型为褐土土类，又分为褐土性土、普通褐土、潮褐土三个亚类。山岭坡梯田为褐土性土，俗称山皮地。平原村庄为普通褐土，由于地形地貌变化大，亚类土种较多，大部分面积适宜种植粮食及林木。王村、万家、东铺、栗家、黄埠、小尚、中央一带多为潮褐土，土层深厚，地势平坦，质地适中，耕性良好，为境内最佳土壤。

人口与民族

人口 1949 年，有居民 4968 户，20848 人。1964 年，有农村居民 6353 户，27003 人；有城市人口 7763 人。1985 年，有农村居民 9552 户，35634 人；有城市人口 4563 人。2002 年，有居民 15534 户，51034 人。2015 年年底，全镇有居民 15476 户，人口 44116 人，其中，男性 21712 人，女性 22404 人。

民族 全镇有汉族、回族、满族、壮族、藏族、蒙古族、瑶族、哈尼族8个民族。其中，少数民族17人。

经济社会发展

农业 中华人民共和国成立以前，域内居民以种粮为业，瓜类、蔬菜为零星种植，无水浇条件，完全"靠天吃饭"。1949年，全镇有耕地60132亩，粮田面积57749亩，粮食总产量5607.5吨，耕亩单产97.1千克。1956年成立高级农业合作社以后，生产条件逐步改变。至1975年，建成小型水库3座，塘坝42座，打大口井96眼，水浇面积扩大到17623亩，粮食总产量12266吨，耕亩单产249.8千克。改革开放以后，农业内部结构开始调整，因地制宜，发展瓜类、黄烟、药材、果树等经济作物，粮食种植面积有所下降，农业产出效益逐步提高。1985年，全镇有耕地面积49086亩，粮田面积43317亩，粮食总产量14023.1吨，人均经济纯收入520元。进入21世纪以后，农业经

王村镇政府（2010年）

营规模显著扩大，科技水平迅速提高，出现了葫芦山肉食鸡养鸡场、万头自然养猪场、卧虎山千亩核桃园、广晟玫瑰园等一批农业产业化龙头项目。2002 年，全镇完成农业总产值 9560 万元，第三产业增加值 8060 万元，地方财政收入 1937 万元，农民人均纯收入 3995 元。2007—2013 年，王村镇先后进行 6 期农业综合开发，投资 4295 万元，兴修水利工程、修建道路桥涵及农田林网等，改造中低产田 3 万亩。2015 年，全镇有耕地面积 36006 亩，粮食播种面积 67394 亩，粮食总产量 19751.402 吨，播亩单产 266.3 千克。实有山林地面积 600 公顷，苗木花卉 252 公顷。年出栏生猪 8000 头，猪肉产量 595 吨。家禽饲养 63.5 万羽，年产蛋 750 吨，年产蔬菜 11895 吨。农民人均纯收入达 20882 元。

工业 20 世纪 50 年代后期，山东王村铝土矿、山东王村耐火材料厂、山东生建八三厂三大国营企业落户王村，员工各有千人以上，装备和技术水平达到国内先进水平，在半个多世纪中，有力支撑了王村地区的经济发展。1985 年，王村有镇乡办企业 22 家，固定资产 424 万元，职工 1766 人，完成工业产值 583 万元，利润 45 万元。有村办、个体、联办工业企业 478 家，固定资产 656 万元，从业人员 5138 人。完成工业产值 1800 万元，利润 518 万元，域内从事工业生产的劳力占劳力总数的 60%。1986 年以后的十年中，镇内工业迅速发展，工业规模、效益在全市名列前茅。全镇从事工业的劳力占劳力总数的 70%。1994—1997 年，18 家镇乡办企业完成产权出售。1998 年，对村办企业进行改制。2001 年乡镇合并后，镇内初步形成了耐火材料、机械、电子、食品酿造、建材及建筑安装、日用陶瓷、炭素、化工、造纸、地下矿产开采 10 个行业。2002—2007 年，坚持“工业立镇”方针，实施“三强”（强乡镇、强村、强企业）带动

20 世纪 70 年代前王村醋发酵装置（1979 年）

战略，加大工业投入，5 年中工业投资累计 33.6 亿元，建成工业技改项目 346 个，镇内规模企业由 14 家发展到 54 家，销售收入过亿元工业企业 11 家，纳税过百万元企业达到 20 家，过 500 万元企业有 4 家。规划建设宝山工业园，水、电、路、气、通信等基础设施全部配套，入园企业达到 19 家。全镇工业销售收入 81.5 亿元，镇级财政收入实现 4455 万元，年均增长 25%。2008—2011 年，镇内企业实施品牌战略，加大自主创新力度，规模以上工业企业达到 80 家，其中，销售收入过亿元企业达到 12 家，赫达、海天等 7 家企业被列入全区 30 强工业企业。至 2011 年年底，全镇完成规模工业销售收入 139.26 亿元，累计出口创汇 2.36 亿美元，累计利用外资 227 万美元。

2012—2015 年，全镇持续加大工业投入，开工建设投资过 3000 万元以上工业项目 48 个，其中，6 个项目过亿元。全镇规模以上企业 73 家，纳税过 500 万元企业 10 家，其中，纳税过千万元的 4 家。围绕传统产业升级开展招商引资，引进金璞公司投资 10.5 亿元的压力支撑剂和投资 12.75 亿元的陶瓷新材料项目，拥有完全自主知识产权；引进北京金隅集团通达公司新型不定形耐材、鲁铭公司高档耐材项目；引进中科洁能公司投资 6.88 亿元年产 300 万吨清洁能源项目，引领企业“绿色发展”方向。企业融资取得重大进展，炳坤滕泰陶瓷科技有限公司在齐鲁证券股权交易中心挂牌。其间，对耐材企业环保进行深度治理，关停企业 72 家，投入治理资金 5000 万元以上，排放粉尘年减少约 2000 吨，二氧化硫排放年减少约 3000 吨。2015 年，全镇完成工业销售收入 348.85 亿元，规模工业增加值 71.05 亿元，规模工业利税总额 35.46 亿元，上缴税金总额 23574 万元，外贸出口 3210 万美元，财政收入完成 10480 万元。全镇民营企业 402 家，从业人员 26283 人。

社会事业 2015 年，全镇有中学 1 处，在校学生 1075 人；小学 2 处，在校学生 1300 人；幼儿园 3 处，入园儿童 481 人。卫生院 1 所，床位 50 张，文化站 1 个，社区综合文化服务中心 2 个，小型文体活动中心 37 个。农村养老保险、“新农合”医疗保险覆盖率达 90% 以上。有省级标准化敬老院 1 处，供养五保老人 42 人，五保集中供养率达到 85%。在全市率先成立镇级慈善协会和村级慈善工作站，设立“松龄”慈善基金，扶贫、济困、助学、孝老慈善救助活动正常开展。创建“平安村居”34 个，“平安企业”210 个，建设电子联网报警系统，视频监控基本覆盖重点路段和地区。

2015 年王村镇自然村情况一览表

表 2

村名	方位	人口数（人）	耕地面积（亩）	建村年代	村名由来及沿革
王村	周村西南 19 千米	4566	3076	明朝前	早有王姓在此开店，称王村店，后简称王村
万家庄	王村东北 1.5 千米	924	852	明朝前	明代前万姓在此定居，取名万家庄
卜子城	王村东北 1.4 千米			明崇祯年间	堡子城系毕氏修建，称毕家堡。后演变为卜子城
黄埠村	王村东北 2.5 千米	551	522	明朝前	村西南有一土埠，黄姓定居后称黄家埠。为区别邹平县小黄埠村，也称大黄埠
王洞村	王村西南 1.5 千米	999	1008	明洪武年间	王姓从枣强迁徙此处，为防外来侵袭，村里挖了许多洞穴，得名王洞
尹家庄	王村南 1 千米	566	354	明朝前	尹姓在此定居，取名尹家庄
西铺村	王村东 0.8 千米	1267	631	明朝前	村中设有店铺，又坐落在大道西，称西铺
东铺村	王村东 1 千米	1129	707	明朝前	原称齐家庄。处在西铺以东，并有店铺，改名东铺
张古城	王村东南 2 千米	1034	841	明朝	西汉置土鼓县，以盛产土鼓藤而得名。县废，故城周围相继建立五个庄。以姓氏立庄，张姓在西部立庄，称张家古城，后简称张古城
栾古城	王村东南 2.5 千米	983	354	清朝	栾姓在土鼓故城北崖头上建庄，称栾家崖。解放后简称栾古城
曹古城	王村东南 2.6 千米	属栾古行政村		清朝	曹姓在土鼓故城东北角建庄，称曹家故城，后简称曹古城
杨古城	王村东南 2.5 千米	652	630	明朝	杨姓迁居土鼓故城东立庄，得名杨家古城，后简称杨古城
沈古城	王村东南 2.5 千米	377	459	明朝	沈姓从枣强县迁发寿光，又迁土鼓故城定居。称沈家古城，后简称沈古城
大尚庄	王村东北 4 千米	1486	1542	明朝前	尚氏始祖籍于凤凰山北，立村名为大尚家庄，后简称大尚庄
小尚庄	王村东北 3 千米	376	364	明洪武年间	尚姓居民由大尚家庄迁移此处，故称小尚家庄。后简称小尚庄
栗家庄	王村东南 2.5 千米	1268	999	明朝前	村北有一泉眼，水花形似栗子，取名栗家庄
和家庄	王村东北 3 千米	974	1375	明朝前	杂姓相居希望和睦相处，故名和家庄
中央村	王村东 3 千米	1081	804	清朝	位于钟山之阳故取名钟阳，后简称中央
大史家庄	王村东南 3 千米	1287	1385	明洪武年间	史姓定居，以村中庙为界，庙西为西史，庙东称东史，后统称大史家庄。因村庄地处岭子煤矿矿区，造成地面塌陷地质灾害，2013 年整体搬迁到王村东南 1 公里处，新建大史社区
李家疃	王村西南 3 千米	921	768	明朝前	李姓定居，地处山前平地，水草丰茂，故称李家疃
辛庄	王村西南 2.5 千米	541	349	明朝	郭姓从枣强迁徙此处定居。始称郭家新庄。1958 年，称为辛庄

李家疃古村落俯瞰图（2012 年）

续表 2

村名	方位	人口数（人）	耕地面积（亩）	建村年代	村名由来及沿革
苏李庄	王村南 2 千米	1468	878	明朝前	苏李二姓定居于此，故取名苏李庄
彭家庄	王村东北 9 千米	1496	1661	明朝前	明朝初年彭姓从枣强迁来定居，故名
北河东庄	王村东北 12 千米	1018	1143	明朝前	村位于淦河东岸，南河东以北，故名北河东
宁家庄	王村东北 12.5 千米	486	671	明朝	村处两山交界，宁姓早居名宁家豁口。1958 年简化为宁家庄
西阳夕	王村东北 10 千米	700	615	明朝	杨姓迁居时，太阳已偏西，故称西阳夕
东阳夕	王村东北 10.5 千米	873	1010	明朝	村位于西阳夕以东，称东阳夕
南河东庄	王村东北 12 千米	658	614	明朝	村位于淦河东岸，在北河东南，称南河东
双沟庄	王村东北 7 千米	435	619	明朝	村前村后各有一条沟，故称双沟
毛家庄	王村东北 7.5 千米	573	773	明朝	以毛姓取名
陈家庄	王村东 10 千米	846	958	清朝前	以陈姓取名。2013 年旧村改造，整体搬迁到彭东社区
上沙沟	王村东 10.5 千米	522	884	明朝前	村处沙沟里，故称沙沟。1937 年，位于沟上游的称上沙沟
西道开	王村东 11 千米	602	1016	明朝	村位于丘陵，道路四通八达，为道开。位于东道开西，称西道开
平楼村	王村东 11.5 千米	218	253	明成化年间	村位地势高而又平坦，称小平楼。因修建济青高速铁路，2010 年整体搬迁到簸箕山南麓建新村
郭家庄	王村东 12 千米	439	860	明朝	以郭姓取村名。因修建济青高速铁路，2010 年整体搬迁到簸箕山南麓建新村
东道开	王村东 12.5 千米	944	1818	明朝	村位于西道开以东，称东道开
前坡庄	王村东 6 千米	797	1423	明朝前	村位于山坡南面，取名前坡庄
后坡庄	王村东 6.5 千米	481	620	明朝前	村位于山坡北面，称后坡庄

续表 2

村名	方位	人口数（人）	耕地面积（亩）	建村年代	村名由来及沿革
解家泉	王村东 7 千米	312	266	清乾隆年间	解姓在毛家庄沈家执教，沈氏无资偿还工钱，以此地块作价代资。解姓建房定居。该村地势低洼，常年流水，取名解家泉。2013 年旧村改造，整体搬迁到彭东社区
朱家庄	王村东 7.5 千米	402	725	明朝	以朱姓定庄名
朱首湾	王村东 7 千米	729	790	明朝	村南有一湾，湾崖一端伸入水中，形似猪头，称猪头湾。后更名为朱首湾
姚家庄	王村东 8 千米	426	583	明朝	以姚姓定庄名。因修建济青高速铁路，村庄处于两条铁路之间，2013 年旧村拆除，整体搬迁到彭东社区
下沙沟	王村东 11 千米	605	806	明朝前	村位于沙沟西岸，又在沟下游，取名下沙沟

凤凰山船沟遗址（2012 年）

蒲松龄与王村

蒲松龄（1640—1715）字留仙，一字剑臣，别号柳泉居士，因创作短篇小说集《聊斋志异》，以“聊斋先生”名世。淄川县蒲家庄（今山东省淄博市淄川区洪山镇蒲家庄）人，出生于一个逐渐败落的中小地主兼商人家庭。19 岁应童子试，接连考取县、府、道三个第一，名震一时。补博士弟子。以后屡试不第，直至 70 岁时才援例成为岁贡生。他除了于康熙九年（1670）应同乡宝应县知县孙蕙之请，为其做幕宾一年之外，一生中绝大多数时间以教书谋生。康熙四年至七年，蒲松龄受聘到苏李庄乡绅王永印家教书。康熙十八年，受邀到忠信乡西铺村仕宦毕际有家做塾师，舌耕笔耘 30 年，直至康熙四十八年撤帐归家。康熙五十四年正月病逝，享年 75 岁。

蒲松龄在王村期间，完成了《聊斋志异》《聊斋俚曲》《聊斋诗集》和杂著诸书的创作，王村是蒲松龄游学和著述的主要活动地区。

设帐毕府

课徒生涯　康熙十八年（1679），蒲松龄受毕际有邀请，到毕府设馆授徒。淄西毕氏家族，号称“四世一品”，为当时鲁中名门望族。七世祖毕木已有文名。馆东毕际有的父亲毕自严，明万历二十年（1592）中进士，官至户部尚书，封太子太保。毕自严建万卷藏书楼，收藏甚丰。有《石隐园藏稿》行世。毕际有的八叔毕自肃，明万历四十四年中进士，官至都察院右佥都御史，巡抚辽东。毕际有的六叔毕自寅，万历四十三年中举，官至南京户部广东司主事。

毕际有因父亲毕自严的功名，明末恩荫官生，清顺治二年（1645）以拔贡入监，后考授山西稷山县知县，升任江南通州知州。因属下千总解运漕粮积年挂欠，变产赔补不及额，康熙二年（1663）被罢官归里。从此，他绝意仕途，不以失官为恨，而以得孝亲为喜。作《归田诗》明心迹，其中有句云：境从历过心方淡，人到归来味始真。

毕际有归乡后，把宅第做了一番改建，将荒废已久的石隐园缩小，结亭筑阁，凿池砌石，植树养花，修建为小巧玲珑、颇具江南情调的新的石隐园。在园中莳花弄竹，广交朋友，诗酒自娱，同时受邀纂修《淄川县志》。毕际有亦有文名，精于鉴赏，喜吟诵，爱交游，著有《淄乘征》《存吾诗草》《泉史》等。清初的毕家在淄川县门庭显赫，与当地缙绅之家如孙廷铨、王鳌永、高珩、王士禛等家族多有交往或联姻。

毕际有生有三子，长子毕盛镃，附监生，29 岁而殁；二子毕盛钜，拔贡生，授黄县教谕，以奉养老母为由辞职不仕；三子毕盛后，幼殇。实际上仲子毕盛钜是毕际有的唯一继承人。毕盛钜生有 8 子，即：毕世洎，雍正十二年（1734）首贡；毕世演，增生；毕世渡，增生；毕世浣，附生；毕世瀓，附监生，候选州同知；毕世涵，早卒；毕世漼，监生；毕世汸，附生。

蒲松龄在毕家绰然堂和另一位塾师王宪侯，先是教授毕际有的 8 个孙子。兄弟 8

蒲松龄教授学生和创作《聊斋志异》的绰然堂（2006 年）

人中，长者未及弱冠，小的四五岁，已经有 6 人可以入塾读书。后来毕世洎兄弟下辈的 16 个男童又成为蒲松龄的学生。30 年中，蒲松龄先后教过毕府两代人。蒲松龄初进毕府时写过一篇《绰然堂会食赋》记载毕府学生们的用餐情景：

有两师六弟，共一几餐。弟之长者方能御，少者仅数龄。每食情状可哂，戏而赋之。

僮跄跄兮登台，碗铮铮兮饭来。南闟闟兮扉启，东振振兮帘开。出两行而似雁，足乱动而成雷。小者飞忙而跃舞，大者矜持而徘徊。迨夫塞户登堂，并肩连袂，夺坐争席，椅声错地，似群牛之骤奔，拟万鹤之争唳。甫能安坐，眼如望羊，相何品兮堪用，齐噪动兮仓皇。袖拂簋兮沾热沈，身远探兮如堵墙。箸森森以刺目，臂密密而遮眶，脱一瞬兮他顾，旋回首兮净光！或有求而弗得，颜暴变而声怆！或眼明而手疾，叠大卷以如梁。赤手搏肉，饼破流汤，唇膏欲滴，喙晕生光。骨横斜其满地，汁淋漓以沾裳。若夫厨役无良，庖丁不敬，去肉留皮，脂团膜胜，既少酱而乏椒，又毛卷而革硬，共秉匙而踌躇，殊萧索而寡兴，乃择瘦而翻肥，案狼籍而交横。时而嘉旨偶多，一卷犹剩，虑己迟晚，恐人先竟，连口直吞，双睛斜瞪。脍如拳而下咽，噎类鹅而伸颈，嘴澎澎而难合，已促饼而急竞。合盘托来，一掬而净，举坐失色，良久方定。夫然后息争心、消贪念，箸高阁、饼干咽，无可奈何，呼葱觅蒜。既饱糇粮，乃登粥饭，众口流啜，声闻邻院。惟夏韭与冬萝，共感感而厌见，即盐齑之稍嘉，亦眼忙而指乱。至拄颡而撑肠，始哄然而一散。

乱曰：一日兮两回，望集兮开斋。斋之开兮众所盼，争不得兮失所愿。呜呼！日日常为鸡鹜争，可怜可怜馋众生。

从《绰然堂会食赋》中可以知道，蒲松龄不仅教授弟子，而且还和学生们一处吃饭。此外，有时他还要送学生赴县、府参加考试。蒲松龄耗费十数年心血，教出的学生没有一个闯过乡试这一关。除毕世涵早卒外，其他 7 人仅取得生员功名，最好的成为贡生、监生。毕世瀓以附监生选为候选州同知。

蒲松龄在毕府坐馆，过着梅妻鹤子的生活，依照惯例回家休假。从康熙三十六年（1697）的《九月晦日东归》等诗来看，蒲一年有 6 次休假，平时休假为 6 ~ 8 天，另外，在四月十六他的生日还要休假，一年在家中的时间有两个月左右。

东西情深 蒲松龄到毕府之前,《聊斋志异》已初步成书，他本想把这本“鬼狐史”放下，专心教人子弟，博取功名。令他意外的是，他在毕府遇到了知音，获得了相对宽松的创作环境。东翁毕际有为饱学之士，在官场历练有年，性情宽厚，礼贤下士。且有五柳先生之风，风雅好客，整日游山玩水，宴会高朋。毕府宾客具各色人等，天南地北，海阔天空无所不谈。宴会宾客，蒲松龄常在座中，且“闻则命笔”，为他的创作提供了大量素材。在毕际有的影响下，毕府上下都喜欢聊斋故事，喜欢将自己的见闻告诉蒲先生，甚至自己动手写出故事。写“聊斋”，不但没有被视为不务正业，而且成了蒲松龄的荣耀，成了受人尊重的原因。至于孩子能否考取功名，东家认为“能否蟾宫折桂，殆亦命也”，并未因子弟科举无名而为难蒲松龄。蒲松龄虽然只比毕际有小 17 岁，但尊其为长辈。毕际有的夫人王氏也宽厚和气，对蒲松龄从无严苛要求，并喜听野史故事，是聊斋创作的热心支持者，蒲松龄曾有诗形容她，“岁容南郭滥竽吹，日倚东窗布被拥”。所以蒲松龄坐馆毕府，馆东西宾关系相当融洽。

蒲松龄学识深厚，文章一流，毕家贺生吊死往来应酬文字，便委托蒲松龄捉刀。蒲松龄一生中留下来的文章，有不少是代毕际有、毕盛钜而作的。此外，蒲松龄还对毕际有的《晋游日记略稿》进行批点。清康熙十八年（1679），江南名士陈维崧举博

蒲松龄盛夏避暑、教学、写作的石隐园内的霞绮轩遗址

学鸿词科，授翰林院检讨，曾来信向毕际有致词问候，毕际有委托蒲松龄拟《代毕刺史际有答陈翰林书》。信中追忆两人当时的交往情况："忆昔握手狼山之下，同舟邗水之间，我未暍阴，君犹茂齿，纵饮雄谈，欢呼彻曙，直欲挥白日使停晷，止参斗使不坠；每一文成，叠肩击节，追随晨夕，使人乐而忘疲。"接着对陈维崧入翰林表示祝贺："客岁偶阅邸抄，乃知弁冕词林，此中欣慰，如获异宝。虽犹是于热闹场中作冷淡生活，然读书稽古，庶知苍苍者不相背负耳。私心窃拟申贺，不图高雅先施，致音书于穷谷，盥手蔷薇，喜泪交并！……遂因鸿便，聊附尺帛，土物戋戋，少当远音。临颖神驰，不尽欲言。"与蒲松龄一起在毕家做西宾的王宪侯，被淄川知县张嵋任命为乡约，王宪侯不愿履职，请求毕际有出面说和。毕际有就委托蒲松龄以自己的名义，向知县写信推却。信中写道："乡约王宪侯者，其设帐于治弟之家已三年矣，实恐救乡邻之斗而误童蒙之求，祈老甫台分推屋乌，准与豁免，则衔恩者不止王生也。"毕际有请求张嵋知县对于王宪侯任乡约之事"准与豁免"。

数十年中，蒲松龄有稽可考的代毕府两代东家撰写的主要应酬文章有:《重修玉溪庵碑记（代毕际有）》《代毕刺史际有答陈翰林书》《代毕刺史迎新邑侯赵公履任启》《八月毕载老复颜山赵启》《代毕刺史与赵青如启》《代毕刺史复新城王启》《代毕刺史复颜山孙启》《代毕刺史祭刘少参源长文》《代毕刺史祭李侍御野臣文》《代毕刺史祭新城王十二太翁文》《为毕刺史祭王陇西文》《为毕通州祭张澹生》《征挽毕载积先生诗序启》《代毕韦仲祭岳母》《代毕韦仲祭赵如斋》《代毕韦仲祭颜神赵母翟太孺人》《代毕韦仲援监祭岳文》《代毕韦仲祭王司寇》《代毕韦仲贺孙祥云子游泮序》《代毕韦仲贺韦玉霄任王村乡约序》《代毕韦仲与韩滦州樾（逢庥）书》《代毕韦仲贺族人乡耆序》《代毕韦仲贺毕反予公子游武泮序》《代毕韦仲贺乡耆王美生序》《又代毕韦仲挽韩丽老》等。还曾代毕际有的三弟毕际孚写过一篇《逸老园记（代毕信涉）》，和另三篇《征毕信涉逸老园诗启》《代毕信涉通王受兹启》《为毕信老与章丘宁启》。从这些代老少东家为地方官吏、乡绅撰写的碑记、婚启、祭文、序文等文章，可以看出蒲松龄深得东翁信任，笔下虽是应酬文字，但是辞致雅赡，沉博绝丽，文笔高超。

蒲松龄的文名不胫而走，人们慕名到毕府拜访蒲松龄，求索代写碑记、婚启、祭文、书信等。如《代沈燕及募修洞子沟疏》《代王丕哉募修文昌阁疏》《代韩公募修郑公书院疏》等。蒲松龄以自己名义撰写的此类文字亦有不少，如《募修三教堂疏》《和尚起禅募神供疏》《北沈马庄募修白衣阁、关帝庙疏》《后土庙募缘疏》《团山顶募修三教堂疏》《栗里建桥疏》《募修炳灵庙疏》等。直到现在，在王村、章丘一带，仍能见到蒲松龄当年为建庙、修桥、铺路等撰文的碑刻。

除此之外，蒲松龄还代为馆东毕际有办理家务事。康熙三十年（1691）九月，蒲松龄到济南的东流水为毕际有物色菊花佳种。东流水有一户人家的菊花十分有名，蒲松龄受毕际有之托，带着毕家的菊花种子，来到这里与其交换。觅得佳种后，蒲松龄为表达对主人的谢意，特意写两首七言律诗赠给他:《辛未九月至济南，游东流水，即为毕刺史物色菊种》。据山东大学教授、蒲松龄专家马瑞芳考证，蒲松龄这次济南易菊种与创作《黄英》有着密切关系。

康熙三十二年（1693）春，毕际有病逝。蒲松龄连写八首七律诗并作《征挽毕载积先生诗序启》，表达沉重悼念之情。挽诗和征挽诗启，都写得情真意切，绝非应酬之作。蒲松龄写的八首诗大体为一种格局，从痛悼“十年同食友”之谢世，“回首生平思不禁”，往复歌哭，将毕际有“尚书公子五狼（指南通州）君”的身世，归田后“老后生涯棋局里，闲来情绪菊花中”的淡泊胸怀，“物必求工真似癖，书如欲买不论金”的嗜好，一一表之笔端。诗其二云:“君卧病时我亦病，我来君已弃尘寰。人逢死别情怀苦，数定前生饮啄悭。一榻琴书余画阁，万年魂魄恋青山。西州门外回肠绝，恨不将心似石顽。”蒲松龄恨不得此心化作石头，无知无觉，以减少怀念毕氏的痛楚之情。足见其因毕际有病逝而肝肠寸断，悲痛欲绝。诗其三云:“今生把手愿终违，零落山邱对晚晖。海内更谁容我放？泉台无路望人归。雍门一哭宾朋散，羊仲重来杖履非。在世早知有今日，墓田松树已成围。”诗中表露了蒲松龄痛丧知己，今后再也无所依傍的悲痛。悼念诗句充满真情实感，没有半点雕饰，如泣如诉地表达了蒲松龄的一腔悲痛。

蒲松龄使用过的部分印章

由此可见他们主宾之间有深厚的感情，虽为主宾，如同一家。

蒲松龄坐馆毕府 30 年，先后有两位东家。他称毕际有是“十年同食友”，是当代的“孟尝君”。少东家毕盛钜由于和蒲松龄是同辈，交往更显随意、真挚。他和少东家是“廿载金兰道义熏”的“类弟昆”。从蒲松龄 33 岁时的《和毕韦仲石隐园杂咏》，至 75 岁时为毕盛钜的母亲王氏撰写墓志铭，他们的文字交往长达 42 年之久。共有 20 多篇诗文唱和。《少年游·戏赠韦仲》词：“深沉庭院画楼光，净几爇沉香，萱椿犹健，年华未老，玉树已成行。茂陵不惹白头怨，心地更清凉。终朝三醉，闲调双鸽，大是酒禽荒。”蒲松龄还曾写有七律《赠毕子韦仲》五首，其中一首为：“廿载金兰道义熏，青灯好月我同君。寒炉拨火尘生案，懒性摊书乱似云。暂到苦贫家易弃，久交垂老意难分。年年援止情无限，只恐别时不忍云。”二人的兄弟情谊，馆东的包容，西席的感激之情跃然纸上。在《赠毕子韦仲》的第四首诗中称赞毕盛钜像鲍叔牙对待管仲一样对待西宾，表达了想搬家到西铺，将来就靠门人养老的想法。

在几十年的共同生活中，蒲松龄与他的学生们也结下了深厚感情。康熙四十四年（1705），年仅三十几岁的毕世浣病逝，蒲松龄悲痛欲绝，写了题为《伤门人浣》的六首五言痛悼。其二“数载同衡宇，科头聚晓辉。书声犹在耳，慧质竟安归”，其三“交久情难已，年衰感易生。涕含犹未堕，五内已摧崩”。可谓是字字血声声泪，学生的早逝使老师肝肠寸断。

使蒲松龄留恋毕家的原因，除了东家、门人之外，毕府的环境也是一个重要原因。此地有万卷楼，有石隐园，“未能抛得毕家去，一半勾留在此园”。年复一年，石隐园的花石草木都成了朋友，蒲不忍舍此而去。

蒲松龄到毕府教书后，结束了缺衣少食、年年谋馆的窘困，生活安定下来。西铺执教期间亦多次遇灾，尤其是康熙四十三年（1704）大饥，流民载道，饿殍遍野，而蒲家尚能安度荒年，次年春蒲松龄三子、四子应试入泮，足见家境尚可。四个孩子婚嫁以时，数次建新房，且蒲松龄有 50 余亩的养老田，这与毕家的周济和关心有着密切关系。毕盛钜掌家后，多次提高蒲松龄的佣金，对在毕府坐馆，能无后顾之忧潜心创作，蒲松龄一直是心存感激的。

蒲松龄在毕府教书期间，还参照《淄西毕氏世谱》的体例，续修了淄川《蒲氏族谱》。在他撰写的《族谱引》中，载明是“得黄发意旨”，当是指参考了黄发翁毕木创修的《淄西毕氏世谱》一事。蒲松龄撤帐归乡后，仍然与毕府保持着密切关系。康熙

蒲松龄墓园（2006 年）

四十八年，他参加罢革“利蠹”康利贞的斗争，蒲松龄向毕府借了仆人和马匹，前往济南藩台告状，取得逐康胜利。康熙五十三年七月，毕际有妻王夫人病逝，他又亲到西铺执绋吊唁，并为之作《毕母王太君墓志铭》。

六赴乡试 蒲松龄一生渴望科举成名。在西铺教学期间，除教学、著述之外，很大部分精力用在预习举业上。他一生共参加过 10 次乡试，其中有 6 次是在西铺教书期间。从康熙二十三年到康熙四十一年（1684—1702），三年一科，科科不落。每次铩羽而归后，都得到东家的安慰、鼓励。凡去济南应试，东家均备驴出资派人跟随，关怀备至。在 6 次乡试中，有两次不是因为考的成绩不好而落选，而是因犯规被黜。第一次是康熙二十六年，因“闱中越幅”（即书写试卷时，误隔一幅，不相连接）而被贴出，取消第二场考试资格。这一次考试蒲松龄本自我感觉良好，不料想出现这样的结局，心情懊恼至极，写了一首“大圣乐”，其中有句：“得意疾书，回头大错，此况何如？觉千瓢冷汗沾衣，一缕魂飞出舍，痛痒全无。”毕盛钰知道后极力安慰。再一次是康熙二十九年，蒲认为上一次考得很好，只是自己粗心“越幅”被取消资格，故这次乡试时信心满怀。但结局仍是“因故被黜”。没有确凿资料证明此次因何“被黜”，只留他一阕《醉太平·庚午秋闱，二场再黜》记载此事：“风檐寒灯，谯楼短更。呻吟直到天明，伴倔强老兵。萧条无成，熬场半生。回头自笑蒙腾，将孩儿倒绷。”这一年蒲松龄已经50岁，乡试接连两次失败，对他是极大的打击。其夫人刘氏劝他，“君勿须复尔，倘命应通显，今已台阁矣”。虽然蒲松龄认为妻子说的有道理，但依然屡败屡战，在此后又参加3次考试，至62岁才偃旗息鼓。激励他屡败屡试的动因，除了他自己不屈服于命运的心性，毕家给予的支持，应该说是一个重要外因。

读书著述

博览群书 蒲松龄一生创作出了200余万字的作品，其主要创作成就是短篇小说集《聊斋志异》。此外，还有大量诗文、戏剧、俚曲以及有关农桑、医药方面的杂著存世。计有文集13卷，400余篇；诗集6卷，1000余首；词1卷，100余阙；戏本3

蒲松龄写作《聊斋俚曲》的振衣阁（2004年）

出；俚曲14种。考其创作历程，大部分作品是到西铺毕府之后完成的。设帐毕府，蒲松龄生活安定，他有机会饱读毕家万卷藏书楼内的藏书，如鱼得水尽情在知识的海洋里遨游，知识面开阔，思想升华。东家毕际有当时是淄川县闻人名士，以他为中心形成了一个文人圈子，蒲松龄很快融入圈子，后其视野更加远阔，文学创作产生质的飞跃，进入高产期。

民间采风 康熙十八年（1679）进入毕府时，蒲松龄的《聊斋志异》已经写作大半。来到毕家后，他经常利用教学之余，纵游王村周围山川胜景，深入当地民间采风，搜集创作素材，再对《聊斋志异》进行修改与补充。“子夜荧荧，灯昏欲蕊；萧斋瑟瑟，案冷凝冰”，寒来暑往，日复一日，“集腋为裘”，“浮白载笔”，在石隐园绰然堂中终于完成了他的这部以心血凝成的“孤愤”之作。据统计，《聊斋志异》400余篇故事中，有近五分之一取材于王村本地或毗邻的章丘、长山（周村）、邹平、齐东、历城、淄川西部地区。有些篇什中信笔点染，将毕氏子弟写入故事中。《绛妃》《大司农》《查牙山洞》《狐梦》《骂鸭》《狐入瓶》等，写的就是身边人身边事。《绛妃》一篇就是到石隐园观赏牡丹花而起。绛妃，指的是石隐园里一株绛红色牡丹花。康熙二十二年（1683），暮春某天，蒲松龄随东家毕际有到石隐园赏花，回到绰然堂有些累了，午后小憩得梦。梦中受到两个“被服艳丽”女郎的邀请，“有所重托，敢请移玉”，说是“绛妃”召见。他跟着两位佳丽来到一处“金钩碧箔，光明射眼”的大殿内，受到一位“环佩铿然，状若贵嫔”女子的迎接，随之对他设宴招待，礼遇有加。蒲松龄惊愕之余，问明缘由，原来“绛妃”是石隐园里的花神，经常受到“封家婢子横见摧残”（“封”暗喻“风”，指的是牡丹花被大风摧折），听说他文笔了得，“烦君属檄草尔”。蒲松龄于是“文思若涌，少间脱稿”，写出了一篇替“绛妃”抱打不平，让花神一族扬眉吐气的铿锵檄文。该篇假托梦境，表现的是扶弱抑强、惜香怜玉的本真情感。

《聊斋志异手抄稿珍藏本》

《聊斋志异》中还有四篇故事与其东家毕际有有直接关系。《杨千总》为毕际有口述其父毕自严任洮岷兵备道时亲历事件加工而成；《颠道人》则是记叙的毕际有的姑父殷文屏之事；《五羖大夫》《鸲鹆》为毕际有亲自撰写，蒲松龄加工收入。《狐梦》可能是与少东家毕盛钜在绰

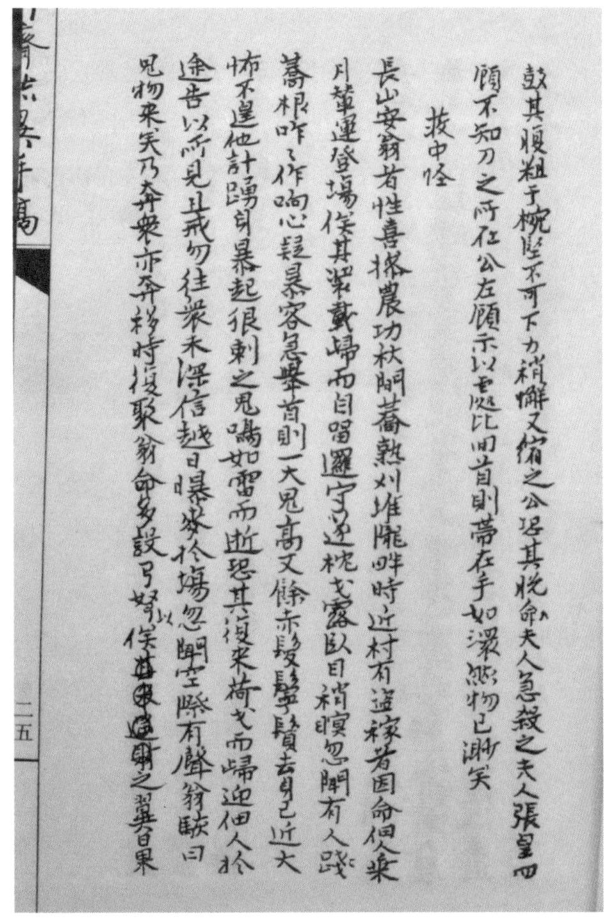
鼓其腹粗于椀臣不可下力稍懈又縮之公恐其脫命夫人急殺之夫人張皇四顧不知刀之所在公左顧示以意比回首則帶在手如環然物已渺矣

蕎中怪

長山安翁者性喜操農功秋間蕎熟刈堆隴畔時近村有盜稼者因命佃人乘月輦運登場俟其裝載歸而自留邏守遂枕戈露臥目稍瞑忽聞有人踐蕎根咋咋作響心疑暴客急舉首則一大鬼高丈餘赤髮鬡鬚去身已近大怖不遑他計踴身暴起狠刺之鬼鳴如雷而逝恐其復來荷戈而歸迎佃人於途告以所見且戒勿往眾未深信越日曝麥於場忽聞空際有聲翁駭曰鬼物來矣乃奔眾亦奔移時復聚翁命多設弓弩以俟之異日果

二五

蒲松龄《聊斋志异》手迹

然堂抵足而眠，说与蒲松龄的一个梦境，蒲氏铺陈而成。《马介甫》一篇则是其好友毕世持续补。甚至毕府仆佣也热心为他的创作提供素材。《祝翁》写一个老翁死而复活，又约其妻同卧而死的故事。篇末注明：康熙二十一年，翁弟妇佣于毕刺史之家，言之甚悉。

蒲松龄一生中还创作出 1000 余首（阕）诗词，基本内容是记录其交友、行迹和对人对物的感慨抒发。他于康熙十八年到毕府做塾师，到康熙四十八年撤帐归家，这 30 年间不仅是小说、俚曲、杂著创作的高峰期，也是其诗词创作的旺盛期。30 年中在毕府共创作了 780 余首（阕）诗词，占其诗词总数的近百分之八十。绝大部分是描写王村地区风物风景和与当地文友酬唱之作，其中有关石隐园的题咏占很大比例。绰然堂、万卷楼、振衣阁、效樊堂、绮霞轩，怪石修竹，奇花异草，均有入诗。

纵志游历 蒲松龄在西铺的30年，王村地区周围的山川胜迹，都留有他游历的足迹。距离西铺村西南四里路的豹山是他经常登临的一处胜景，收入《聊斋诗集》的诗作中，有十数首写到豹山。豹山位于冲山山脉的最西端，为古时淄川县与章丘县界山。一条山峪将豹山分成东西两个山头，东边的叫作东豹山，西边的叫作西豹山。豹山并不高大巍峨，却是一座山以人名的历史文化名山。早在明朝时期，山顶就建有龙王庙。万历年间（1573—1620），苏李庄时任吏部考功司郎中的王教，就在东豹山捐资修建豹岩观。而西豹山巨石危累，如步武列阵，蔚为壮观。其上一块巨石，有一二尺长、半寸深的巨型人足形凹痕，乡人传说是“八仙过海”时路过此处，在此石上小憩所踏，乡民称此石为“仙人床”。而另一块上百吨的巨石，突兀山坳，如耧斗覆地，乡民称作“耧斗石”，虔诚膜拜，敬如神灵。豹山南麓东西排列有两个村子，一个名曰南坡，一个叫作巩家坞，豹山北麓方圆七八里范围内，分布有王村、苏李庄、西铺、万家庄等。自明朝中叶，豹山前后这数个村庄的王家、毕家、沈家、邱家、唐家等几个大家族迅速发达，人文蔚起，科甲连第。当时淄西地区的闻人贤士除毕际有、毕盛钜，还有毕世持（字公权）、毕盛统（字子帅）、毕盛钰（字振叔）、毕盛钥（字莱仲）、唐梦赉（字济武）、王永印（字八垓）、邱希潜（字行素）等都集中在这几个村庄，蒲松龄与他们都有密切交往。他们经常结伙登临豹山，春赏桃花，夏听松风，秋观黄菊，冬观雪景。清溪流觞，篝火炙肉，大快朵颐，忘情山水，每每诗兴大发，引吭高歌。蒲松龄吟咏豹山的诗作，集中在康熙二十七年（1688）、二十八年、二十九年，也就是蒲松龄48、49、50岁的三年间。从这三年间集中写豹山的诗作中，可以窥测到诗人年近半百之时对人生的彻悟、对命运的无奈。康熙二十七年有《三月十九日，同邱行素乔梓、毕莱仲兄弟登豹山看桃花》诗两首写豹山：

其一

重重花影日光微，主客开襟坐四围。
春满芳林红渐老，寒凝新草绿初肥。
君家子弟皆英妙，我兴癫狂欲遄飞。
此际不因匏系苦，便应潦倒醉忘饥。

其二

开樽琥珀漾金光，良友欢逢意兴长。
山石如林青绕座，桃花无缝锦成行。

谈顷雅剧飞觞缓，风起微尘坠粉忙。

可喜芳辰仍载酒，英英年少半门墙。

这几首诗，是康熙二十七年（1688）的春天和毕盛钥兄弟、邱希潜等文朋诗友结伴登豹山看桃花而写。诗中抒发了与文朋诗友们登豹山赏桃花流觞狂饮的豪迈情怀，也隐约流露了蒲苦闷、压抑、郁郁不得志、借酒浇愁的心境。

还是这一年的春天，再一次登临豹山，有题曰《豹山》的七律一首：

豹山喜近异人栖，景物幽芳翰墨题。

丛舍遥含春树里，危峰对插梵宫西。

眼看石阵云霞护，想见军容步武齐。

我欲凭高呼帝座，一声长啸暮天低。

这首诗以拟人化手法，感谢豹山接纳他这个独在异乡为异客的潦倒书生，酣畅淋漓地描写豹山美景。

康熙二十八年（1689），蒲松龄 49 岁，再偕朋友登临豹山。此行有《九日同邱行素兄弟、父子登豹山》诗三首，其三为：

玉皇宫阙绣苔痕，白草青岚接观门。

上下云堆迷鸟道，东西雨脚暗山村。

阁中屦满人盈座，殿角烟寒酒一樽。

呼吸若能通帝座，便将遭遇问天孙。

这首诗没有注明季节，但从诗中可以推知是秋天。这一次是受好友邱希潜兄弟、父子邀请，到豹山之阳的巩家坞村饮酒后与邱氏兄弟、父子一同登豹山，傍晚时分“东西雨脚暗山村”，暴雨眼看到来，就到豹岩观天尊殿内避雨。表面写的登山遇雨的遭遇，实则是命运不公的遭遇。一腔悲愤，叩问苍天，怀才不遇的情怀跃然纸上。

康熙二十九年（1690），蒲松龄 50 岁，有《九日登豹山》古风诗一首。而《蒲松龄诗集》中，庚午年（康熙二十九年）只有这一首诗。这一年是蒲松龄人生历程中的一个重要年份。是年秋，他赴济南应乡试，在第二场考试中“因故被黜”，到底因的什么“故”被黜，所有资料均语焉不详。但可以肯定的是，这对于年至半百的他是一次更加沉重的精神打击。这是他第七次参加乡试，考取功名的希望再一次破灭，心情可想而知。对应这一年的遭际，从这首诗中能强烈感觉到他的心情：

九日登豹山

乘兴直上西南山，山头松柏高丸丸。
观童尸解石血殷，剩有老道械梏残。
为我述之心骨酸，况复落魄鬓毛斑。
老友载酒坐相欢，我醉欲歌行路难。
世事茫茫何其傎，拍手大叫沧溟宽。

50 岁以后，蒲松龄还用淄川方言写成为当地老百姓喜闻乐见的 80 多万字的聊斋俚曲、戏剧。俚曲主要有《墙头记》《姑妇曲》《慈悲曲》《翻魔殃》《寒森曲》《琴瑟乐》《蓬莱宴》《俊夜叉》《穷汉词》《丑俊巴》《快曲》《禳妒咒》《富贵神仙》《磨难曲》《增补幸云曲》等。戏剧有《闹馆》《钟妹庆寿》《南吕调九转货郎儿》等。有些俚曲、戏剧当时便在民间演出、流传。

关于蒲松龄创作俚曲，曾在毕家流传一个“跑死狗”的故事：据传，每当夜深人静，蒲松龄便到振衣阁二楼，点亮昏黄的豆油灯，铺纸握笔，开始写作。每每写到兴致时，就会脚踏楼板，“咚咚”作响，与他做伴的大黄狗以为主人唤它，就急急跑上楼去。夜夜如此，天长日久，大黄狗就给累死了。

蒲松龄坐馆王村期间，写下了大量悯农诗，农家的困苦之情和蒲对他们的同情流注其中，诗里也记载下当地被灾的史实，仅在康熙四十二年（1703）和四十三年，即有《十三夜微雨，俗占雨云‘重阳不雨盼十三’感而作此》《糠市》《正月二十喜雨》《二十五夜雪》《五月归自郡，见流民载道，问之，皆淄人也》《流民》《饿人》《流民蒙君恩，载送东归》《饭肆》《旱甚》《六月初八夜雨》《闻淄东无雨》《喜闻雨信》《忧

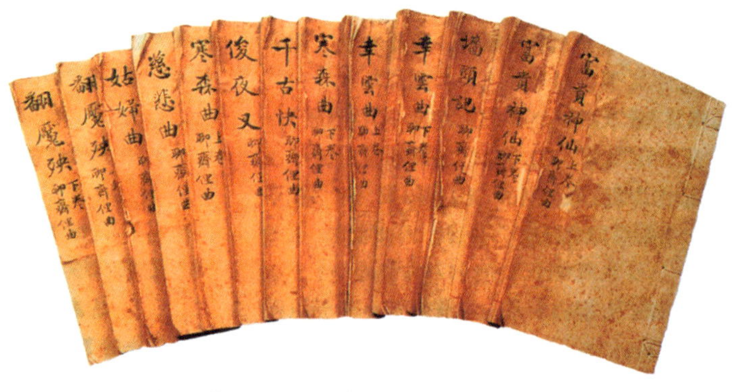

蒲松龄《聊斋俚曲》手迹（2004 年）

荒》《记灾》《微雨》《虫后仅余荞菽，而久旱又将枯矣。时雨忽零，奈数里外未之沾及。闻毕公漪对客雪涕，感而作此》《见刈黍，慨然怀靖节》《密云不雨》《夜小雨》《诸灾并作，秋稼已空，十月犹旱，麦田未耕。月来雨频降，吾乡独不及沾。延息待苏，不免憾造物之偏也》《月夜薄阴》《十月二十二日雨》等 20 余篇，皆是“哀民生之多艰”的忧叹。

蒲松龄不仅致力于小说、诗词、戏曲、俚曲等的文学创作，还利用毕府万卷楼的藏书，先后选录、编撰《省身语录》《怀刑录》《历字文》《日用俗字》《农桑经》《药祟书》《观象玩占》《婚嫁全书》《帝京景物略选》《小学节要》《庄列选略》《宋七律诗选》《家政外编》《会天意》《伤寒药性赋》《草木传》等适合于大众阅读的普及性读物。以韵文写成的《日用俗字》以及实用性工具书《农桑经》《药祟书》《婚嫁全书》等。这些作品是康熙四十年（1701）前后，蒲松龄在西铺写成，直接为老百姓服务的实用性工具书，尤其受到王村地区百姓的喜欢。

社会交往

毕氏人物 进入清朝之后，毕家虽不如毕自严时代显赫，但是毕际有堂兄弟子孙三代中，当时有进士、举人、拔贡、监生、增生、庠生等功名的仍有 35 人。毕氏家族的文化人中和蒲松龄有文字交往的有 20 余人，关系密切的也有五六位。如解元毕世持、增生毕盛统、贡生毕盛钰等。

毕世持，小蒲松龄 9 岁，是毕际有八叔毕自肃的曾孙。11 岁应童子试，有神童之誉，康熙十七年（1678）应山东乡试夺解元。但自此后数次进京会试皆名落孙山。与蒲松龄惺惺相惜，志趣相同，遂为挚友。《聊斋志异》中《马介甫》一文为毕世持续补。蒲松龄曾代他写过《为毕公权祭扬州戴孺人》一文。可惜才子薄命，年仅 38 岁早逝。蒲松龄写了《挽毕公权》（八首）诗悼念他。其中第五首：“生将玉树委荆榛，海内谁能步后尘？百绪具劳肩重荷，小成宁足结终身。死原宇宙难堪事，君自国家可惜人。薤露一歌山色黯，燕齐名士尽沾巾。”可看出蒲松龄对毕世持才华的推崇和好友骤然离世的沉痛心情。毕世持殁后，蒲松龄曾将其遗诗辑为《困佣诗草》，并作跋语称其诗：“悲凉尖颖，直将前无古人也者。”

毕盛统，毕际有六叔毕自寅之孙，与蒲松龄有40多年的交往，两人交情甚笃，有多篇诗文唱和。蒲松龄有三首绝句，题名《留别毕子帅》。其一，“咫尺相从已二年，常常送我到桥边。今朝又复来相送，才到桥头一黯然”。其二，“相违五日便相思，每到相逢未忍离。遥忆他年君念我，南来独到小桥时”。其三，“君昔送我在桥北，我昔送君在桥南。桥上依然南北路，千条杨柳尽鬖鬖”。毕盛统家住万家庄，与蒲松龄坐馆的西铺村南北只隔二里路。写这首诗的时间是康熙十九年（1680），也就是蒲松龄到毕家教书的第二年，因此有“咫尺相从已二年”之句。毕盛统于康熙四十一年过逝，蒲松龄非常悲痛，作挽诗两首悼念他。其序中写道：“久不晤子帅，三月十七日相过，流连日暮，分手曰：别矣，五月四日可再晤耳。至念九日，讣音忽至，而窀穸之期，适是所订再晤之辰。悲哉奇矣！”其挽诗之一：“胸中无宿物，胜志老犹坚。夙订金兰好，论交四十年。久要成语谶，一别判人天。谁意齿差少，先余已着鞭。”毕盛统要比蒲松龄小五六岁，死时不过50余岁，蒲松龄亲自执绋，到其墓上痛哭相送。

毕盛钰，毕际有三弟毕际孚之第五子，行八，蒲松龄称他为毕八兄。《淄西毕氏世谱》记载：“生而颖异，好学能文。弱冠游庠，连三第一，乡试十有六次，竟不一第。康熙已卯副榜，雍正癸卯恩贡。年七十有三，选莘县训导，未履任而卒，命亦穷哉。”毕盛钰虽年少蒲20余岁，但二人志趣相投，命运相似，同病相怜，感情深厚，结成忘年之交，保持了30余年友谊，诗文酬唱颇多。二人关系密切，蒲松龄乡试越幅被黜懊恼至极时，受到毕盛钰的安慰关照，蒲松龄甚为感激，曾写过一首词“大圣乐”以为答谢：

闱中越幅被黜，蒙毕八兄关怀慰藉，感而有作。

……嗒然垂首归去，何以见江东父老乎？问前身何孽，人已彻骨。天尚含糊，闷里倾樽，愁中对月，欲击碎王家玉唾壶，无聊处，感关情良友，为我唏嘘。

毕盛钰济南有住宅，每当蒲松龄到济南赴乡试都到他的斋中小住。康熙四十八年（1709），蒲松龄从毕家撤馆回家，作诗《答毕振叔》以为留念。其中有“握手倾肺腑，挑灯亘遥昔”，“大才自不群，所向久无敌”，“感君送别情，潭水深千尺”等句。

毕盛钥，庠生，毕际有三弟毕际孚第四子。《淄西毕氏世谱》载其“丰度诙谐，言语侃快，兄弟闻御侮急难，果毅有为。精于痘疹，全人甚多。往往自愤怀才莫展，拍案呼吁，以抒其抑郁之气，盖天性然也。享年六十三岁”。毕盛钥生性豪放，快人快语，诙谐幽默，急公好义，以酒交友，精通岐黄之术，尤其擅长以草药医治小儿痘疹之疾。喜纵志游山玩水，经常与蒲松龄结伴登豹山，诗酒欢娱。康熙二十七年（1688）三月十九日，蒲松龄有七律二首《三月十九日，同邱行素乔梓、毕莱仲兄弟登豹山看桃花》，诗中描写了春天的豹山绿肥红瘦的美丽景色，抒发了与朋友毕盛钥等载酒游山其乐融融的愉快心情。毕盛钥要比蒲松龄小 20 余岁，故蒲松龄诗中有“君家子弟皆英妙”之句。蒲松龄著《药祟书》，常向毕盛钥请教，二人交情莫逆。

有籍可查的毕氏家族成员中，还有毕盛鉴、毕盛钧、毕盛镐、毕盛铨、毕盛赞、毕盛让、毕永祚等 24 人与蒲松龄有文字交往。

社会名流 蒲松龄坐馆毕府之初，已有很大名声，当地文人名士乐与相交，他们或是从官场退隐，或是当地名士名绅。其中有高珩、唐梦赉、王永印、袁藩、韩逢庥等，他们同毕际有父子及王士禛一样，都曾对蒲松龄的生活、举业、思想、写作产生过不同程度的影响。蒲松龄与他们交游，在其诗文及《聊斋志异》中皆有反映。

唐梦赉，西铺村南十里豹山之阳南坡村人，年长蒲松龄 12 岁。清顺治六年（1649）进士，顺治八年授翰林院检讨。后卷入一场无谓的朝中派系斗争，成为牺牲品被罢官，他谢绝了同僚上疏申辩，决意归田，时年仅 26 岁。此后 40 多年唐梦赉寄情山水，优游林下，读书交友，诗文自娱。他关心政事民疾，经常向府县上书，提些兴利除弊的建议。有著作《志壑堂集》传世，是清初淄川名士。后被推举与高珩、毕际有等撰修《淄川县志》《济南府志》。蒲松龄与其最初的交往在康熙初年，牵线人是后来的馆东毕际有。康熙早年间，唐梦赉、高珩、蒲松龄等八人结伴东游崂山，恰遇海市蜃楼，他们都写有诗文记载。康熙十八年后，蒲松龄长期坐馆西铺毕家，与唐梦赉家相距不远，时有交往。二人虽只差 12 岁，但蒲松龄尊其为前辈，情深谊笃，交情莫逆。蒲松龄写作《聊斋志异》得到了唐梦赉的支持鼓励，两人经常在一块切磋。《聊斋志异》有两篇故事直接写的就是唐梦赉。一篇为《泥鬼》，一篇是《雹神》，主题都是赞颂他的。《泥鬼》说的是唐梦赉小时与表兄一同到庙中玩耍，唐梦赉见泥鬼的琉璃眼球好玩，便偷着抠了下来。谁知归家后，泥鬼不敢惹“童年磊落，胆气最豪”的唐梦赉，却迁怒于其表兄。蒲松龄文后以“异史氏”曰：“登堂索睛，土偶何其灵也。顾太史抉睛，而何以迁怒于同游？盖以玉堂之贵，而且至性觥觥，观其上书北阙，拂袖南山，神且惮之，而况鬼乎哉？”这是蒲松龄对唐梦赉的曲笔赞颂。“上书北阙，拂袖南山”指的是唐梦赉任翰林院检讨时敢于上疏反对顺治帝将“离奇怪诞”的《玉匣记》《化书》译为满文而被罢官，后又谢绝好友上疏挽留决意归田之事。《雹神》讲的是唐梦赉去日照参加朋友安氏葬礼，经过安丘雹神李左车祠稍事休憩，见到一条鱼露出水面，不惧生人，唐梦赉觉得好玩，就捡块石子戏投下去。谁知这鱼皆为龙族，惹得雹神怪罪下来，一直尾追唐梦赉一行降冰雹。故事本是唐梦赉无事生非，惹了雹神，才致被雹神报复。蒲松龄在本篇文后“异史氏曰”却正话反说“盖太史道义文章，天神之钦瞩已久，此鬼神之所以必求信于君子也”！可见唐梦赉在蒲松龄心目中的形象。唐梦赉在世时，蒲松龄就为他作生志，表扬其德行。两人之间还有大量诗词酬唱。最见情谊的是唐梦赉于康熙二十一年就为尚未定稿的《聊斋志异》作序，大加赞誉：“留仙蒲子，幼而颖异，长而特达。下笔风起云涌，能为记载之言。于制艺举业之暇，凡所见闻，辄为笔记，大约皆鬼狐怪异之事。向得其一卷，辄为同人取去……今观留仙所著，其论断大义，皆本于赏善罚淫与安义命之旨，足以开物而成务。”康熙三十七年六月，唐梦赉病逝于家中，蒲松龄被众乡绅推举，执笔作《为众绅祭唐太史文》，对他的这位知己倾注了一腔真情。其中有“呜呼悲哉！老成凋谢，梁木摧崩，河山变色，风月无情！衣冠遂无领袖，里社竟绝典型！值大庭之公议，嘿相视而无声。乌爰止于谁屋？徒遗恨于冥冥”，虽然有夸大之嫌，但足见蒲松龄对唐梦赉的敬重。

王永印，西铺村西南二里豹山北麓苏李庄人。大约出生于明万历四十五年（1617），比蒲松龄大约年长二十二三岁，出身仕宦之家，其父王所须举人出身，累官至应州知州。王永印兄弟十人，三人中进士，在清初的淄川县一时称盛。但王永印本人只以岁贡生终老，他曾任过忠信乡里正，也算淄川县场面中人物。蒲松龄幼年与王永印相识，“昔与余垂髫相戏”（《为八垓王公八十大寿序》）。康熙四年（1665）又应聘去王家坐馆，深得王永印信任。受王委托，写出《为人要则》12条教育子弟。蒲松龄在西铺坐馆，两人自然经常相会。蒲松龄有多首诗词是有关王永印的，其中，《寄王八垓》《为八垓王公八十大寿序》《八垓烹羊见招，阻雪不果，戏作烹羊歌》《王八垓烹羊见招，忽雪，因忆去年阻约，作烹羊歌》最见两人密切关系。《聊斋志异》中《鬼哭》篇写的是王永印二兄王昌荫家的事，是王永印讲给蒲松龄的。

袁藩，字宣四，号松篱，年长蒲松龄13岁。清康熙二年（1663）举人，以后屡赴春闱不第。康熙十二年，赴吏部铨选，考取候补知县，一生未得实授，58岁郁郁而终。但他有才气，王士禛在《池北偶谈》中称他为“名士”。乾隆版《淄川县志·人物·续文学》有袁藩传记，称他“工翰墨，善谈笑……读书精于搜讨”。袁藩曾参与撰修《淄川县志》，在淄川县文学圈子里是重要人物。他与毕际有交往较深，但与蒲松龄相识，是在蒲松龄在毕家坐馆之后。袁藩与蒲松龄的诗文酬答大都集中在康熙二十四年秋天，毕际有邀请袁藩住进石隐园，助其整理、校刊《石隐园藏稿》。此时袁藩已病重，但他与蒲松龄朝夕相处，惺惺相惜，诗词酬唱，互诉衷肠。只在这三四个月中，两人就互赠诗词20多首。这年九月二十日，袁藩突然在家中病逝。蒲松龄因足疾未赴葬礼，填《念奴娇·挽袁宣四》以表哀悼。其中下阙为：“遐想潇洒生平，吟髭拈断，了才思如绮。不道堂前燕子来，回首河山非是。古往今来，茫茫泉路下，曾无雁鲤。夜台寥廓，知君何处栖止？”袁藩死后，毕际有为其整理、编辑诗集《敦好堂集》，蒲松龄助之。蒲松龄从袁藩身上看到了自己的影子，产生人生无常、怀才不遇的共鸣。在康熙二十四年前后，他一连在《聊斋志异》中写了《叶生》《司文郎》《于去恶》等数则故事，塑造的都是怀才不遇、抱恨终生的士子游魂的形象。蒲松龄还在《聊斋志异》中收进了袁藩讲的两个故事，即《龙》和《古瓶》。

韩逢庥，字樾依，原籍青城，后迁居淄川。韩逢庥生于清顺治十二年（1655），比蒲松龄小15岁。于清康熙十二年（1673）按捐纳之例成为贡生，康熙十六年出任浙江武康知县。康熙二十三年，以卓异升任广西宁州知州，为官关心民瘼，并喻以礼法。任满归，丁父忧，起补任滦州知州。康熙三十九年，调任直隶定州知州，康熙四十三年，辞职回到淄川，于簸箕山之南的候仙园休闲养老。蒲松龄在韩逢庥出仕之前就与其相识，但两人往来频繁，是韩逢庥在候仙园养老期间。韩家与高珩家关系密切且存有姻亲关系。康熙三十一年，蒲松龄的学生、毕盛钜的五子毕世澂与韩逢庥的女儿订婚后，韩逢庥经常到西铺毕家做客，与蒲松龄见面的机会多了起来，二人关系更加密切。康熙三十四年至三十五年，蒲松龄的挚友张笃庆在韩家设帐教授韩逢庥诸子，蒲松龄经常去韩家拜会韩逢庥。真正促使蒲、韩二人结为至交的深层次原因，还在于他们的思想和行为方式有许多共同之处。张元撰写的《柳泉蒲先生墓表》称蒲松龄“性朴厚，笃交游，重名义，而孤介峭直，尤不能与时相俯仰”，《樾依韩公墓表》称韩逢庥“性孤介，又素不藉权要显贵以相引重……高谊古道，未可枚举”，由此可见两人为人处世方面有不少共性。

康熙三十六年（1697）十一月高珩去世，于次年四月卜葬。高珩的孙女嫁给韩逢庥的儿子为妻，高、韩两家是姻亲关系。高珩下葬期间，韩逢庥因为赴京补官、上任等事，一直不在淄川，未能亲往祭奠，由其儿子前往代祭。蒲松龄为韩逢庥代写了《韩樾老祭念东先生》。康熙三十九年，韩逢庥由直隶滦州知州调任定州知州。定州地处太行山东麓，又在南北往来的交通要冲，供应繁难。韩逢庥虽有吏治之才，却也穷于应付、疲于奔命。康熙四十三年正逢地方官员大计之年，韩逢庥由于不喜攀附逢迎上官，在大计中得了“浮躁”“不谨”的考语，受到处分，愤而“以病乞归”。蒲松龄得知韩逢庥辞官的消息，于这年的五月十八日专门写了书信《与韩刺史樾依书，寄定州》，劝慰韩逢庥。书信首先对官场的黑暗现实进行鞭挞，“仕途黑暗，公道不彰，非袖金输璧，不能自达于圣明，真令人愤气填胸，欲望望然哭向南山而去”，又对韩逢庥开导说公道自在人心，百姓自有评判是非的标准。信中说：“闻吾兄敝屣轩冕，亲朋皆吊，弟独快之。窃与令婿言：‘倘尊岳有浮海之游，其负蒲团以相从者，非他人，必余也。’既而闻士庶之号呼者，络绎于道，则大喜大慰。喜者何？喜夫特达之知，未必不由于此。慰者何？慰夫平旦之良，虽丧于冠裳，而幸存于夫妇，则知我者尚有苍生，何憾哉！”蒲松龄写此信时，正当韩逢庥的辞呈送达上级衙门，定州百姓闻讯后络绎不绝，为其继续留任定州而奔走呼号，因此蒲松龄才在信中写有“知我者尚有苍生”的感慨之语。作于同年的七绝二首《韩定州辞任归田》，反映了蒲松龄对韩逢庥辞官归隐的赞同。诗其一云：“年来志意已阑珊，深闭柴门物色闲。仕宦知交无几个，频频曳杖看归山。”诗其二云：“逢人久说宦情微，不道飘然竟拂衣。廉吏自无游宦乐，达人岂为折腰归。”该诗赞扬韩逢庥是一员能吏廉官，说他由于看不惯官场的黑暗和不公，不为世俗折腰，毅然离开这一污浊之地，回归山林寻找属于自己的那块净土乐地。韩逢庥辞官归里，在候仙园闲住，与蒲松龄关系更加密切。候仙园距离西铺二十几里路，二人时相过从。

高珩，字葱佩，号念东，晚年自号紫霞道人。明万历四十年（1612）出生于淄川县一个官宦家庭，于崇祯十六年（1643）中进士，选翰林院庶吉士。入清后授秘书院检讨、国子监祭酒、侍讲学士、詹事府詹事、礼部右侍郎、都察院左副都御史、刑部左侍郎等职。高珩工诗善文，著有《劝善》《栖云阁集》等。高家与蒲家家族间有姻亲关系，蒲松龄与高珩熟识较早。高珩为人率真洒脱，诗文追香山、放翁之风，且好杂说稗史。他比蒲松龄年长近30岁，蒲松龄很敬重他。高珩很赏识蒲松龄的才学。高珩与毕际有是好朋友，经常来往走动。康熙十八年（1679），蒲松龄初到毕府，将初步结集的《聊斋志异》呈送高珩指教，高珩欣然为其作序，他也是《聊斋志异》最早的一位序者。高推重这部奇书："而况勃窣文心，笔补造化，不止生花，且同炼石。佳狐佳鬼之奇俊也，降福既以孔皆，敦伦更复无斁。人中大贤，犹有愧焉。是在解人不为法缚，不死句下可也。""吾愿读书之士，揽此奇文，须深慧业，眼光如电，墙壁皆通，能知作者之意，并能知圣人或雅言、或罕言、或不语之故，则六经之义，三才之统，诸圣之衡，一以贯之。"这些评价是在当时《聊斋志异》不入上流社会法眼的境况下发出的最早的正面的声音，也表明高珩慧眼识才，看出其潜在的文学价值。后来，高珩还为聊斋俚曲《琴瑟乐》作长篇跋语。蒲松龄自是引为知己。康熙十八年蒲松龄写有七律四首《次韵载酒堂倡和之什，寄郢社诸同仁》，其中有句"风流太傅东山卧，区画苍生自有方"，"主人逸兴广栽花，小结茆亭傍水涯"。这里的"东山""茆亭"当指高珩的簸箕山候仙园。康熙二十三年秋天，高珩与唐梦赉、王广铨等人西游白云山归，顺路到石隐园夜访蒲松龄。蒲松龄有《重阳王次公从高少宰、唐太史游北山归，夜中见访，得读两先生佳制，次韵呈寄》七律诗二首。

高珩于康熙三十六年（1697）去世，蒲松龄写了《挽念东高先生》七律三首，其三为：

痛想当年慧业人，俚歌亦足破微尘。
文无易稿从容就，口不择言表里真。
绿野堂中蕉鹿梦，碧莲花上宰官身。
瞻乌爰止于谁屋，俛仰黄垆涕满巾。

和蒲松龄常有交往的淄西文人还有：巩家坞的邱璐、邱希潜父子；沈家河的沈凝祥、沈天祥、沈惠庵祖孙三代。他们都与蒲松龄有数十年的友情和文字交往，对丰富蒲松龄的文学创作产生过影响。

官宦人物

王士禛 清康熙二十六年（1687），在毕家教书的蒲松龄在西铺结识了时任詹事府少詹事、翰林院侍讲学士、诗坛盟主的王士禛。王士禛（1634—1711）字贻上，阮亭，又号渔阳山人。后因犯雍正皇帝名讳，改称"士正"，最终由乾隆皇帝诏命改称"士禛"。王士禛是新城县人，世代显宦，董其昌题坊曰"四世官保"。12岁即有诗名，钱谦益去世后，王士禛成为诗坛领袖，与朱彝尊并称“北王南朱”。康熙二十四年，王士禛因父亲去世，请假归乡守制三年。康熙二十六年三月，毕际有从侄毕盛育去世，王士禛来到西铺吊唁毕盛育，探望从姑母王氏及姑父毕际有，在西铺住有数日，毕际有遂请蒲松龄接待王士禛。蒲王二人同桌共饮，谈诗论文，话语投机。此时王士禛已阅读了部分《聊斋志异》。初夏时，王士禛又派人给蒲松龄送来两封信，向他借阅聊斋手稿。蒲松龄在回信中称此次会面“甚慰生平”，后来回忆此时又有“花辰把酒一论诗”，“相逢快语彻清宵”之句。王士禛再次读到聊斋书稿时，正在撰写《池北偶谈》，有些篇如《贤妾》《林四娘》等，取材、题目与聊斋基本或完全相同，《池北偶谈》卷二十六之《小猎犬》，篇末注明了“事见蒲秀才松龄《聊斋志异》”。可见当时王士禛不是一目即过，而是从容阅读、采摭过聊斋书稿的。也正是这次阅读后，王士禛写下那首著名的《戏题蒲生〈聊斋志异〉卷后》：“姑妄言之妄听之，豆棚瓜架雨如丝。料应厌作人间语，爱听秋坟鬼唱时。”康熙二十七年前后，在王士禛阅毕归还原稿之后，蒲松龄又作诗《次韵答王司寇阮亭先生见赠》：“志异书成共笑之，布袍萧索鬓如丝。十年颇得黄州意，冷雨寒灯夜话时。”诗中直率地诉说创作《聊斋志异》的甘苦辛酸，委婉地对“姑妄言之”做出回应。后不久蒲又有《偶感》一诗，诗中抒发了自己在穷途末路，不为人所理解、赏识的境遇中，忽然受到一位身份较高的人的奖誉而产生感激欣慰的心情，而且是“此生所恨无知己，纵不成名未足哀”了。此诗感激的对象自然是王士禛了。

康熙四十年（1701）春天，蒲松龄再次致信王士禛，称赞王士禛“虽有台阁位望，无改名士风流”，并委婉地提出请其为《聊斋志异》作序的要求，王士禛亦有回信，表示可以考虑作序之事。从二人信中足以证明，王士禛四次阅读《聊斋志异》，其中包括稿本和选抄本，并两次“点其志目”，而且向蒲询问“尚有几卷，统望惠教”。可见两人以文相交，《聊斋志异》是一条重要的交往纽带。是年十月，王士禛“请急迁葬”期满即将还朝，蒲松龄又寄第三封书札，同时还寄上《送别》等部分近作古体诗以求指教。此间，王士禛曾让族侄王启座带来“近刻数种”，尔后又从京中遥寄其《古欢录》给蒲松龄，蒲松龄有《谢阮亭先生遥赐〈古欢录〉，用黄太史〈题放鹇图〉韵》诗。王士禛致仕后，仍给蒲寄赠近刻著作，蒲松龄有《王司寇阮亭先生寄示近刻，挑灯吟诵，至夜梦见之》诗。王士禛在阅读《聊斋志异》中还作了评点，计评 31 篇，36 条批语，后来都冠以“阮亭曰”一语。这些评语，或补注、辨明本事，或品评篇中人物，或赞赏文章之佳者，或就题旨而发感慨，基本上是赞赏而非贬抑。在清代，王士禛的评语客观上成为《聊斋志异》流行的金字招牌，几乎所有抄本、刻本，全部附有王士禛的评语。蒲松龄撤帐之年，被推为乡饮介宾，作为秀才领袖参与了控告淄川县漕粮经承康利贞的斗争，翌年声闻康得王士禛荐举又要复任，又向王士禛写信委婉地劝告王不要举荐康复任，王士禛接受蒲的意见，不再推荐康利贞复任淄川漕粮经承。作为台阁重臣、诗坛领袖的王士禛，十几年间四次阅读《聊斋志异》，足见《聊斋志异》极具魅力，而王士禛也有很高的鉴赏力。蒲王二人一生只有一次会面，尔后书信来往。地位悬殊，穷通迥异，王对与蒲的交往并非十分看重，作为朝廷重臣，毕竟与鬼狐小说作家是有一定距离的，他一直未给《聊斋志异》作序。蒲对王的褒誉和鼓励都比较珍视，他对王敬重的同时又颇为自重，二人之间是淡而不俗的君子之交。康熙五十年王士禛去世，蒲松龄在《代毕韦仲祭王司寇》一文中写道，“故其存也，山川为之生色；其没也，天地为之黯然”，并写诗《五月晦日，夜梦渔阳先生枉过，不知尔时已捐宾客数日矣》，诗中有“海岳含愁云惨淡，星河无色月凄凉。儒林道丧典型尽，大雅风衰文献亡”，足见蒲松龄对文坛盟主王士禛十分敬仰，哀毁悲痛之情尽表笔端。

喻成龙 康熙三十二年（1693），山东按察使喻成龙邀请蒲松龄到济南官衙叙话。喻成龙是辽东人，汉军镶蓝旗，曾随王士禛学诗，才思敏捷，笔下生花，但和蒲松龄素不相识。蒲松龄本不肯去，但毕际有父子反复劝说，最终成行。在臬台衙门，喻成龙请蒲看梅花，欣赏当代画家的《梅花书屋图》，也少不了把酒品茗，礼遇甚隆。蒲松龄连续写了《喻廉宪命题“梅花书屋图”》和《又二律》三首诗，恭维喻成龙，赞扬他的文才“秋怀粲发云汉章，遒逸欲过谪仙郎”，连李白也比不过他了；称颂他爱民如子，深得民心，“千人掩面攀锦軏”。蒲松龄还写下《舆颂恭纪喻公大老宗师德政》一诗，也是称赞喻为官清正，为民做主，礼贤下士，且有文采。喻成龙绕来绕去，竟然是在觊觎蒲的毕生心血——《聊斋志异》，他要出1000两纹银买下《聊斋志异》的署名权，蒲松龄委婉地谢绝了。身在臬台衙门的蒲松龄，此时的诗作是因受到“礼遇”而由衷敬仰臬台大人，还是因为拒绝喻成龙的要求，为避祸而违心歌颂呢？后世不得其解。蒲松龄在世时，这件事情一直没有披露，直到蒲松龄死后的乾隆初年，长孙蒲立德向淄川知县上《呈览撰著恳恩护惜呈》，想让县衙出钱使《聊斋志异》付梓，其中说道：“在昔喻廉宪购以千金，未敢庭献。”蒲立德的呈文收进了《东谷文集》，现仅有抄本。半个世纪后，人们把喻成龙欲欺世盗名的事，安到了王士禛身上。济南归来，蒲喻二人的交往并未结束，后来听说喻成龙要调京城任职时，蒲松龄写了《送喻方伯》《又闻喻方伯迁京尹》两首诗送行，又是热情讴歌一番。

朱缃 字子青，号橡树居士，比蒲松龄小30岁。父亲朱宏祚官至浙闽总督，朱缃只捐一候补主事虚衔，未曾做官，38岁即去世了。朱缃的“橡村别墅”在章丘县明水乡，与西铺相距五六十里。他曾从师王士禛学诗。朱缃可能是通过唐梦赉借到的《聊斋志异》书稿，读后极为赞赏。康熙三十五年（1696）秋，蒲松龄到济南参加乡试，受到朱缃的礼遇和招待，席间倾谈遂成忘年交。蒲松龄写下了《答朱子青见过惠酒》。诗中蒲松龄以穷困中的杜甫自比，将贵公子朱缃比作北海太守李邕。后来其长孙蒲立德曾说，“昔我大父柳泉公，文行著天下，而契交无人焉。独于济南朱橡村先生交最契”（《书〈聊斋志异〉朱刻卷后》）。此后几年中，朱缃四次写信并有两首诗给蒲松龄，内容都是关于抄录和评价《聊斋志异》的，他还将自家经历见闻告诉蒲松龄，让他写进《聊斋志异》。朱缃把已经完成的《聊斋志异》抄录下来，这部抄录的《聊斋志异》在他过世后丢失，朱缃之子朱崇勋又托人从蒲松龄子孙处借来《聊斋志异》手稿，雇人抄录，这部署名“殿春亭主人”的珍贵抄本，后来成为《铸雪斋抄本聊斋志异》的底本，为《聊斋志异》的流传发挥了重要作用。

蒲松龄在西铺期间，还与淄川知县汪如龙、张嵋、周统、时惟豫时有交往，也写过一些诗作，赞扬他们的德政，并且把张嵋的两件轶闻写进《聊斋志异·王十》中。

轶闻传说

蒲松龄与书童 过去王村通往淄川的大道上，白泥河上有一座小石桥叫“对诗桥”。一座小小的石桥为什么起了这样一个文绉绉的名字呢？据传，这和蒲松龄有关系。

蒲松龄50岁以后，东家毕际有为他雇了一个书童，名叫丁国祥。这孩子十四五岁年纪，家里穷苦，没念书，但是聪明伶俐，嘴儿乖巧，知情达理。平日里在石隐园照顾蒲先生生活起居，先生写文章，他会早早擦桌拂尘，烧水沏茶，研墨铺纸。先生写作，他就站立一旁用心观察。天长日久，耳濡目染，这孩子竟也识得不少文字，会胡诌几句诗文，颇得蒲松龄喜欢。丁国祥心想：在毕刺史家虽是当的小觅汉，却能跟着大名鼎鼎的蒲先生学习学问，我何不拜先生为师，几年下来既挣了钱又会识文断字？他把想法说与先生，先生竟然愿意收他为徒。征得东家同意，丁国祥花十文钱从王村集上买来鸡鸭鱼肉，做了一桌酒席，在绰然堂请先生吃了一顿饭，跪下磕了三个头，正式拜蒲先生为师。自此以后照顾老师更是加心用意，学习更加用功，三年下来，学识大长。每次先生回蒲家庄探家，丁国祥总是傍着毛驴小心翼翼送先生回家。

有一年麦前，东家毕际有担心青黄不接，蒲先生家中断粮，便装上一口袋谷子，叫丁国祥赶着毛驴，一并送先生探家，捎回些粮食补贴家用。一路上，师徒二人说说笑笑，欢快赶路。初夏季节，太阳毒辣辣地当头照耀，走了不到十里路，蒲先生已经汗流浃背。行至钟山前的一座小石桥上，只见河边的大柳树笼罩桥面，绿荫婆娑，丁国祥建议先生稍歇一会儿再赶路。师徒二人就坐在桥栏杆上看河里的鹅鸭戏水。不成想，一会儿白云山上涌起阵阵云雾，刹那间便阴了天，片刻后即下起雨来。蒲松龄心情愉悦，诗兴大发，信口吟道，“山前山后雨蒙蒙”。还未说出第二句，丁国祥便接续道，“雇工有意送雇工”。蒲松龄一听心里暗笑，这孩子人小鬼大，竟敢取笑老夫，便接着续道，“酒席宴前分上下”。丁国祥心想，老师这是嫌我没大没小，再和老人家开句玩笑，“期满账结一般同”。蒲松龄听后哈哈大笑：“小子你也会作诗了，可以出徒了。你年纪也不小了，该找个正经活儿挣钱养家，娶个媳妇过日子啦。不要像我这样手不能提，肩不能担，为人当一辈子长工。”丁国祥说：“我就伺候先生一辈子了。”蒲松龄笑说：“我死了你伺候谁去？”丁国祥答：“我听说先生是半仙之体，不会死的。”蒲松龄长叹一声：“傻孩子，世上哪有不死之人！”

后来蒲松龄托人在周村街上为书童丁国祥谋了一份学买卖的差事，这孩子学成后自己开了家生丝字号，后来把买卖做到了苏州、杭州。

蒲松龄拉坟 蒲松龄从西铺回满井庄必经冲山北麓。这条官道是济南通往胶州的要道，紧傍发源于白云山南麓青嶂泉的白泥河。白泥河流经伏山脚下，河面开阔，水流缓慢，河两岸淤积成大片良田，土质肥沃，旱涝保收。有一户姓张的人家祖祖辈辈种着 4 亩河边地过生活。蒲松龄常年来来回回，经常见张老汉在地里劳作，天长日久也就熟悉了，有时候行路到此，还会下驴在地头树下和老汉拉上一会呱。

这年麦前，蒲松龄回家路过这儿时，看到张老汉在地头悲戚垂泪。便主动上前询问："老哥，因何事如此悲伤？"张老汉只是一个劲地长吁短叹，不愿多说话。蒲松龄一再劝慰："如果老哥有啥难处，说来我听听，也许老夫能帮上什么忙？"张老汉一指不远处的地中心一个土堆，说："蒲先生啊，这是我父亲的坟墓，当年爹死后是埋在我家地中心的。可是东地邻李财主，财大气粗，恃强凌弱，明着欺负人，只几年时间便把我家祖传的4亩好地蚕食去半。我忍气吞声，总想息事宁人，惹不起还躲不起吗？可他得寸进尺，不依不饶，这不，把我爹的坟都划进了他的地块！今早刚刚派人重新砸上界石，4亩地只剩下不到一亩了，我家5口人可待咋过啊，我实在是忍无可忍了，找他家去问问吧，却叫他一顿棍子打得我折了一条腿。我叫人欺辱至此，想想窝囊，不如死了算了！"蒲松龄听说此事，一股怒火在心中腾然而起，大怒道："朗朗乾坤，清明盛世，竟有此等恶棍，还有王法吗？"张老汉见蒲松龄生气，忙说："蒲先生，本不关你啥事，先生还是远离是非之地，快回家去。我死活就是这样了，穷人的命分文不值。"蒲松龄说："老哥千万不能这样说，财主的命是命，我们的命也是受之父母，更是命！我们人穷志不能短，这个忙我帮定了，请你放心。"说罢，蒲松龄附在张老汉耳边这般嘱咐一番，骑上毛驴东去。

几日后，蒲松龄请东家毕际有以视察忠信乡税赋为名，邀请知县汪如龙来王村。这一日，蒲松龄和张老汉早早来到白泥河畔，将一条粗长的大麻绳拴在张老汉爹的坟墓上，弯腰弓背，摆好一副吃力猛拉的架势。只待知县的轿子来到地头，蒲松龄便扯开嗓子，喊着号子"嗨呀！嗨呀！"用力拉坟。汪知县听到喊叫声，叫停轿子，来到地边一看，原来是毕刺史家的教书先生蒲松龄，原本熟识的，就喊道："蒲先生，你这是唱的哪一出啊？"蒲松龄说："汪大人，你是不知道啊，这张老汉的爹，真是个捣蛋的玩意儿，死了死了都不安生，这不跑到人家地里去了，我帮这位张大哥把他爹拉回到自家地里来。"这知县知道蒲松龄的大名，写了一部聊斋，虽是神乎鬼乎，却是曲笔警世喻人，大名鼎鼎，何等了得！如果被他当坏蛋写进聊斋，将会遗臭万年。看今天这架势，他这葫芦里一定有药要卖，是专门为我做好的饭，不吃也得吃了。看他待要如何！知县说："天底下怎么会有这等事体？一个死人能自己跑到别人家的地里去？"蒲松龄说："这穷鬼眼热人家财主，嫌贫爱富的。"正说话间，地邻李老财领着一帮家丁骂骂咧咧来到了。蒲松龄一指："这不人家地主来了，请汪大人依律判这个死人退出人家地面吧！"李老财

西铺村乡村记忆博物馆展室局部（2016 年）

气势汹汹喊叫："这地是我家祖辈传下，张老头穷极无聊，硬说是他家的，该当何罪？"汪如龙一听，便明白了十分。就问李财主："既然是你家祖传土地，那又为何张老头的爹埋到你家地里头？"李财主支支吾吾了半天，说不出半点理由，只一个劲地强词夺理："这地反正是我的！"汪知县怒喝一声："光天化日，朗朗乾坤，岂容你这等乡霸藐视王法恣意妄为，来人！先给我狠打二十棍子，看他还敢嘴硬！"一帮衙役扑上去，将那乡霸摁在地边一块大石头上，一顿乱棍直打得他皮开肉绽，屁滚尿流，呼爹叫娘，大喊："老爷饶命啊，再也不敢了！"汪知县叫李老财当场写下悔过书，向张老汉赔礼道歉，把界石挪到原来界边，叫来石匠在界石上刻上李老财的悔过书，才把他给放了。从此，蒲松龄"拉坟"的义举传遍淄川西乡，那个地方被当地百姓称作"拉坟地"。

蒲松龄笔下有关王村地区文学作品举要

取材毕府　蒲松龄在毕府生活近 30 年，俨然成为毕府一员，在毕府诸多见闻往往援笔成文，毕府生活成为《聊斋志异》重要的素材来源。

绛妃

癸亥岁，余馆于毕刺史公之绰然堂。公家花木最盛，暇辄从公杖履，得恣游赏。一日，眺览既归，倦极思寝，解屦登床。梦二女郎，被服艳丽，近请曰："有所奉托，敢屈移玉。"余愕然起，问："谁相见召？"曰："绛妃耳。"恍惚不解所谓，遽从之去。俄睹殿阁，高接云汉。下有石阶，层层而上，约尽百余级，始至颠头。见朱门洞敞，又有二三丽者，趋入通客。

无何，诣一殿外，金钩碧箔，光明射眼。内一女人降阶出，环佩锵然，状若贵嫔。方思展拜，妃便先言："敬屈先生，理须首谢。"呼左右以毯贴地，若将行礼。余惶悚无以为地，因启曰："草莽微贱，得辱宠召，已有余荣。况敢分庭抗礼，益臣之罪，折臣之福！"妃命撤毯设宴，对宴相向。酒数行，余辞曰："臣饮少辄醉，惧有愆仪。教命云何？幸释疑虑。"妃不言，但以巨杯促饮。余屡请命。乃言："妾，花神也。合家细弱，依栖于此，屡被封家婢子，横见摧残。今欲背城借一，烦君属檄草耳。"余惶然起奏："臣学陋不文，恐负重托；但承宠命，敢不竭肝膈之愚。"妃喜，即殿上赐笔札。诸丽者拭案拂座，磨墨濡毫。又一垂髫人，折纸为范，置腕下。略写一两句，便二三辈叠背相窥。余素迟钝，此时觉文思若涌。少间，稿脱，争持去，启呈绛妃。妃展阅一过，颇谓不疵，遂复送余归。醒而忆之，情事宛然。但檄词强半遗忘，因足而成之：

"谨按封氏，飞扬成性，忌嫉为心。济恶以才，妒同醉骨；射人于暗，奸类含沙。昔虞帝受其狐媚，英、皇不足解忧，反借渠以解愠；楚王蒙其蛊惑，贤才未能称意，惟得彼以称雄。沛上英雄，云飞而思猛士；茂陵天子，秋高而念佳人。从此怙宠日恣，因而肆狂无忌。怒号万窍，响碎玉于王宫；澎湃中宵，弄寒声于秋树。倏向山林丛里，假虎之威；时于滟滪堆中，生江之浪。且也，帘钩频动，发高阁之清商；檐铁忽敲，破离人之幽梦。寻帷下榻，反同入幕之宾；排闼登堂，竟作翻书之客。不曾于生平识面，直开门户而来；若非是掌上留裙，几掠妃子而去。吐虹丝于碧落，乃敢因月成阑；翻柳浪于青郊，谬说为花寄信。赋归田者，归途才就，飘飘吹薜荔之衣；登高台者，高兴方浓，轻轻落茱萸之帽。篷梗卷兮上下，三秋之羊角抟空；筝声入乎云霄，百尺之鸢丝断系。不奉太后之诏，欲速花开；未绝座客之缨，竟吹灯灭。甚则扬尘播土，吹平李贺之山；叫雨呼云，卷破杜陵之屋。冯夷起而击鼓，少女进而吹笙。

荡漾以来，草皆成偃；吼奔而至，瓦欲为飞。未施抟水之威，浮水江豚时出拜；陡出障天之势，书天雁字不成行。助马当之轻帆，彼有取尔；牵瑶台之翠帐，于意云何？至于海鸟有灵，尚依鲁门以避；但使行人无恙，愿唤尤郎以归。古有贤豪，乘而破者万里；世无高士，御以行者几人？驾炮车之狂云，遂以夜郎自大；恃贪狼之逆气，漫以河伯为尊。姊妹俱受其摧残，汇族悉为其蹂躏。纷红骇绿，掩苒何穷？擘柳鸣条，萧骚无际。

雨零金谷，缀为藉客之裀；露冷华林，去作沾泥之絮。埋香瘗玉，残妆卸而翻飞；朱榭雕阑，杂佩纷其零落。减春光于旦夕，万点正飘愁；觅残红于西东，五更非错恨。翩跹江汉女，弓鞋漫踏春园；寂寞玉楼人，珠勒徒嘶芳草。斯时也：伤春者有难乎为情之怨，寻胜者作无可奈何之歌。尔乃趾高气扬，发无端之踔厉；催蒙振落，动不已之阑珊。伤哉绿树犹存，簌簌者绕墙自落；久矣朱旛不竖，娟娟者贾涕谁怜？堕溷沾篱，毕芳魂于一日；朝荣夕悴，免荼毒以何年？怨罗裳之易开，骂空闻于子夜；讼狂伯之肆虐，章未报于天庭。诞告芳邻，学作蛾眉之阵；凡属同气，群兴草木之兵。莫言蒲柳无能，但须藩篱有志。且看莺俦燕侣，公覆夺爱之仇；请与蝶友蜂交，共发同心之誓。兰桡桂楫，可教战于昆明；桑盖柳旌，用观兵于上苑。东篱处士，亦出茅庐；大树将军，应怀义愤。杀其气焰，洗千年粉黛之冤；歼尔豪强，销万古风流之恨！”

（选自二十四卷抄本《聊斋志异》，1981 年 9 月齐鲁书社）

逸老园记（代毕信涉）

东阿，余别业也。村虽故小，山绕之，河又绕之。暑可渔，寒可樵，四时皆可临眺。平田不陂，颇宜稼。虽不阿，阿矣。山胜以石，石胜以伙；伙之胜，以位置，以参差。径之半尚以土柔。益进益上，则石氏族而局，分疆占据，少闲田。高状矗矗，下状兀兀，肥状闷闷，瘦状稜稜。虎若而伏，人若而立，羊若而群，部置现示，费造物匠心，至不可品名，不可以马策。属其最高，有“阿石”，山之石之一也，尤奇。石凡三，两渠夹间之，似混沌初巨灵未擘时，曾为一物，后裂之。渠，之裂纹也。壁良峭，或若蹬，而欹、而仄、而劣，足容乎趾，猱行仅可上。其上则夷，容数十人分曹饮，然无饮醉者，醒可上，醉难下也。顾两渠若跃可过，亦无敢跃，平乃壮，险则怖也。坐其上，望村一簇，望河一线，望群山一抹，望田垄段复段如蔬畦：四望豁人怀。下石而东，可通者一矢许，倾倾侧侧，石复枕石，堆叠斗坳间，泉呼呼出焉，亦阿名。水所径成渠，渠迢迢至山根，不知几许深。石磊磊满之，大小皆为箇，滑洁不以秀媚。爆激然与泉无涸时，冬则淫淫，春则涓涓，夏而霖，秋而潦，则崩岩挂练激石擂骇不复文。山石皆鸿蒙时旧物，曾无人赏焉者。山让牛眠，水让牛饮，村人不解登，登亦不解赏，天下事此类故多哉！余童时过辙游钓，梦魂犹恋之，修数椽屋，卜菟裘焉。水宜迢迢也而不迢，余迢之；迢之上宜柳也而无柳，余柳之。兴会一至，可以荫、可以汲，既谓予家园亭，不禁樵牧也可。然鬓毛斑矣。又常抱维摩病，屐齿获寿，故蜡之耳。斋扉晨启，爽气入怀，翠影到案，而石来座上，而树袅亭中，则卧游之时，多于兜兴也。予不文，不能传水之神、石之色、山之面目，冀能有传者传之。人生山水色，山水生予色，为幸不即多乎！遂记之。

（选自路大荒整理《蒲松龄集》，1988年上海古籍出版社）

笔涉公益 王村一地，每有修桥铺路、修庙建祠诸事，蒲松龄每每援笔相助，因事成文。

募修炳灵庙疏

炳灵庙，即世传泰山三郎之行宫也，盖以岱岳之储君，故祠之副岳之侧云。殿宇旧规颇宏，殿前东西廊各四楹，内摹消灾、降福诸神像，从俗祠祀也。历年久，天风雨之，地震动之，垣甓又自苔藓之，内外零落，几莽为墟矣。前年赖诸善信，并修福果，大殿始以落成；廊庑未修，而资力竭焉。至于今，西廊犹栖之狐，而东廊则露之兔，东廊犹雀有室，而西廊则鼠无家矣。香火道人，夜藉藁神脚下，炊烟腾败堵中。入祠，蒿蓬满径，石横斜卧路上，亦复何似鹿场町畽尔！余每过辄三叹，今慨然倡善，将使神人并得所栖。或谓工费烦多，志大恐难酬也。余曰："不然。一人为之，满乎堂陬，十人为之，满乎庭院，患为之者少耳。"其持此志以问四方，有以异乎？将无同也？

（选自路大荒整理《蒲松龄集》，1988年上海古籍出版社）

王村重修炳灵庙募缘序

王村炳灵公庙，其来甚古。盖长白为副岳，公为东岱储君，实赞阴天子司鬼录。村近长白山之阳，故祠在焉。历年久远，数年辄一修葺。向十余年，挂锡无高侣，茂草复荒之，雨淫漏下，风起尘凝，椽之白以菌，座之碧以苔，旒之缀以蛛丝，衮之绣以蚰迹，加以雀栖鼠窜，日玷圣躬，亵越何复可言！又且四缭周墉堵尽倾，寺不隔藩篱，市不分疆界，趁墟者憧憧其中，醉人枕阈以卧，絷驹檐柱，汗衣罥案间，马勃牛溲，流离阶戺，寺也而市焉矣！按败址遥辨之，始知若者市、若者刹、若者僧寮；恐再历年所，断碑为砧，古瓦甃饼炉，王子蒙尘，冕旒于野，欲再兴复难矣！夫殿宇兴废，过者卜里社隆替焉，一望荒落，非惟亵神，观瞻亦恶。窃意居人日迩颓垣，当无不悼叹者；且公之神，威灵显赫，当无不敬礼者；村中俗淳好施，招巫尚以万计，况奉神明，当无不踊跃乐赴者。村中善士乞予一言，余何难为顺风之一呼也，是为序。

（选自路大荒整理《蒲松龄集》，1988年上海古籍出版社）

交游吟咏 毕府来往宾客甚众，慕名与蒲松龄相交者亦不乏其人，蒲与诸友优游林泉，觥觥交错，随口吟咏即得诗成词。此类篇什在蒲松龄诗词中占很大比例。

九日同邱行素兄弟、父子登豹山

一

东西翠嶂列烟鬟，百里风云指顾间。
解恋穷愁惟白发，犹堪告语但青山。
酒如庄列增人放，海样乾坤任我闲。

知己相逢无好景，茱萸相对一开颜。

二

青女初临树色枯，游人逸兴满归途。
牢骚喜赴高阳约，醉渴欣逢便了沽。
危磴石多苔密绣，冷秋山半草横铺。
可知此日登高乐，插得黄花过酒垆。

三

玉皇宫阙绣苔痕，白草青岚接观门。
上下云堆迷鸟道，东西雨脚暗山村。
阁中屡满人盈座，殿角烟寒酒一樽。
呼吸若能通帝座，便将遭遇问天孙。

题唐太史借鸽楼

一

仙庄涧壑便樵渔，水绕园林树绕庐。
为爱溪山思旧业，代将虫鸟卜新居。
室折连栋惟容膝，生有余钱但买书。
还羡明河晴照里，楼台日日对清虚。

二

借鸽楼头引翠微，秋云晚树两依依。
城违二里红尘隔，花发重阳绿叶肥。
得意林泉时载酒，适情鱼鸟尽忘机。
飞奴犹认常归路，复傍司徒绕臂飞。

王八垓过访

玉案无缘寄所思，一朝握手喜翻悲。
樽开风雨挑灯夜，人似池塘入梦时。
不合世撄流俗怒，无他肠恃故人知。

别来岁月曾多少？话到生平事每遗。

（选自路大荒整理《蒲松龄集》，1988 年上海古籍出版社版）

潇湘逢故人

邱行素意中构画村清梦楼，花竹馆垣，额匾书画，一切备矣，戏为落成。

五更春困，梦豹山初上，野色盈匡。
芳草外，斜阳里，小小院落，云树苍苍。
危楼丛舍，绕烟村一带茅墙。
云道是邱家仲氏，新营若个荒庄。
健羡久，排扉入，见两边黄花绿竹成行。
入药室兰堂，又壁粘旧词，门有新章。
主人握手，烹松茗共话沧桑。
此何夕，登龙扰坐，于今耿耿难忘。

（选自路大荒整理《蒲松龄集》，1988 年上海古籍出版社）

“蒲松龄与王村”研究概况

蒲松龄坐馆年代与创作研究 “蒲松龄与王村”，是聊斋研究界的一个重要课题。最先涉及这一课题的是聊斋学研究先驱路大荒。1929 年秋，时任淄川县立体育场场长的路大荒，开始倾注大量时间和精力，致力于蒲松龄著作与生平的研究。1931 年，路大荒编著《蒲柳泉先生年谱》，1936 年，上海世界书局出版了由他主持编辑的《聊斋全集》。在《蒲柳泉先生年谱》中，他首次提出蒲松龄于康熙十一年（1672）初馆同邑名人毕际有家的观点。其主要依据是，王洪谋所作《柳泉居士行略》，和这一年蒲松龄写有《和毕盛钜石隐园杂咏五言绝句十六首》。这一论断一直到 20 世纪 80 年代，都被聊斋学研究界广泛承认。但其间有研究者提出异议，主要有国培之《关于〈蒲柳泉先生年谱〉的几点辩证》、劳洪《〈蒲柳泉先生年谱〉辩疑》，他们依据蒲松龄本人诗文，以及蒲松龄所撰《毕母王太君墓志铭》，推定蒲松龄是康熙十八年（1679）开始到毕家做塾师的。山东大学教授、聊斋学研究专家袁世硕，1988 年出版的《蒲松龄事迹著述新考》一书中,《蒲松龄在西铺毕家》一文，支持了“蒲松龄于康熙十八年进入毕家”的观点。自此，聊斋学研究界基本统一了蒲松龄于康熙十八年到毕家坐馆的观点。

袁世硕《蒲松龄在西铺毕家》一文，是聊斋学研究界第一篇系统研究蒲松龄与毕家关系的论文。作者查阅了《淄川县志》、《淄西毕氏世谱》、《聊斋全集》、《聊斋志异》、《石隐园集》、《苏李王氏家谱》、袁藩《敦好堂集》、唐梦赉《志壑堂集》等文献，以大量第一手资料，详细考证蒲松龄在西铺毕家教书兼作幕宾的 30 年岁月中，社会交往、著书立说、备战秋闱等史实。将馆东西宾关系、《聊斋志异》写作动机、毕氏家族对蒲松龄文学创作的影响，一一作了有理有据的梳理。袁世硕还有《蒲松龄与王士禛交往始末》一文，发表在《王渔洋文化》上。该文以西铺相会、蒲松龄四封书札和王士禛对《聊斋志异》30 余篇批语为线索，全面论述了蒲王二人以文相交的经过，分析了二人关系的发展变化。《蒲松龄在西铺毕家》和《蒲松龄与王士禛交往始末》两文，为后来研究同类题材的研究者，提供了资料，开辟了捷径。

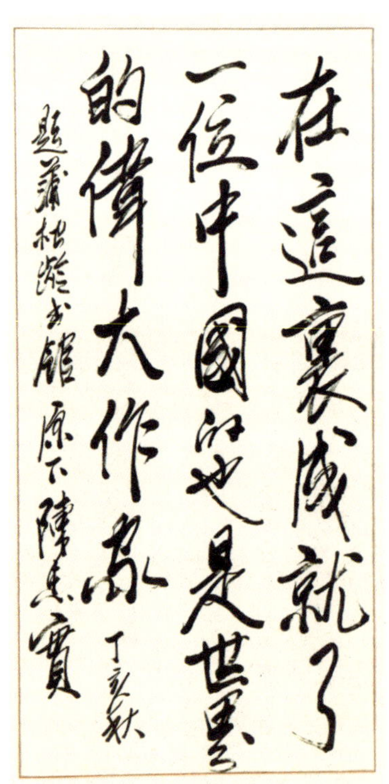

2007 年 9 月，陈忠实为西铺蒲松龄书馆题词

蒲松龄坐馆环境与交友研究 中国作协会员、蒲松龄研究会理事孙方之的《聊斋遗韵》，以深入民间采集的大量第一手资料，论述了毕氏家族数代重视文化教育、传承良好家训，奠定的“十七世诗礼门第，五百年孝友家风”的基础，和对“淄西文化圈”的形成所发挥的巨大作用。以令人信服的论据，论证阐述了毕氏家族与蒲松龄之间建立起的良好东西宾关系，毕氏家族对蒲松龄创作《聊斋志异》的影响和作用，

以及《聊斋志异》诞生在西铺村的社会环境与人文基础。

山东大学教授、蒲松龄研究专家邹宗良的《蒲松龄在西铺毕家》一文，从清初汉族文人的生存状态，探究蒲松龄写作《聊斋志异》的深层次精神内动力和毕家给予的外动力，在内外动力的巨大合力下,《聊斋志异》诞生在西铺的必然性与合理性。

邹宗良在文中分析道：蒲松龄生于明末乱世，见惯了改朝换代的腥风血雨，成人后志在仕途，偏又昊天不佑，屡战屡败，他只好到他的精神世界里寻找寄托。因为创作这部鬼狐小说，被朋友看作是不务正业，曾受到过他们多次的责难。现在又来到这样一个官宦之家教授人家的子弟，还是收敛心神，进入为人之师的状态，把这不被人理解的创作兴趣束之高阁吧。从《聊斋自志》来看，蒲松龄在康熙十八年确实有过将《聊斋志异》的写作结束的想法。但幸运的是蒲松龄遇上了他的馆东毕际有。毕际有喜欢结交文士，知道他的西席正在创作志奇志异的小说，他不仅没有反对，反而经常与蒲松龄谈奇说怪，为其提供创作素材，甚至自己也参与到《聊斋志异》的创作中来。《鸲鹆》篇讲述的是一只八哥巧用计谋为自己的主人赚得回家路费的故事，篇末注“毕载积先生记”。《五羖大夫》篇写的是河津人畅体元为秀才的时候，梦见神明与自己开玩笑的故事，篇末则注“毕载积先生志”。这是毕际有看到西宾在创作《聊斋志异》，一时兴发而写下的两个故事。后来蒲松龄把这两个故事收到《聊斋志异》中来，为表示对馆东的尊重，他特意在篇末注明，说明故事的创作者是馆东毕际有。假如蒲松龄不到毕家做塾师,《聊斋志异》也许会诞生，但是绝对不是现在意义上的《聊斋志异》。

2008 年 1 月，蒲松龄研究会第六届会员大会在王村镇召开

这是邹宗良《蒲松龄在西铺毕家》一文的主旨。

蒲松龄研究会理事、淄博市图书馆研究馆员姜艳平的《毕氏万卷楼藏书考述》，对毕自严家族的私人藏书楼及其藏书情况进行了较为全面、详细的考索和研究。通过征稽大量史料，尤其是对蒲松龄在毕府坐馆教书期间，对毕府丰富藏书的利用及与其文学创作活动之间的关系进行了探索性论析，旨在揭示毕府藏书对蒲松龄文学创作活动的深刻影响。

蒲松龄研究会理事孙启新的《石隐园是蒲松龄的精神家园——从聊斋诗词探析蒲松龄的心理状况》，主要从蒲松龄在西铺石隐园创作的系列诗词中，探索、分析蒲松龄的精神世界和石隐园对其创作产生的影响。孙方之、孙启新的《蒲松龄的豹山情结》，对蒲松龄于康熙二十七年至二十九年（1688—1690），集中写作的以豹山为主题的诗歌作品进行归纳、分析，试图解读作者在年近半百、前途渺茫之际，对人生的悟彻、对命运的无奈。

姓氏家族

镇域居民多数为明朝初年迁自冀州枣强，经生息繁衍，迁徙流播，形成若干同宗共祖的族姓聚居村庄。本志选择淄西毕氏、苏李庄王氏、李家疃王氏、淄西邱氏、淄西沈氏、王村牛氏、王村杨氏、道开丁氏、官庄王氏、彭家庄彭氏、尚家庄尚氏等 11 家较大姓氏家族予以记载。

淄西毕氏

家族源流　据《淄西毕氏世谱》记载：淄西毕氏始祖名敬贤，金元两朝时，自河北枣强迁徙至益都县颜神镇石塘坞。明洪武初年，毕敬贤迁于淄川西部的西铺庄（古名崔家庄），遂称“淄西毕氏”，其后裔称始祖毕敬贤为“石塘翁”。

淄西毕氏以“耕读传家，诗书继世”为治家宗旨，经过五代人的不懈努力，成为当地的殷实人家，开始注重课子读书。从明万历年间（1573—1620）始，便科甲绵连，由一个普通乡绅家族一跃成为名门望族。六世毕忠臣生 7 子：檠、架、丛、林、树、木、本，后世称为“老七支”，七世毕木为“老

万家庄菩提庵（2016 年）

七支”的第六支，毕木生8子，后世称为“少八门”，毕自严之孙毕盛钜生有8子，后世称之为“小少八门”。因毕自严官显位高，故后世称毕自严一支为“官支”。入清后，毕自严次子毕际有，于顺治二年（1645）拔贡，顺治十三年授山西稷山县知县，顺治十八年擢升为江南通州知州。毕际有二伯父毕自耘之孙毕盛赞，八叔毕自肃之孙毕盛青，于顺治十八年考取为同榜进士，毕盛赞授山西芮城知县，毕盛青授翰林院中书舍人，后为赣州府同知。毕际有次子毕盛钜，以拔贡生考选授补州同知、黄县教谕。至清道光二十一年（1841），毕氏后裔毕道远考取进士，历道光、咸丰、同治、光绪四朝，官至光绪年间（1875—1908）兵部、礼部尚书。咸丰年间（1851—1861），毕氏还出过武将毕定邦。他以武童投效漳州军营，屡建奇功，后以军功荐升副将。

毕敬贤画像

600余年间，淄西毕氏繁衍生息，人丁兴旺，现有二万余众。以西铺、万家庄为中心的周边毕姓聚居的就有30余村。且陆续有人迁居淄川、邹平、博山、章丘、莱芜、沂源、枣庄、聊城等地，及由淄西迁至全国各地的，南到广东、台湾，北到黑龙江等地，还有侨居国外者。其中，以德才而望众乡里者、科甲登第为国兴力者、兴办实业强国富民者代有其人。

耕读积善 毕敬贤迁居西铺村百年后至五世毕恪，家业日隆，德行著闻，被推举为忠信乡保正。他以行善积德，乐善好施作为安身立命之本。西铺庄南北各有一条大沟壑，夏秋洪水暴发，妨碍交通，毕恪便在两条大沟上各修建了一座石桥梁，凡乡亲婚丧嫁娶有困难者，则倾囊以助。为此，在乡里德高望重，被推为忠信乡保正。凡乡里婚宴、春秋社宴，都能以请到毕保正坐上席为荣耀。至六世毕忠臣，明嘉靖年间购买邻村万家庄万氏家族房产、土地，从西铺移居万家庄。毕忠臣少有文名，曾被淄川县知县聘为“邑掾”，此时家业愈大，毕忠臣在给诸子分家时，“即命各居一村……田产楼房，咸有定宇”。此时，已有“肥瘠田计六十顷”。他在务农治家之余，督责诸子读书。其七子中，有五人为省祭官，一儒官，一冠带武生。

六世毕忠臣，乐善好施。王村炳灵公庙年久失修，庙宇无主香者，他便捐财购买庙前土地6亩作为庙地。又因行事公正，县里推举他为淄川大集“司市”，他任职十年，秉公治市，杜绝欺行霸市，短斤缺两等，维护了市场秩序。年老后又在万家庄创建了菩

西铺村“聊斋渊源”牌坊（2006 年）

万家庄毕道远纪念馆碑记（2005 年）

提庵。并捐出土地作为庙产，还派专人到南京去印刷了一部藏经，存于庵中，聘请僧人主持庵内法事，一时菩提庵香火炽盛。被民众称为“善人”，淄川知县在县城内修建“旌善亭”，将其事迹张榜于上，以教化县民。故后代子孙称其为“善人翁”。在毕忠臣的教育和影响下，儿孙们都行善乡里。王村炳灵公庙，因年久失修，大门倾颓，明万历十三年（1585），毕木便与长兄毕檠 ，五兄毕树组织族人捐资维修，“高筑大门，移钟悬于其上，以正尊神之宇，以壮四方之观，以继先家君（毕忠臣）未就之志。”[①] 八世毕自严，在南征凯旋后，特在炳灵公庙西部修建“关帝祠”，塑关公神像，并对东西钟鼓楼加以维修。明崇祯七年（1634）毕自严致仕归田后，他出粟 200 石在王村设立义仓，以作为家族乡亲灾荒之年的储备粮。毕自严次子毕际有，于清康熙九年（1670）同毕际竑等捐资修缮炳灵公庙大门、钟楼及周围院墙。他又于清康熙十四年，与乡党宗族共同捐资，于庙中另建正殿三间，大门一座，廊坊十二间，增塑神像，扩大规模。毕际有谢官归田后还代捐王村大集市税，为王村市场繁荣慷慨解囊。毕氏后世子孙，以行善积德奉为家风代代相传。毕自严曾孙毕世济，倡修王村大兴教寺，并撰碑文。十世毕改，再次捐修王村大兴教寺，毕第捐修文昌阁，二人数次被淄川县旌表为“善人”。十四世毕丰统，承先人遗志，捐铜佛像 13 尊，神像 6 轴，佛经 68 本于万家庄菩提庵。并把自己的土地三官亩捐于菩提庵作为庙产。毕丰统一生自奉俭约，但是乡亲中缺吃少穿、无力娶妻者，他给钱给物，助其渡过难关。曾多次焚券豁债，乡人感激。毕文隆德高望

① 清康熙《炳灵公庙碑记》。

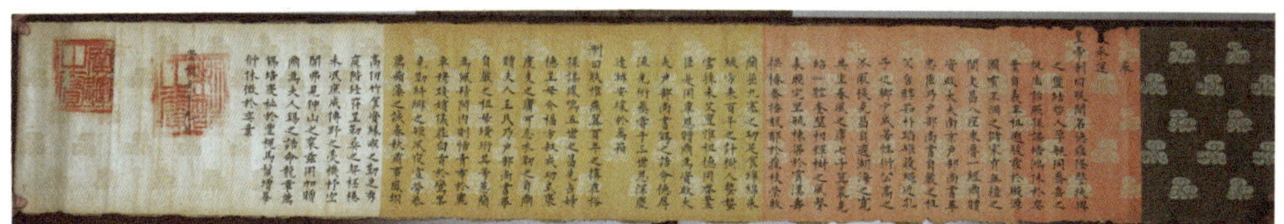

明崇祯皇帝奉赠毕自严祖父毕忠臣的诰命圣旨

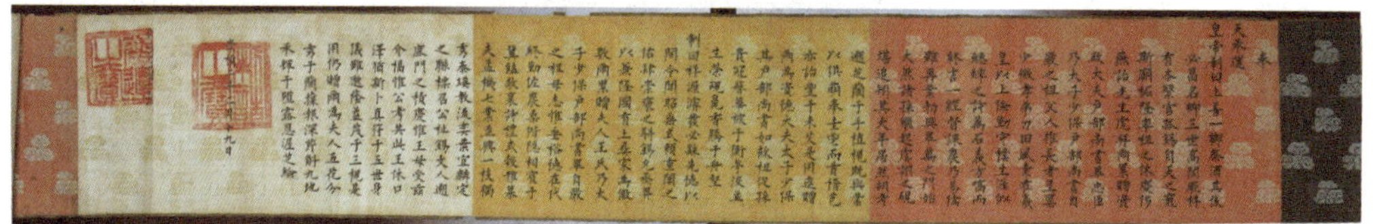

明崇祯皇帝奉赠毕自严祖父毕忠臣诰命圣旨

明天启皇帝褒奖时南京户部尚书毕自严诰命圣旨

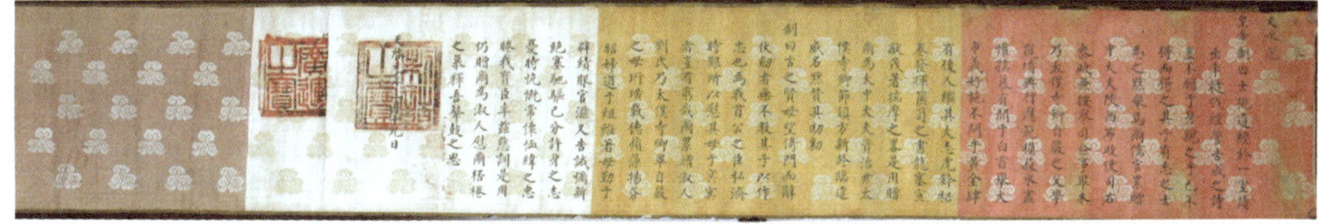

明天启皇帝封毕自严之父毕木诰命圣旨

毕氏家族所藏四道圣旨

重，任里长40余年，尽职尽责，任劳任怨。十六世毕远郅，天性纯良，乐善好施，数次捐资修建学校，修桥铺路，在乡亲中威信很高，王村数处石碑均录其名。清光绪元年（1875），淄川一带大旱，赤地千里，颗粒不收。毕远昱把自己储藏的粮食全部贡献出来，无偿分发给乡亲度荒，而他自己与家人却吃糠咽菜，艰难度日。

毕木教子 毕木生于明嘉靖十六年（1537），行六。他自少年即通经史，读书多妙解，但却屡试不第。年仅三十岁便放弃了科举，决意将精力转为教育子侄，希望寄于子孙身上。毕木事父母至孝，竭力承意，务得欢心。友爱兄弟，诸兄弟连遭不幸，他挺身而出，左撑右持，排纷解难，兄弟赖为砥柱。他创修宗祠，供奉始祖以下的先祖，定时祭拜。他创修了家谱，以敦宗睦族。制定了独具特色的家训，即：守前谟，不居间，不放债，不攻煤井；愿后世，学吃亏，学认错，学好读书。

毕木受理学的影响，强调自我修养。他建起一亭，名曰“投豆亭”，亭中放置二

万安溪上连接堡子城与万家庄的明代石桥（2015 年）

盂，每当有一善念，便在盂中放一粒黄豆，反之，则放一粒黑豆。年老时自撰一联：检点身心，投豆亭中无黑子；怡愉情性，护花篱外赏黄英。他为激励诸子奋发图强，读书立品树人，光宗耀祖，每月的朔望便率领诸子到家祠里瞻拜祖先。还在家祠中设置“责善”“惩恶”二簿，将诸子的优良表现记载于“责善簿”，把不良行为记载于“惩恶簿”。如果犯有过错，责其改正，如果屡教不改，不但责打于先祠，且将过错写在纸上张贴在先祠内，以警示劝惩。所以诸子莫不砥砺奋进，立志居为良士，出为良臣。

毕木教子，要求甚严。“督不肖兄弟于精舍，授以坟典，杜宾客，肃扃钥，丹铅句读，朝程夕课。每缀艺，必手自点窜，间就正诸先达以诀。向往试，辄治装与偕，驴背上仍令背诵四书一过。”① 每当毕自严和三兄毕自慎参加府试、乡试，毕木都治装亲自陪考。在赶考途中，饭后、睡前，即使骑在驴背上，也要督促儿子看书复习。明万历十七年（1589）春，毕木还亲自陪同毕自严进京会试，其望子成龙的良苦用心可见一斑。毕木的苦心孤诣得到了回报，7 个儿子中，有 3 人先后登第走向仕途。四子毕自严明万历

① 毕自严《先君黄发翁传》，见《石隐园藏稿》，中国文联出版社 2010 年，第 83 页。

西铺村乡村记忆博物馆内毕自严蜡像（2016 年）

1962 年 5 月 4 日，西铺村共青团员在毕氏祠堂前留影

二十年考中进士，由松江府推官起步，一直做到户部尚书，授太子太保衔。历官 21 任，从政 42 年，清廉勤勉，政绩卓著，朝廷三举卓异，百姓四筑生祠。六子毕自寅，明万历四十三年中举，后谒选为吴桥知县，3 年后升南京兵马司指挥，再升南京户部广东司主事。八子毕自肃，万历四十四年中进士，初授定兴知县，崇祯元年（1628）升任都察院右佥都御史、巡抚辽东。故淄西毕氏有“三士同升”“四世一品”之谓。淄川县为褒扬毕氏家族，在县城建造了“三世同升”“四世一品”石牌坊。

当毕自严为官后，毕木致书提醒：“祖宗积德，累世发祥在女（汝），女宜树自厚，不者，遗泽自此断矣。”毕自严在任松江府推官时，毕木也经常在信中告诫儿子：松江是膏腴之地，要廉洁自律，公正谨慎，不可贪赃枉法有辱祖宗。

毕木的 3 个儿子走上仕途后，牢记出为良臣的教诲，各有建树，其他的儿子居家也均为良士。

敦宗睦族

淄西毕氏家族，除了兴办学堂教书育人，还修建家祠，撰修家谱，教育后代敦宗睦族、明理做人。明清两朝，毕家兴建家祠 5 处，撰修家谱 10 次。

家祠　老家庙位于万家庄中部，七世毕木创建于明万历初年。是淄西毕氏家族最早修建的家祠。老六支家庙位于西铺村，为毕自严于明崇祯年间（1628—1644）所建。北殿三间，祠堂大门上方悬一匾，上书“毕氏先祠”。院中有松柏两株，相距十米，为建祠时所植，二树皆高耸二十余米，数里外即可望之。两棵松柏于 1969 年遭砍伐。2003

年，家庙由周村区文化旅游局改建为毕自严纪念馆。少八门家庙在万家庄，建于清光绪五年（1879）。为时任礼部尚书毕道远为供奉其八世祖毕自肃所建。殿内供奉毕自肃及列祖神位，毕道远亲题楹联：十七世诗礼门第，五百年孝友家风。南屋三间，上悬“敦睦堂”匾，为族间议事处。自1950年，曾先后改作乡公所、学校、村委办公室，故至今保存完好。2003年改建为毕道远纪念馆暨毕氏家族文化展馆。

祭祖 祭拜先祖是毕氏家族尊宗敬祖的最隆重的礼俗，分为祠祭和墓祭。

祠祭。七世毕木创建家祠后，每月初一、十五都要带领子侄到祠中上香瞻拜。而每年清明节、中元节、寒衣节、除夕都在祠内进行祠祭活动。尤其是清明节和寒衣节，墓祭同时也举行祠祭。族中男子结婚时，都到家祠中祭拜。毕氏后裔结婚，花轿如果路过家祠，也一定要进行祭拜。

墓祭。分为春、冬两祭（即清明节、寒衣节两祭），后逐渐沿袭为每年寒衣节一次大型墓祭活动。墓祭所需经费由祭田收入中支付，不足部分由族间集资。

按明朝规制，毕氏有四处墓葬享受皇帝“谕葬”待遇，分别是西铺村西南的毕氏先茔，俗称橡墓田，内有毕自严曾祖父毕恪的谕葬墓；毕自严祖父毕忠臣的谕葬墓，在万家庄南，俗称老墓田；郑家庄北的玉清茔，是毕自严之父毕木的谕葬墓；毕自严的墓地，位于黄埠村西的赐阡茔。这四处谕墓葬除橡墓田外，其他三处墓制规格皆按一品大员规格修建，石坊、望柱、碑楼、石虎、石羊、石马、翁仲（文臣、武将）排列墓道两旁。墓祭活动依次分支派进行。橡墓田是毕氏先茔 ，淄西毕氏族人都要参加墓祭。老墓田墓祭，凡属“老七支”的族人必须参加。玉清茔墓祭，则由“老六支”的参加。赐

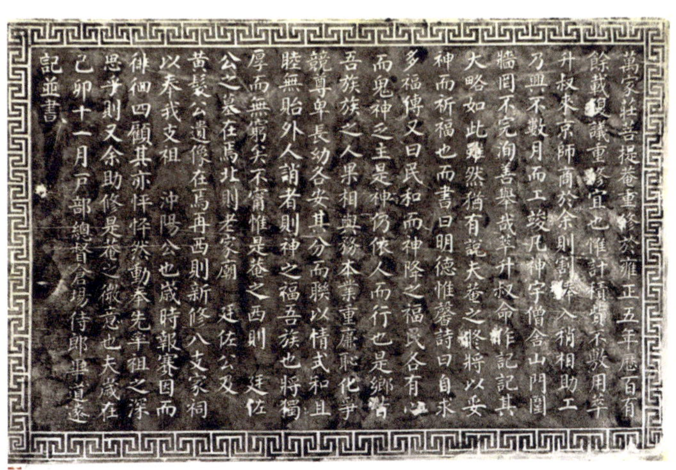
萬家莊菩提菴重修於雍正五年歷百有
餘載復議重修宜也惟計積貲不敷用莘
升叔來京師商於余則割俸入稍相助工
乃興不數月而工竣凡神宇僧舍山門圍
牆罔不完洵善舉哉莘升叔命作記記其
大略如此雖然猶有說夫菴之修將以妥
神而祈福也而書曰明德惟馨詩曰自求
多福傳又曰民和而神降之福民各有心
而鬼神乏主是神仍依人而行也是鄉若
吾族族之人果相與務本業重廉恥化爭
競尊卑長幼各安其分而聯以情式和且
睦無貽外人誚者則神之福吾族也將獨
厚而無窮矣不寧惟是菴之西則 廷佐
公之墓在焉北則老家廟 廷佐公及
黃髮公遺像在焉再西則新修八支家祠
以奉我支祖 沖陽公也歲時報賽因而
徘徊四顧其亦怦怦然動奉先孝祖之深
思乎則又余助修是菴之微意也夫歲在
己卯十一月戶部總督倉場侍郎畢道遠
記並書

毕道远撰书万家庄菩提庵碑文

阡茔属“少四门”一支祭祀。单是“小少八门”一支的族人，就要连续进行七天墓祭。顺序依次是：西铺庄南的松墓田——毕盛钜墓、北山茔——毕际有墓、赐阡茔、玉清茔、老墓田、橡墓田，到第七天才轮到到本家墓田祭祀。后日军侵华，社会动乱，淄西毕氏家族才停止大型祭祖活动。

撰修家谱 《淄西毕氏世谱》创修于明万历十三年（1585），并定家训、列三十二辈字，一直到民国初年，后人陆续九次续修家谱。1922年，由十六世毕抚远主持第十次修谱。此后，百余年未曾续修。自2003年后，先后有大史、西铺、七里、牛家族众聚居的村庄自行续修分支谱。淄西毕氏族谱除包括谱序、凡例、源流及支派、辈字、世系等外，对家族中有一定名望的人物都列传记。对学历、科贡、宦绩、艺文、墓志铭、皇帝的诰封等侧重记载。同时，还编修《东床名录》，记载毕氏外戚的姓名、籍贯、学历、官衔等。

文学艺术成就 自明万历年间至清末，淄西毕氏不但是当地显赫的仕宦之家，而且还有着绵长的文学、艺术传统。出现了如毕木、毕自严、毕自寅、毕自肃、毕世持、毕海珖等诗人、画家，毕道远等人书法艺术名重一时。七世毕木，生活在明朝嘉靖、隆庆、万历年间，一生居于乡间，诗词率性而作，朴实清新，有陶渊明风格。著作有《黄发翁集》四卷，其中，诗65首，词曲类作品20余首，对联20余幅，序文15篇，杂著20篇。明万历二十二年（1594），毕自严、毕自寅为其父结集刻印《黄发翁集》，并请他们的同科进士江盈科为之作序。江称其诗“胸次超旷，契合于陶（陶渊明）”。后人称毕木为“毕氏文学第一人”。毕自严为官40余年，在繁重的公务之余，创作了350多卷作品。他的七言近体诗，与以诗文著称的又同是济南人的明“前七子”和“后七子”的边贡和李攀龙齐名。高珩评价毕自严“而以经济兼文章，则自严要不愧也”。毕自严的《石隐园藏稿》收入《四库全书》。毕自寅天资聪颖，13岁参加童子试，文章首屈一指，被督学赞誉。他把名流赠诗并自己的诗作，编刻为《拱玉园诗集》，还著有《志隐集》《选石斋诗》等，并把其兄毕自严归乡时友人之赠作，也汇辑为《留计东归赠言》，还辑录刻印《毕氏宗乘》等。毕自严的八弟毕自肃，明崇祯年间升任都察院右佥都御史、巡抚辽东时，先后写有《辽东疏稿》四卷，这些疏稿成为真实记录“关宁之战”前后，明末政治、经济、军事等方面的宝贵史料。毕自严长子毕际壮博闻强记、喜文工诗，著有《匹槐书舍诗草》一卷。毕际有诗文俱工。他任通州知州时，与江南文人交谊甚厚。清康熙二年（1663），毕际有被罢官离任时，江南名士送其至江边，握手不忍别，后绘《江干系马图》，吟诵诗词，以记其事，

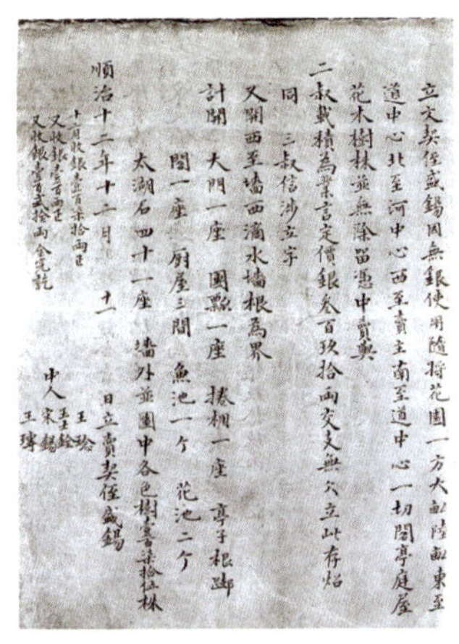

立文契侄盛錫因無銀使用隨將花園一方大畝陸畝東至
道中心北至河中心西至賣主南至道中心一切閣亭庭屋
花木樹林並無除留憑中賣與
二叔載積為業言定價銀叁百玖拾兩交足無欠立此存炤
同 三叔信涉立字
又開西至墻西滴水墻根為界
計開 大門一座 園照一座 捲棚一座 亭子根趾
閣一座 厨屋三間 魚池一个 花池二个
太湖石四十一座 墻外並園中各色樹壹百柒拾伍株
順治十二年十二月 十一日立賣契侄盛錫
十二月收銀壹百柒拾兩正
又收銀壹百兩正
又收銀壹百貳拾兩全完訖
中人 王琀 宋王銓 王瑋

清顺治十二年（1655）毕际有购买侄子毕盛锡石隐园（部分）的文书

毕自严题写的王村关帝祠匾额（2013 年）

这些诗人都是一时名士。康熙十二年，毕际有应淄川知县之请，与袁藩、唐梦赉等在西铺石隐园中编修《淄川县志》，后又参与《济南府志》的编修。其间，他足迹遍布淄川县境，对《淄川县志》中一些史料中的谬误做了订正，并编汇为《泉史》《淄乘征》，毕际有还著有诗集《存吾诗草》等。

与毕际有同时的毕际谦博览群书，自号市隐，著有《市隐诗草》《市隐杂录》。毕际彦的《醉吟草》诗集，体现出晋人之风。毕际廉工书能诗，有《芳园诗草》集。毕际竑有岁贡生名分，晚年自号讷庵。他曾被推举为乡饮大宾，创作了《讷庵痴说》，详尽、真实地记录了明末清初淄川社会鼎革中的亲身经历。毕际竑二弟毕际竩，“善教子读，工书能诗”，著有《来鹤堂诗草》，三弟毕际端“博览载籍，作诗摹帖，渐入佳境”。毕际竑的孙子毕世持 11 岁应童子试，有神童之誉，是康熙十七年（1678）山东乡试解元，他乡试时的考卷一时传颂海内，翕然宗之。毕世持的歌行体，师法初唐，笔势灵动，摹写传神，七言绝句更是声情并茂，文采沛然。蒲松龄搜集了其部分诗作，辑为《困佣诗草》。毕世持的三子毕海珖，邑诸生，号涧堂，著有《涧堂诗草》。毕海珖诗作意境优美，音韵铿锵，被《国朝山左诗钞》收入了 17 首诗，成为淄川毕家被收入作品最多的一位诗人。毕际有的次子毕盛钜，拔贡生，被选为黄县教谕，因孝养老母而辞职不仕，他读书善解，精于翰墨，著有《石隐园唱和集》。毕盛统，与蒲松龄有 40 多年的交往，诗文唱和，交情甚笃。毕盛钰，“生而颖异，好学能文，弱冠游庠，连三第一”，他虽小蒲松龄 20 余岁，但二人志趣相投，有 30 余年情谊，诗文酬唱颇多。

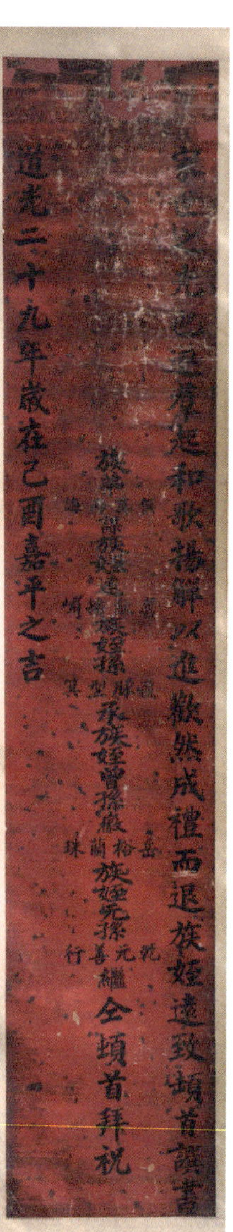

毕道远墨迹

毕道远，人称“青袍尚书”。能诗，著有《东河集》，又善书法，是清末著名的四小书法家之一，北京故宫“太和殿”大匾即为毕道远所书，被咸丰皇帝称赞为“天下第一管笔”。清末民国初，十八世毕先奎（字柳村）的山水画名重一时，被誉为“田园画家”，且善文工诗。20 世纪 80 年代以来，毕四海在山东文坛崛起。毕四海，原名毕粨海，毕自严第十四世孙，1948 年出生，王村镇西铺村人。1978 年考入大学，毕业后任枣庄市文联专业作家，后升任枣庄市文联副主席，兼任《抱犊崮》主编。2002—2009 年，任山东省作家协会副主席、《山东文学》主编等，是第九、第十届全国人大代表。著有《毕四海文集》，长篇小说《东方商人》《皮狐子路》《财富与人性》《黑白命运》等，曾获中宣部“五个一工程”奖等全国文学奖项。

联姻名门 自明中叶至清末数百年间，淄西毕氏家族与鲁中地区的书香门第、豪门富户、官宦之家，结成一个联姻圈。

新城王氏家族，在明清之际与淄西毕氏“无世不联秦晋”。毕自严的长子毕际壮，发妻是新城明崇祯时曾官至安远将军、临清参将王象丰之女。而王象丰之堂兄王象乾与毕自严又同朝为官，分别赢得了“四世宫保”和“四世一品”的殊荣。次子毕际有的原配夫人（早逝）是苏李庄王教的从子、应州知州王所须之女，王教与毕自严之父毕木又同是淄川大儒张敬门生，毕自严是王教的门生，世代交好。毕际有的继妻也是新城王象丰之女，王士禛是王象晋的孙子，王象晋与王象丰是堂兄弟，所以毕际壮和毕际有兄弟，都是王士禛的从姑父。毕自严的女儿戒姑，嫁于淄川县大窎桥村户部主事王鳌永次子王樛为妻。毕自严的三子毕际孚，妻李氏是章丘县卫辉府知府李缙征之女。毕自严的姐姐嫁于王村巨族牛润寰。毕自肃的长女嫁于明万历四十年（1612）山东解元徐日升之子，次女嫁于王象丰之子王与新，孙女嫁于清顺治年间（1644—1661）任太仆寺少卿、通政使司左通政孙珀龄之子孙兰。毕自肃的长孙女嫁于刑部左侍郎高珩之子、贵州平越

西铺村毕自严纪念馆暨乡村记忆博物馆（2015 年）

县知县高之陶。毕自肃的五孙女嫁于新城武进士王山立之子王士楚。毕际有之女嫁于曾任都察院右佥都御史的韩浚堂之堂孙。拔贡毕盛钜之女嫁于翰林院庶吉士、博山赵执信之弟赵执书。毕世持之女嫁于赵执信之子赵憨。王渔洋的三妹嫁于毕盛钜的第五子毕世涵。新城吏部考功司郎中王象春之女嫁于毕自肃之孙毕盛肤。清顺治年间曾任翰林院检讨的南坡村唐梦赉，也是毕家的外孙。毕家既与新城王家“无世不联秦晋”，又与博山赵家“因亲而作亲”，与淄川高珩、长山李化熙和刘鸿训、淄川张敬、韩家窝韩氏、淄川西河翟氏、博山孙廷铨及苏李庄王教、李家疃王宣化等家族都曾有联姻关系。

家产家业

淄西毕氏家族，由始迁祖毕敬贤一人，明初从石塘坞迁居西铺村，不过百年人丁繁衍到数百人，成为富甲一方的人家。

田产 作坊 始祖毕敬贤，自博山石塘坞迁到西铺后，开垦荒地，植桑种粮。至第五世毕恪，务农之余还酿造黄酒、食醋，兼营植桑养蚕。所获利润再用来购买土地，营造房产，家产家业不断扩大。只毕恪名下就有土地五六十顷，毕恪是毕氏家族走向中兴的奠基人。六世毕忠臣，购买万家庄万氏的住宅、田产，由西铺迁居万家庄。在父子合力经营下，只几十年时间便成为富甲一方的大家族，土地、房产遍布长白山南十数个村庄。七世毕木，更是将家产家业推向了新的辉煌。晚年给诸子分家时，已有良田3000余顷。其四子毕自严为官40余年，食禄自是最高一级。用俸禄、赏银购买土地，修建住宅、构建园林。明崇祯八年（1635），毕自严给三子分家的文契中就记载：“本宦起家白屋，素守寒舍……居官四十余年，总计俸赀、庄农所得及先人所遗，共得地一千余顷，另除养老不在此限，其马匹牛畜、书籍、图画、器物等项另行分析，别有单账，各宜遵守。”从现存的分契中可知：以西铺村为中心，东北至凤凰山以南的宁家豁口村、阳夕村，白云山以东的临池、吕家庄、蔡家庄等村，东到淄川城西的苏相桥庄，南到黄家峪及章丘南山的矿井、毕家柳子村，西到章丘的胡山脚下，北至白云山南麓的窝坨、麻秸、郑家庄、青庄等村，方圆20公里范围内的地区，都有毕家的土地、房产、庄园。

毕氏家族还有许多酒、醋以及榨油的作坊、商店、当铺等，其中在毕际有所分的东王村庄，除街南的前后大宅院，碾棚、马棚、牛棚、义仓等外，还有“门东边坊子（即酒作坊、醋作坊、油坊）三座，毕衡、毕梅、毕见宰各住一座，门西当铺一座孟敏住，坊子一座……”（见毕自严为三个儿子分家的文契）。在王村西南门里有处叫“坊子崖”的地方，那里从明朝时就是毕氏家族的黄酒、醋作坊的所在地，至今仍叫“坊子崖街”。

府邸 淄西毕氏较大的建筑群，主要有西铺的尚书府（毕自严故居）、万家庄的中丞府（毕自肃故居）。

尚书府由毕自严所修建，至明朝崇祯初期已建成。府内主要建筑有大厅房、家眷楼、绰然堂、媊节堂，花园内主要建筑有振衣阁、万卷楼，又在府北建了占地 40 亩的花园——石隐园。毕自严去世后，其次子毕际有又续建“尚书府”，缩建石隐园，在新的石隐园内重建振衣阁，增建霞绮轩，于府第东部增建傚樊堂。媊节堂，为尚书府西跨院内一处宅院，有前后出厦的 3 间北屋。匾额“媊节堂”是明熹宗为褒扬毕自严节操而题写。抱柱联为：“会计殚精微劳屡荷宸衷意，考盘寄傲媊节曾经御墨题。”绰然堂，与振衣阁相对，是 3 间前后出厦的过堂屋，绰然堂为毕自严休息读书的地方，晚年成为子孙专门读书的“家塾”。蒲松龄在这里教书、读书、著书 30 年，绰然堂于清光绪年间倾圮，而后改为草房。1984 年按原貌重新修建。

振衣阁原阁由毕自严于明崇祯年间（1628—1644）修建在石隐园后方，清康熙年间（1662—1722），毕际有缩建石隐园，遂将振衣阁移建于议事大厅东，与绰然堂南北相对。振衣阁为 3 间 2 层的楼阁。傚樊堂，为毕际有于康熙二十七年在尚书府东园修建的一处宅院，其后每到夏暑之时，蒲松龄常移斋傚樊堂内避暑写作，并有数首诗写到傚樊堂。霞绮轩，位于石隐园东北角，是当年文朋诗友诗酒吟唱、琴棋书画的休闲之处。毕际有、袁藩、唐梦赉等在此续修《淄川县志》。清朝中后期改为家祠。因年久失修于 20 世纪 80 代年倾颓，现在墙垣、房梁仍在。

万家庄毕氏祠堂门前的上马石（2014 年）

中丞府在万家庄西部，相传为明成化年间（1465—1487）吏部尚书万安的府第。淄西毕氏六世毕忠臣购买下此府第，第八世毕自肃任辽东巡抚时分为家产，故后称中丞府。大门坐北朝南，以大门为中轴线，前后三进院落，后院有5层5间住宅楼，即万家大楼。在楼西有3间全部用石料建筑的石屋，据传为万安府银库。大门西侧有前出厦厅房五间，东侧有一处四合院。今银库房基、住宅楼座、大门石阶仍存在。中丞府后即为花园，植有花木、假山等。

菩提庵 坐落于万家庄东南，万安溪南岸，为六世毕忠臣辟地而建。后经七次扩建，占地约2000平方米。2014年引资对庵内千佛殿、观音阁进行了维修。

园林 著名的花园有西铺的石隐园、万家庄的二与园和拱玉园，以及西阿村的逸老园。石隐园是毕自严在尚书府第后建的私家花园。原占地40亩，清朝初年，毕际有缩建为10亩。清乾隆年间（1736—1795）以后，随着毕氏后裔世代分家，石隐园内建起房屋，园林逐渐被挤占，至民国，已零落破败不堪。

二与园位于万家庄中丞府后，为万安府的后花园。七世毕木在原基础上进行扩建，园内堆有假山，垒丘疏池、种树莳竹，并在园中建“黄发楼”，又构筑新居，名曰“玉清堂”，“投豆亭”即在此园。

拱玉园位于万家庄北，是毕自寅罢官归田后，在府第西北构建的一处花园，面积约9亩。因西北有其父墓地玉清茔，为表达对其父敬拜之情，故名之。此园布局巧妙，堂、池、河、亭、树、石浑然一体，相映成趣。毕自寅每日会友赋诗，啸吟其中，名士米万钟曾为此园撰文以记。清康熙初年荒废。

逸老园位于西阿南冲山上的阿石旁，为毕自严三子毕际孚修建。西阿是毕自严的别业，三子毕际孚分得。毕际孚在冲山半山腰，因山势，赋其形，围绕巨石修建起一处真山真水真景致的园林。此园虽无危楼台榭，唯茅屋数椽，廊亭一座，但也树袅亭中，卧游兜兴，起名叫作“逸老园”。毕际孚曾请蒲松龄代他写过一篇《逸老园记（代毕信涉）》，文中有“斋扉晨启，爽气入怀，翠影到案，而石来座上，而树袅亭中，则卧游之时，多于兜兴也”等句。[①] 毕际孚死后，逸老园荒废。

① 参见〔清〕张鸣铎鉴修《淄川县志·三续艺文》，淄博市新闻出版局2012年版，第584页。

淄西毕氏明清两朝科举功名表（一）

表 3

朝代	姓名	科举	职官
明	毕自严	万历进士	光禄大夫、太子太保、户部尚书
明	毕自肃	万历进士	佥都御史、辽东巡抚
明	毕自寅	万历举人	吴桥知县、南京户部主事
明	毕　住	崇祯举人	中举后卒
清	毕盛赞	顺治进士	山西芮城县知县
清	毕盛青	顺治进士	翰林院中书舍人、赣州府同知
清	毕世持	康熙戊午解元	
清	毕世济	雍正举人	
清	毕海模	乾隆举人、经魁	滕县教谕
清	毕岱熏	乾隆举人	武城教谕、武定府教授、洪雅县知县
清	毕丰恺	乾隆武举人	候选千总
清	毕道远	道光进士	仓场总督、兵部尚书、礼部尚书
清	毕定邦	咸丰三年投军	守备升游击，又升参将、副将，殁于王事，赠武显将军
清	毕际有	拔贡	稷山知县、江南通州知州
清	毕际孚	拔贡	考授州同知未仕
清	毕岱煋	贡生	广信府贵溪县、吉安府万安县知县
清	毕昌绪	拔贡、八旗官教习	河间、献县知县，霸州、遵化知州，河间府同知
清	毕谘远		中河通判、上河南同知，加四品衔
清	毕念承	荫生	工部郎中、安徽池州府知府、授通奉大夫
清	毕颖光	荫生	刑部江苏司主事
清	毕化成		江宁都司、宿州营游击

淄西毕氏明清两朝科举功名表（二）

表 4

朝代	姓名	功名职官品衔
明	毕　棨	省祭官
明	毕　架	省祭官
明	毕　从	省祭官
明	毕　林	省祭官

续表 4

朝代	姓名	功名职官品衔
明	毕　树	省祭官
明	毕　木	冠带儒官
明	毕应隆	三考省祭
明	毕应时	三考省祭
明	毕自耘	冠带儒官
明	毕自强	冠带儒官
明	毕　威	冠带儒官
明	毕　焞	守备（正五品）
清	毕德麟	守备（正五品）
清	毕柱承	守备（正五品）
清	毕际泰	守备加都司衔（正四品）
清	毕盛鉴	文林郎（正七品）
清	毕世通	儒林郎（从六品）
清	毕岱耀	儒林郎（从六品）
清	毕岱穆	儒林郎（从六品）
清	毕丰潜	儒林郎（从六品）
清	毕世漠	商河县训导（从八品）
清	毕盛钰	莘县训导（从八品）
清	毕盛钜	黄县教谕（正八品）
清	毕　炳	泗州训导（从八品）
清	毕岱栩	试用县丞（正八品）
清	毕岱橀	候选布政司经历，六品至八品
清	毕岱杲	候选布政司理问，从六品
清	毕荫芳	候选布政司理问，从六品
清	毕远治	候选州吏目，从九品
清	毕世涵	武略佐骑尉，从六品
清	毕岱凤	武略骑尉，正六品
清	毕世深	修职郎，正八品
清	毕芳闻	六品顶戴
清	毕聿坤	六品顶戴

续表 4

朝代	姓名	功名职官品衔
清	毕祥凝	五品顶戴
清	毕深远	五品顶戴
清	毕丰泗	八品顶戴
清	毕丰诚	八品顶戴
清	毕涛远	八品顶戴
清	毕凝伟	候选布政司经历，六品至八品
清	毕世汀	修职佐郎，从八品
清	毕金钺	登仕佐郎，从九品
清	毕效远	千总，正六品
清	毕追远	千总，正六品
清	毕奎麟	征仕郎，从七品
清	毕绪承	云骑尉，正五品
清	毕承细	云骑尉，正五品

表 5

淄西毕氏部分著述一览表

姓名	朝代	著述	备注
毕　木	明	《黄发翁集》	由毕自严、毕自寅搜集刻刊
毕自严	明	《石隐园藏稿》《抚津疏草》《度支奏议堂稿》《选定古文尚友编》《古今四时绝句》《衍嗣志》《经国堂漫录》《焚黄稿》	《石隐园藏稿》收录于《四库全书》
毕自寅	明	《拱玉园诗集》《志隐集》《选石斋诗》	
毕自肃	明	《辽东疏稿》	
毕际壮	明	《匹槐书舍诗草》	
毕际有	清	《存吾诗草》《淄乘征》《振衣阁泉史》《晋游日记略稿》《姱节堂尺牍》	参编《淄川县志》《济南府志》
毕际谦	清	《市隐诗草》《市隐杂录》	
毕际彦	清	《醉吟草》	
毕际廉	清	《芳园诗草》	
毕际竑	清	《讷庵痴说》	
毕盛钜	清	《石隐园唱和集》(又名《石隐园题咏》)	

续表 5

姓名	朝代	著述	备注
毕盛鉴	清	著《淄川毕少保公年谱》，辑录《毕氏庭训》《毕氏阃范》	
毕世持	清	《困佣诗草》	由蒲松龄辑录
毕世济	清	《古本〈大学〉释注》《项氏齐物论》《韵学通》《大学衍义》《政治三篇》	
毕海珖	清	《涧堂诗草》	与《世持诗》并为一编
毕岱熏	清	《周易解》	
毕东果	清	《杂诗一卷》《六一社纪程》	
毕蕤芳	清	《寿民诗草》	
毕远翱	清	《寄轩诗草》	
毕骏远	清	《莳菊诗草》	
毕远昱	清	《娱老诗草》	
毕道远	清	《东河集》	
毕四海	当代	《东方商人》《财富与人性》《永恒的童话》《黑白命运》《民国大劫案》等	

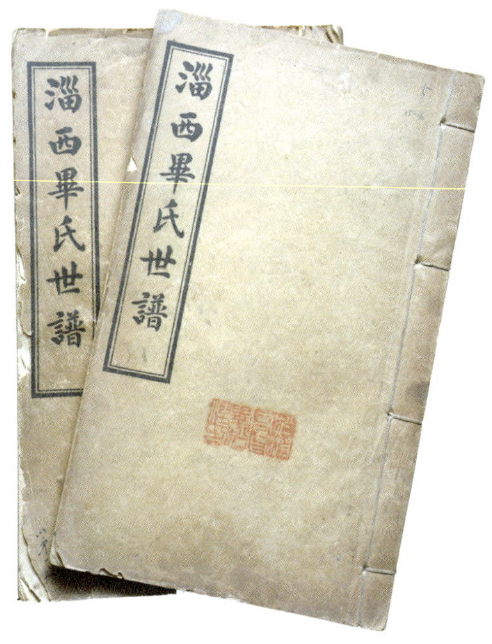

民国初年《淄西毕氏世谱》

苏李庄王教弟兄于明万历十四年（1586）为其父所修建时思堂（2014 年）

苏李庄王氏

家世源流

据《苏李王氏族谱》记载：元朝末年，苏李庄王氏始迁祖王友亮，自冀州枣强迁至山东莱阳城东灰泉庄，又于洪武初年迁至原淄川城西苏李庄（今周村区王村镇苏李庄），故王氏家族以始迁祖王友亮为一世。自四世起，开枝散叶，人口渐多。自六世起，多有外迁，遍及全国各地和国外多个国家。

主要人物 王珏，苏李庄人。为人笃厚，恪守孝悌，修德履义。16岁丧父，时一弟6岁，一侄3岁，王珏翼护有加，衣食供给，至老不异产而居。荒年出粟周济乡邻，计有700余石，王珏悉焚借券，不再索还，乡人感激。以三子王教赠吏部考功司郎中。王珏长子王政，字子化。明正德至万历年间生活在苏李庄，孝子，省祭官，事亲至孝，色养备至。母亡，斋素三年，不入内室。服阕后仍朝夕祭奠，节序忌辰如期致祭，风雨不废。县署旌门表彰。王珏次子王敬，号松篱。明正德至万历年间苏李庄人。太医院吏目。以子王所须赠文林郎，北直隶河间府南皮县知县。三子王教，字子修，号秋澄。苏李庄人，官至吏部考功司郎中。

六世王所须，字衡吾，号斡宇，明万历三十一年（1603）举人。历任河间府南皮知县、大同府应州知州，礼贤下士，抚恤贫民，颇有政声，邑人为其建立生祠。王所须生有十子。四子王鼎荫，清顺治二年（1645）举人，越年中进士；五子王昌荫，明崇祯九年（1636）举人，越年成进士；九子王新荫，顺治五年武举，越年中武进士。前后13年中，兄弟三人得中进士，远近传为佳话。三进士中，以王鼎荫德声政绩为最。王鼎荫，先后任直隶东安、江南溧水、河南桐柏、宜阳知县。有叔祖秋澄遗风，为官宜阳时，前任虚报垦荒地2000顷，税赋加重，邑民苦累逃亡甚众。王鼎荫誓死持疏上奏，

王所须墓志铭

终得豁地减粮，宜阳邑人为其立生祠。

九世王一元，清康熙三十一年（1692）举人，康熙三十九年进士，授直隶保定府容城县知县。他体恤民瘼，削减供给杂派，抑豪强，严禁令，治胥吏，放赈救民，民望甚高。又能清廉自守,《容城县志》中有“查室河，坚却暮夜之金”的记载。

家族教化 王氏家族特别重视家族的绵延继续，讲究齐家之道。五世王教说过：“不佞居而屈指天下，士能以其身显者或不能于其，子姓得之子姓矣，或不一二数……能使子姓兄弟联翩而上，后先如出一轨，而德足受之，无少跖螯。此其间气所流必有独至，钟而为贤淑，使其子若孙聚庐而讬焉，以无赜其家声，既保世以滋大，而身食其报，乃和之至也。”王教出仕忠君爱民，刚正不阿；罢归后教书育人，德化乡里，被后辈仰为典型，世代追慕。自五世起，就确立了“耕读授业，孝友传家”起家兴族之路。此后，“兄弟三进士”为代表的登科入仕者，把家风教化推演具体，使之见诸于家谱供族内子弟讽诵。自清康熙年间（1662—1722）至2014年，王氏家族八次修谱，几乎每次都对家族成员教化提出明确要求。康熙初年，正在王家坐馆的蒲松龄，应王八垓之请，作《为人要则》，就正心、立身、劝善、徙义、急难、救过、重信、轻利、纳益、远损、释怨、戒戏12个方面进行说理剖析，言简意赅，训诫子弟躬行，王氏家族将此作为族训辑入家谱。雍正年间（1723—1735）修谱时继承前训，提出“智愚相安，贫富无竞，循分尽职，务持大体”。进而使子孙“有出类拔萃克振家声者”。嘉庆年间（1796—1820）的修谱序言则强调“勿以少凌长，勿以强凌弱，勿竞资财，勿构词讼。雍睦家风，家风罔坠。不致有忝于先人，贻讥于桑梓”。道光年间（1821—1850）的谱序中，希望“各支子孙恪守祖训，勿废耕读，勿忘孝悌，有厚望焉”。同治年间（1862—1874）续修族谱，则要求“后世子孙念木本水源之意，共深敦宗睦族之思，庶不负耕读传家、书香继世之遗泽也”。清朝末年，社会经济凋敝，家族陵替之势明显，家族修谱时仍然要求族人“恪守祖训，聪俊者读书上进，朴讷者安分力耕”。至2014年续修族谱时，又将先人“耕读授业、孝友传家、各勤其业、各励其修、出类拔萃、克振家声”的族训排入谱首。

王氏家族从明万历年间（1573—1620）族内设立义塾，至清同治年间（1862—1874）又新建一处义学，供族内子弟读书，王教罢归后曾在塾内执教多年。家族长辈通过先人的典型事迹、格言警句及传说故事对子孙进行晓谕劝勉。王珏焚券豁债，王教却银拒贿，兄弟三进士，王广铨平粜救乡邻等故事，在王氏家族中代代相传，潜移默化。

明朝万历年间王教捐资修建的东豹山豹岩观（2013 年）

王氏家族世代重视族谱修续，自康熙年间（1662—1722）创修以后，规定每 30 年续修一次，至 2014 年先后八次修谱，并规定世辈起名用字。致族中历史支派清晰，承接有序，且爵秩、文艺、品行、节孝、里居、字号一一载明，敦宗睦族有之所本。八次修谱时间及主持人：

第一次修谱　康熙三十四年（1695）八世王钦玺主持创修

第二次修谱　雍正四年（1726）　九世王一元主持重修

第三次重修　乾隆三十八年（1773）十世王廷柳主持重修

第四次重修　嘉庆十九年（1814）　十二世王冀主持重修

第五次重修　道光二十三年（1843）十二世王际张主持重修

第六次重修　同治十年（1871）　十三世王普主持重修

第七次重修　光绪二十七年（1901）十四世王秀维主持重修

第八次重修　2014 年　十七世王宗岳、十九世王孔富、二十一世王立新主持重修

康熙三十四年（1695）初修所创三十二字世辈用字。光绪二十七年（1901）又仰承前谟，更载三十二字起名：一家世际　宿秀承祥　宗延孔育　贻谋启良　绍先德泽　福

祚隆康 骏声丕振 鸿业永昌。

祭祖 祭祀先祖是王氏家族极其隆重的礼节活动，分为祠祭和墓祭两种。清雍正四年（1726），族内专门制定《祭祀事宜》，世代遵行。

《苏李王氏族谱》封面

祠祭。《祭祀事宜》中规定了祠祭的祭期、祭器、祭品、祭主。王氏祠祭的祭期每年有九次之多，现在大的还保留着两次，一次是寒食，第二次是农历十月一日。旧时月朔之日，还要到祠堂上香，王氏《行香传帖》规定，除离祠堂较远的外地族人外，其他人必须到现场。每次行香之前，执事者必须将祠堂打扫干净，准备好“油烛一对，好香一束，茶五盏，酒五盏，纸一包，锞一包”，以备上香之用。行香的早晨，王氏子孙从四面八方赶往祠堂，不可迟到。行香时少者先到，王氏家族提倡小孩进入祠堂，旨在渐习礼仪，不至流野。每月行香之后，王氏家族都要设宴，召开“敦睦会”联系感情，处理一些家族事宜，祭祀分为值年、值月，每次都要有主祭人。分工明确，轮流当值，大支八年一轮，小支四年一轮，当值主祭人要提前做好一切准备。

墓祭。王氏先人一至六世多葬于苏李庄南老墓田，墓祭的程序代代相传。《祭祀事宜》中对祭期、祭品、祭拜礼仪、祭后祭品分配、墓地的维护维修，都有明确严格的规定。旧时墓祭特别隆重，祭品由值年支派购置整猪整羊，在四大墓地同时展开，其程序有上香、领祭、奠酒、宣读祭文、叩首，祭祀完毕按支派分配祭品。

家产家业 王氏家族从五世进入兴盛期，家产家业开始扩展，至康熙年间（1662—1722）的九世，方圆15里内多数村庄都有王氏家族的大片土地。七世王昌荫辞官后买下了大临池大地主薛家，白家庄白家、孙家的三处庄园和别墅，各有上千亩土地。传说，王昌荫站在临池庄园五层楼楼顶远眺，目之所及土地全部买归王氏所有。苏李庄百分之九十五的土地都是王氏家族的田产。在苏李庄附近60多个村庄内都有王氏的家产家业。王氏家族多以土地经营为主业，清朝中期以后，部分族人农商兼营，从事碾米卖米和加工粉皮、粉条等手工业，绵延相传，成为村民第二大产业。从王氏十三世起先后开办了四大建筑作坊，三所酒坊，三所醋坊，两处糖坊，东西两大油坊，八处较大的粉房，十家较大的豆腐、豆腐干坊，鞋帽坊（毡靴、毡帽），织布坊，染坊。有三大行商

（俗称大货郎、二货郎、三货郎），作坊各有堂号，如忠和泰、聚福堂、集益堂、七政堂、永圣堂、玉文堂、智益堂、信益堂、九政堂、义德堂、忠义堂、松寿堂、德庆堂、安寓堂、义圣堂、万顺堂、仁义堂、德和恒、德顺泰、同庆堂等。当时生意兴隆，其中三家到北京、安徽宿县、上海办醋厂。据 1959 年出版的《清代山东经营地主底社会性质》一书记载：光绪年间，苏李庄地主王宿溥有土地 343 亩，牛 12 头，羊 40 余只，猪 30 余头，并开有毡帽作坊和粉坊，土地全部出租，为村中王姓殷实富户之一。近代以来，王氏家族加工粉条、粉皮、豆腐干手艺更加兴盛。新中国成立后，方圆 50 里内都到苏李庄聘请王氏子弟为粉匠。

王氏家族在淄川城里、王村、临池、博山、地铺、白家庄、明水等地，购建了多处庄园、别墅、花园。比较有名的有博山王氏庄园、临池庄园、地铺别墅、白家庄王氏别墅等。这些别墅中，楼台亭阁、湖泊假山、奇花异草、树木园林等一应俱全。另外出资在淄川城里建奎楼，修建学宫和般阳书院，在城东狮驼山上建文笔峰（黄姑庵）等。

王氏在苏李庄修建三组建筑群，每组建筑群分三进院落，每组占地 3000 平方米，有砖瓦房 95 间。清末民国初，在王村一带流传着两首歌谣，其一曰，“苏李庄赛北京，王洪祥坐朝廷。镇殿将军王圭瑞，王富祥的财政厅，押粮运草王瑞清……”；第二首，“金佛生，银郭庄，不及苏李半边庄”，足见苏李王氏之富裕。据《苏李王氏族谱》记载，清道光十六年（1836），家族公共财产主要为“拔地”。阖族时有拔地 80 大亩，折合 270 余亩。包括祠地、墓地、学田，以及由此而产生收入购置的土地。如捐建祠堂、塾馆、大门、官道等剩余的资金；祭祀先祖的收入；墓地树木成材后变卖的收入等，全部购置成土地。拔地所有权为全家族，不得买卖、继承，须平均分配给由王氏家族公认的族内贫穷户耕种，不收租金。

遗迹寻踪

王氏宗祠 明万历十四年（1586），王政、王敬、王教三兄弟为纪念先祖所建的祠堂，是典型的明代风格建筑。祠堂位于现在的苏李庄中央，东西大街路北。宗祠主体建筑时思堂，在迎壁墙的西北面，时思堂前面是与祠堂同年修的三个挑门楼和官道，时思堂现仍保存完好。

族学塾馆 苏李王氏族学塾馆始建于明万历十四年（1586），与王氏宗祠“时思堂”同时修建，历经多次重修，至今已 400 余年，仍基本完好。塾馆大门西邻祠堂大门，坐北朝南，青砖灰瓦，古色古香。现存西屋一间，南屋三间。乾隆年间（1736—1795）王季因和王北野带头创立族学，并捐出五十余亩土地建立学田，时称“义学”。族学碑志记载：“祖季因公，叔祖北野公，同族众捐修输设立族学，所以教育子弟承继书香也。但族姓众多，贫富不一。家道充裕者自宜别立家塾，延师课读；惟家道拮据不能延师者，方入族学。所以使贫富子弟均知礼义，后人谨遵此规，庶无负先人立学之意也……”

豹岩观 坐落于东豹山西麓，东西长约80米，南北宽约60米。由文昌阁、玉皇阁、王母殿、送子娘娘殿、关帝庙、山神庙、吕祖庙、地藏菩萨庙、观音菩萨洞、白石洞、神石洞、神仙府、道士祠、魁星楼、钟鼓楼、教书房、神鱼池、南天门大戏台等建筑组成，明万历十六年（1588），王政、王敬、王教三兄弟捐资修建圣母殿，万历二十二年又捐资修建地藏菩萨宝洞。

龙王庙 位于西豹山山顶，始建于明朝前期。天启二年（1622）王氏家族王所向捐资捐地重修。东院稍大为大庙和道士住宅，庙北有庙产土地150亩。此庙毁于1971年。

昭代名臣祠 在淄川县治前西街，内祀王教，有石刻，邑人张中发书“风清百世”四个大字，笔力苍劲飞舞，传为名迹。祠堂大门上，“昭代名臣”和“清风垂百世，正气著千秋”对联也是出自张中发之手，祠内有都御史张延登和兵部尚书孙之獬为王教撰写的碑刻，乾隆三十三年（1768）其孙贡生王廷楠捐资重建，现不存。

石牌坊 在淄川县城昭代名臣祠前，上书“天曹显世”，为王珏立；“总部持衡”为王教立，一坊两面，石牌坊在淄川县城几十座牌坊中为最大者，现不存。

豹岩观前的巨石（2013年）

东豹山佛道合一的豹岩洞（2013年）

乡贤祠 在淄川县城名宦祠后，祀奉直大夫、吏部文选司郎中、特赠太常寺少卿王教等 16 位乡贤，现不存。

古槐 苏李庄原大西门外路北，有国槐一株，种植年代约在明朝初期，树高 25 米，胸围 5.5 米，古槐原有三大枝杈，一枝被日军伐去做了枕木，一枝在 50 年代初期加工为课桌，现在仅剩一枝，生长茂盛，政府作为古树记入档案，挂牌保护。今古槐已被神化，每逢节日，人们都在树下设供品祭拜，求其佑护村民。

苏李庄王氏祠堂大门（2013 年）

铺道 铺道是苏李庄一段石铺街道，修建于清顺治年间（1644—1661），以二槐树碑楼为界至山下全长 1500 米，宽 6 米，约用石头 3700 立方米，宽阔平整，远近闻名。由王氏家族王宿淮捐款修建，现不存。

五大村门楼 1937 年日军侵略中国，土匪地痞横行乡里。为安全计，全村民众齐心合力修建五大村门楼和村周围圩墙。1938 年春动工，全体村民有钱出钱，有力出力，有物献物，历时两年竣工。小西门为“对龙门”。北大门取名“向云门”。其他三门门楣镌刻“苏李庄”三个大字，由本族王宗恒书丹。

王氏谕葬墓（祖墓） 坐落在村正南，豹山脚下，占地约三十余亩，气势恢宏。墓地正南面矗立有三门两层石牌坊，高大宏伟，坊内神道宽 8 米，北走有两根望柱耸立左右，柱上有两龙盘旋而上，柱顶雕“望君归”，做工精致，形象逼真。北行两边次第排列着石羊、石虎、石马。神道北端为大石供桌，后边是盘龙大碑，上面刻着“圣旨”二字，大碑后面为王教墓，墓高 5 米，底部周长 44 米，因上面长满了迎春花，俗称“迎春花坟”。在大坟的周围，排列着近百座坟墓。墓间遍植松柏树，多为两人合抱粗，遮天蔽日。

碑刻 王氏家族原有碑刻颇多，经过“文化大革命”，毁之大半，今存有八通，分别为：

明嘉靖三十八年（1559）王珏墓志铭；明万历十四年（1586）王政、王敬、王教修建时思堂碑记；明万历十六年王政、王敬、王教修建豹山圣母殿碑记；明万历二十二年王政、王敬、王教修建豹山地藏菩萨宝洞碑记；清雍正六年（1728）王一元墓志铭；清乾隆五十八年（1793）重修映壁并铺官道碑记；清同治七年（1868）改修大门碑记；清同治十三年族学碑志。

苏李庄清初古民居（2013 年）

表 6

苏李庄王氏世家科贡表

姓名	中举或选贡时间	考中进士时间	职官
王　教	明嘉靖四十三年中举	明隆庆五年中进士	吏部文选郎
王所须	明万历三十一年中举		应州知州
王所明	明万历选贡		
王所贤	明万历选贡		教谕、训导
王昌荫	明崇祯九年中举	明崇祯十年中进士	福建道监察御史，河南、山西巡按，北直隶督学使等
王肇荫	明崇祯选贡		
王永荫	清顺治选贡		
王鼎荫	清顺治二年中举	清顺治三年中进士	知县
王广镇	清顺治四年中举		国史院中书
王新荫	清顺治五年中武举	清顺治六年中武进士	怀来卫守备、武威将军
王笃荫	清顺治选贡		
王一元	清康熙三十一年中举	清康熙三十九年中进士	容城知县
王际亭	清康熙选贡		
王广钺	清康熙选贡		
王奉玺	清康熙十七年中举		
王元淳	清康熙二十二年中举		
王廷楠	清康熙选贡		
王一贞	清雍正选贡		
王道行	清雍正选贡		
王际增	清乾隆选贡		
王世德	清乾隆选贡		
王万椿	清乾隆元年中举		守御所千总
王廷柳	乾隆二十五年选贡		职佐郎、训导
王思友	清乾隆选贡		

表 7

苏李庄王氏部分著述一览表

姓名	朝代	著述	备注
王　教	明	《铨部王先生文集》《秋澄诗集》	《明史》有传
王元澄	清	《王氏家训》	
王元淳	清	《时文纳污集》	
王廷楠	清	《树滋堂课艺》《睡馀轩稿》，参与编修清乾隆《苏李王氏族谱》	
王廷棐	清	《仰古增今对联》《日用俗字录》	

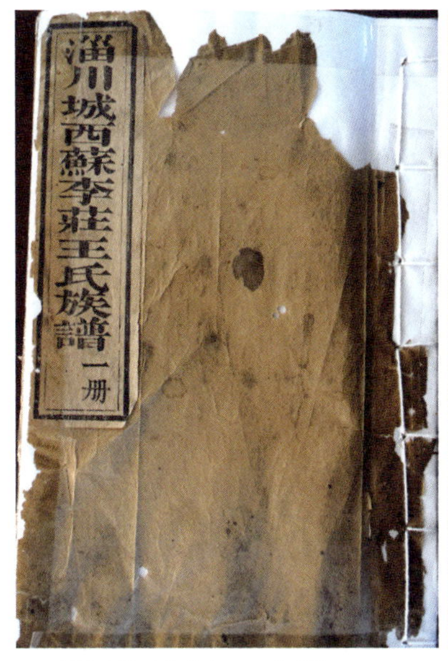

《淄川城西苏李庄王氏族谱》

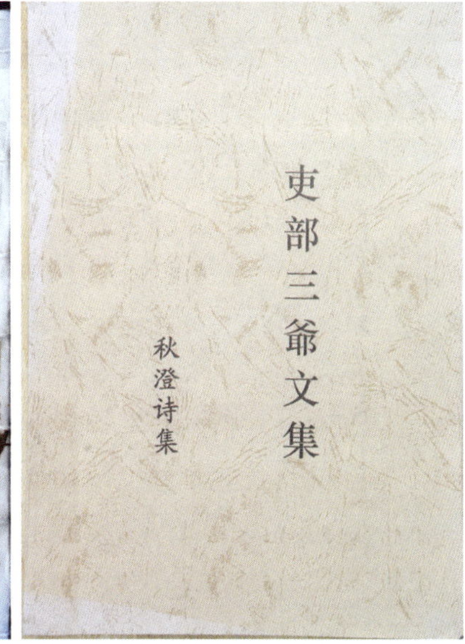

《吏部三爷文集》

续表 7

姓名	朝代	著述	备注
王育成	当代	《道教法印令牌探奥》《明代彩绘全真宗祖图研究》《火器史话》《从两周金文探讨妇名称国规律》《中国父系氏族时代战争问题探索》《东汉道符释例》《中国古炮考索》《明武当金龙玉简与道教投龙》《文物所见中国古代道符述论》《略论考古发现的早期道符》《唐代道教镜实物研究》《道教文物艺术与考古发现》《考古所见道教简牍考述》等	中国社会科学院历史所研究员、文化研究室主任，中国社会科学院研究生院历史系教授、博士生导师

李家疃王氏

家族分布 李家疃王氏为镇内大姓家族之一，始迁祖“王三老”明洪武三年（1370）由冀州枣强县迁于淄川县西鄙李家疃村，现已传 24 世，族众达万人，聚居地以李家疃为主，镇内王洞、王村、张古、大尚等村亦有分布，另有散居于邹平、淄川、博山三区县和他省者。

李家疃村王氏家族明清古民宅（2013 年）

官宦闻人 明清两朝，王氏家族科举显赫，共出进士3人，举人5人，贡生、监生38人，庠生47人，武庠生16人，四至九品堂官加候选官吏70人。其中最著名的为第六世王宣化。王宣化，字用贤，号云石，明隆庆朝连捷进士，始授阜平知县，后调任遵化县知县，以政绩卓著擢浙江道监察御史，以敢言直谏称颂一时，后转任汉阳府知府，秉公办事，“只知有楚民，不知有楚相”，得罪权相张居正之子被谪降为深州判官，历推官，以后又历任为刑部主事、刑部员外郎、陕西按察司佥事。为官清正无私，执法如山，他任御史时手下有一指挥，因犯重罪当处死，其人托人送来10坛肴品，实为10坛珠宝，价值百万之巨，王宣化坚辞不受，将其明正典刑。王宣化自小天性孝友，早年家贫，立志读书，后科举春秋联榜，行政五任皆有政声，居家不治产业，终其一生家中仅有田10顷，居室器用不异常人。七世王我聘，字冷岑，邑庠生，有著作《翠雨斋诗集》《间妪》《蛩音秋啸》《三台樵语》传世。其事迹《淄川县志》有记载。曾捐资修筑县西三台山庙宇，后逢匪乱，救人万计。三台山下，南缺庄和北瓦庄，争相挽留王我聘落籍村中，后两村合而改村名为“留我庄”，王我聘难拂众意而迁居村中，“留我庄”现在称“刘凹庄”。王师颜，字见卓，号仁寰，为乡饮耆宾，少年时即立志济世救人，为学医而废寝忘食，几十年惠泽一方。明朝末年，有土匪王铭磐糟害一方百姓，上百男女被其掳掠至匪窝以勒索钱财，王师颜孤胆入匪营，晓以大义，说服匪首，众人得救。淄川知县史能仁赠匾“德化一乡”。十五世王悦衡，字汝平。清末王悦衡被辛庄、王洞、青野、矾硫、张庄、台头6个村庄百姓推举为团练首领，训练团练，并鸠工庀材，修筑起李家疃圩子墙，数村民众到李家疃避难，百姓有口皆碑。其事迹被淄川县报于朝廷，授予“候补县丞”“钦加五品”衔。十九世王焕奎，自幼喜爱音律，为西路五音戏主要创始人之一，民国初期，自办剧团活跃于淄川、章丘、长山等地，艺名“自来喜”家喻户晓。李家疃王氏一族文武兼修，仕商闻名，清前期出现叔侄同榜进士（即七世王我庸同侄子王钟玫同为康熙戊戌进士），清中后期武举解亚双元（即十五世王悦凝，嘉庆丁卯武亚元；王麟阁，道光壬辰武解元）。六世王如化，“少业儒、壮经商”“素称巨富，持身有礼”。至清乾隆年间（1736—1795），十三世王介祊、王介禠、王介禧兄弟3人，经营绸缎、布匹、茶庄、钱庄发家，逐渐由省内章丘、周村、淄川、博山发展到大江南北，在全国各地经商并组建了马帮、车队，创建“震远镖局”进行长途贩运。经过百余年之经营，成为“豪门巨富”。回家大兴土木，兴建庄园豪宅。从清朝乾隆年间至民国初年，建成品字形三大宅区，即“九门一庄”“八门一园”“四府一花园”。楼、阁、厅、堂错落有致；酒坊、当铺、钱庄、库房散布街巷；怀隐园、文石园、牛角园三处花园布局精巧。王氏庄园古建筑群，因后世子孙吸食鸦片，变卖家产自毁。1966 年，瑞兽雕刻被当作“四旧”损毁，但部分主题建筑至今保存尚好。

撰修族谱 王氏世谱于清康熙中期由九世王甡（字麓瞻）初修；九世王佳秀、十世王殿甲于康熙六十一年（1722）续修；咸丰八年（1858）十三世王介继、十五世王悦宗组织第三次修谱；民国期间各支修支谱 4 份，是为第四次修谱；第五次修谱为李家疃二十世王荣亨主持，23 个村庄宗人参与，于 2015 年修竣。王氏辈字从十世始：殿宁擢介 夙悦淑荩 锦焕荣光 敬慎为本 修行立业 承守先训 孝友传家 乃得和顺。

淄西邱氏

家族分布 王村镇邱氏，为镇内大姓家族之一，族人聚居于豹山北尹家庄（尹家村属王村镇）和豹山南巩家坞庄。始迁祖邱德成于明洪武年间（1368—1398）由冀州枣强县迁于淄川城南二里庄，二世邱文英由二里庄迁于城西尹家庄。四世为邱润、邱泽兄弟二人，邱润徙居镇内王洞村，邱泽居尹家庄。至六世邱聪，亦即邱润之孙又徙居山南巩家坞村，至十一世邱璐为官致仕后带子侄返回尹家庄居住，形成现在邱璐子孙和邱泽子孙居于尹家庄，邱润他支子孙于巩家坞之山前山后两村聚居的局面。数百年间，邱氏子孙也有外迁章丘、齐东、张店、蒙阴各地者；亦有迁东北和口外（张家口和内蒙古）者，2007 年续修族谱统计，族众总数已达 2400 余人，居于尹家庄和镇内周边各村者 700 余众。

淄西邱氏家谱

官宦闻人 明清两朝，邱氏科名显著，计出进士 1 人、监生 3 人、贡生 4 人、庠生 43 人、武生 4 人，其中最著名的当属邱璐。邱璐字荆石，于清顺治十五年（1658）中进士，任山西沁水县、直隶大兴县知县；升扬州府江防同知，为官廉仁有声。

其次为邱希潜，康熙间岁贡生，任山东黄县训导，任职 6 年告归，建清梦楼于豹山之阳，为读书处。楼周围疏泉凿池，栽花植柳，与兄弟、好友饮酒赋诗其中。与蒲松龄是文友，友谊深厚，晚年邱希潜丧妻，蒲松龄多有牵挂、关心，常有诗文酬答。蒲松龄在《赠别邱行素》一诗中有句："无秋同是虑饥寒，君独遭逢较我艰。坐受儿家供养福，方知老景旷鳏难。三生亦复奈何许，万劫应为如是观。冷暖还应觅长策，莫将惫骨久摧残。"邱希潜首次创修《邱氏族谱》，并作序。

十一世邱象艮，字敦吉，号兼山，清康熙朝拔贡。他少小聪慧，丰采逸致，为生员间科试、岁试常夺冠，但乡试屡考不中，一生久居书院，而其德行和文名折服于士子间。十八世邱世沛，字雨亭，从七品。为人忠厚，少年丧父，母老又瘫痪在床，为养亲而商贸于四川，其母八旬大寿时，族党赠"树背松青"匾。清同治年间（1862—1874）邱士沛自办团练，训练乡勇，图保一方平安。又买地基一处，四周筑墙，赠族间以立家祠。邱淑筠，字竹村，初任教师，治学严谨，一丝不苟，学生多有成就。后习中医，医德医术为民众所敬仰。1955 年转任淄博二院中医科主治大夫，1957 年被选为市政协委员。

撰修族谱 淄西邱氏宗谱，邱希潜创修于清康熙四十四年（1705），历雍正、乾隆、道光、咸丰、光绪、民国多次续修。2007 年，香港商人邱家儒独资在临淄建修姜太公祠和邱氏家祠，并号召全国邱氏后裔修撰《中华丘氏大宗谱》，王村邱氏族人响应号召，于同年 9 月完成山东淄博分谱修撰，是为邱氏第九次续修。执事人为邱世殿和邱和昌、邱承湖等。

邱氏世辈字现为二十四字：启汝元良 嗣世永昌 慎承贻训 克奠厥祥 家声丕振 维学名扬。

淄西沈氏

《淄西沈氏族谱》

家族分布 沈氏始迁祖沈原住，明洪武三年（1370）

由冀州枣强县迁山东寿光县，再迁淄川县正西路古城落籍，即今王村镇沈古村。传至第六世，沈可见迁栾家崖（即现在栾古村），七世沈文刚迁豹山南麓沈家河村（现归淄川区），沈文泰迁林峪，十世沈仲春、沈在春、沈季春兄弟三人又迁小口村。清朝，又有迁宋家庄、大尚庄、小史庄、毛家庄及博山、莱芜等地者。但族人聚居大部在沈古、栾古和沈家河三村，居王村镇各村者1000余众。

官宦闻人 明清两朝，沈氏家族取得生员资格者9人，贡生6人，监生8人，八品以下官员8人，进士出身1人。沈润，字静澜，明崇祯十六年（1643）进士，历任潞安府推官、礼部主事、礼部郎中、河南乡试主考官，分守宁绍台道参议。在任以政绩卓著得到朝廷奖励，旋即将奖金捐赈灾民。致仕归乡后，与世无

沈家古城明清古民居（2015年）

竞，春秋节祭，遍祭无主孤坟。

沈氏人物为世人称道者还有第六世沈倣。沈倣，字士学，别号柳渠，吏员出身，明朝长芦海润场盐课司大使，政绩卓然，其卸任多年后继任者犹冒其余绩。归家时身无长物，同事、下属过路淄西必登门拜望，以至涕泣不忍别。抚育兄弟之遗孤如己子。其叔沈伦病危托孤，十几年育教之成年，而还之所寄之产业，比前寄之时加倍。沈倣治家勤俭，不为奢华，是族间一榜样，而择良师训教诸子，极尽礼数，其尊师敬教又为族中之典范。

时至近代，沈氏人才辈出。沈远超，1943 年生，毕业于中国科技大学，硕士学位，中国科学院地质与地球物理研究所研究员，博士生导师，先后主持中国科学院"七五""八五""九五"科技攻关重大项目，多次获奖，数次参加国际学术交流，有 7 部专著出版，是有突出贡献的地质专家，享受国务院特殊津贴。沈永财，1946 年生，从事建筑行业 30 余年，任山东鲁王建工集团总经理、董事长。他在山东鲁王建工集团任职数十年，使企业步入一级建筑企业。公司下辖 8 个分公司，年产值 4 亿多元。沈永财被授予淄博市劳动模范、全国乡镇企业家等称号，数次当选为淄博市人大代表。

撰修族谱 沈氏从始迁祖到民国年间，只有 1930 年以后撰修的四份支谱。2008 年 7 月，在四份支谱基础上，由沈德胜、沈德勇、沈永财、沈滋毅、沈远海等组织编修通谱。其辈字自二十世始为：滋（永）远宏业　景继荣光　瑞麟绵秀　龙锡连昌　孝先衍宗　富康兴邦。

王村牛氏

家族分布 牛氏为镇域大姓家族之一，始祖牛伯川于明洪武四年（1371），由冀州枣强县徙居淄川王村店（即王村）。牛伯川生五子：牛彬、牛林、牛真、牛兴、牛礼。此为后世称为五支者，三世 17 人，四世 20 人，五世 30 人，六世 37 人，七世 52 人，

清朝民居（2015年）

八世58人，从迁居至今600年间，牛氏族人大部居于王村村和栗家庄，少数迁于东北三省和邻近数县。居于王村镇约千人之数。

官宦闻人 明清两朝，牛氏出庠生18名，贡生2名，监生16名，以吏员出身的官员2名：牛文伢、牛文份。牛文伢，字肩吾，清嘉庆年间（1796—1820）以附贡生授布政司理问职，以政绩卓著加四级，加衔朝议大夫而上封父母。其为人谨厚，与人无竞而端方自持，勤俭持家而严厉督课子弟，对读书人更为加意礼敬，读书至老不倦，是牛氏族人的楷模。

牛文份，字郁堂，号协中。清嘉庆年间（1796—1820）庠生，少小即赋性质直，读书刻苦，26岁中秀才，后入京都国子监，由观政考取国史馆誊录官，期满授职潜山县丞，升芦州府经历、池州府同知、太平府通判，大计考评皆称职，深得民心。后以兄殁母老而辞官，离任时，士民攀辕不忍离去。晚年在家兴办义学。他曾在村西购地12亩将辟建墓地，挖坟穴而逢古墓，急尽掩之，而将地尽施于义学，为膏火之地，里中贫苦子弟大为受益。于道光十年（1830）卒，临终前戒告其子："人生才力几何，分量几何，而智巧中欲用尽，便宜中欲占尽，是焚林而狩，竭泽而渔矣，安有长久之理。"此说成为后世子孙家风家教之箴言。数百年来，牛氏家族对王村的发展有着重大影响。如七世

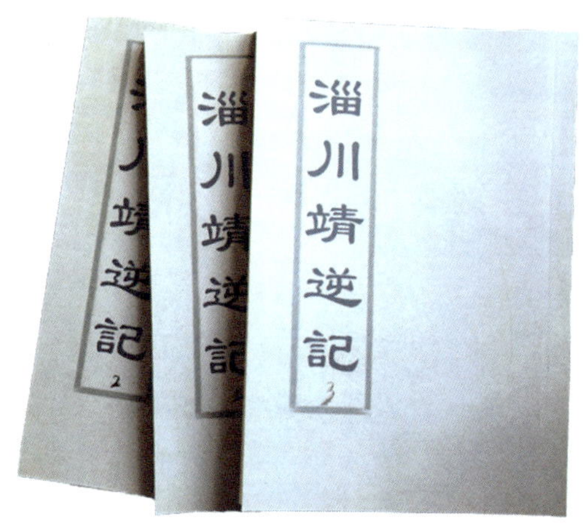

《淄川靖逆记》

牛大业建后街“元帝庙”，九世牛详问在兴教寺内建“百子殿”，旨在教化一方百姓，八世牛象宿明末捐粟赈灾，十三世牛北星所著《五之斋草》名扬一时，十五世牛殿军，武医双精，善化阖镇。

牛鉴章，字镜屏，号戎三，诸生。性敦厚，居心端方。清朝咸丰至同治年间，任乐嘉社社长十余年，办事公正，深得众望。曾率正西路数百丁壮随僧格林沁部于淄川作战，受到淄川知县保荐。同治元年（1862），公举孝廉方正。

时至民国年间，牛氏家族又出了牛欣铨、牛永福二位将军。其他在社会有影响的，如善化一乡重修王村大兴教寺的牛滋蒲、画家牛毓孟、名中医牛凤仪、武术家牛凤洲等。

撰修族谱 《牛氏通谱》初修于清康熙五十九年（1720），由十世庠生牛永昌主持编纂；第二次修谱为道光十六年（1836），五个分支分别修支谱；1934 年 6 月，进行第三次全族修谱，由时任中央国术馆馆长的张之江撰序言，牛公田、牛公勋、牛正心主持编修。牛氏辈字于道光十六年定十六字：殿厥心传　均蒙先泽　保其良俊　丕振家声。民国 1934 年又加 12 字：仓廪积府　库盈民富　庶教化行。

王村杨氏

家族分布 始迁祖杨甫谦、杨甫运兄弟二人，于明洪武二年（1369）自冀州枣强县迁居于济南府章丘县杨郭庄村（现章丘市普集镇杨官村），杨甫运之八世孙杨彦诚于明朝末年，由杨官村又迁于王村村。杨彦诚迁居王村后子孙繁庶，家族发达，现已达二十三世，人丁近千人，除少数迁居于淄川冶头和镇内几个村庄外，绝大部分聚居于王村和王洞村。

《淄西杨氏族谱》

科举闻人 明清两朝共出武举人一名，庠生10名（其中武庠生7名），贡生、监生12名，六至九品官员9名。杨彦诚之孙杨国祉于康熙五年（1666）中武举人，授千总，六品职衔，为杨氏发荣第一人。至第十五世，又出一名武庠生杨殿选。杨殿选自幼聪颖过人，从师于商河县武举人崔先生学武，武艺、体质大进，考取武庠生功名。后在王村设立武校，杨氏子弟及邻里乡民都大受其益。杨殿选又善治家，务农经商，兼理武校。暮年富甲一方，且文武弟子遍布邑里，杨殿选受乡民之仰慕，享誉乡里。十六世杨学峻，字嵩斋，清光绪朝以附贡生授修职郎。生于书香之家，性孝友，嗜诗书，事儒业兼习武术，十五六岁时能力敌七八人。乐善好施，急公好义。清末，捐巨资建王村圩子墙。因杨学峻德望甚高，被淄川知县聘为淄川阖县总董（咨政）。时当乱世，杨学峻算无遗策，邻县多遭难，而淄川独安。由于他德绩彰显，济东泰武临道道台赠匾“保卫乡梓”，淄川知县赠匾“年高德劭”。

时至近代杨氏家族人才辈出。当代名中医杨浩修，字养之，王村南街人，为杨殿选之曾孙，自小学医，师承山东十大名中医之一李乐园。以其高超医术，名播遐迩，求医问药者几十年不断，病逝前一小时还接诊了邹平县两个病人。杨浩修工于书法并多有著述，一生撰写医学论文50余篇，发表在全国数十家医学杂志上。他教育子女以读书为立身之本，在其熏陶下，长子杨德本也成为小有名气之中医师。

撰修家谱 王村《杨氏世谱》为十四世杨秀岩（严）于清嘉庆二十二年（1817）初次撰修，又经咸丰元年（1851）、1914年和2008年续修，共4次修谱。其世辈字为：维学慎修　德秉先传　咸乐自立　年远益昌　用宏兹绪。

道开丁氏

家族分布　道开丁氏为镇内一大姓家族，祖籍原为直隶冀州枣强县，其移民山东之始迁祖为丁信、丁义、丁贡、丁禄兄弟 4 人。明朝初年 4 兄弟先迁发于山东莱阳县，后丁义迁诸城，丁贡在莱阳守业未迁，丁禄迁博山颜神镇，而长兄丁信迁于淄川县正西乡之道开村，即现在王村镇东、西道开村。丁信一支，居道开经百年繁衍，至第四世为堂兄弟 4 人，第五世为 21 人，后世子孙称“四支二十一门”。明清两朝 21 兄弟之后裔，二支二门迁于浙江诸暨县，其他各支门半数外迁于全省各地，如济南、历城、泰安、新泰、莱芜、博山、邹平等地；半数居于镇内东道开、西道开、平楼、郭家庄、东阳夕、毛家庄、朱家庄十数个村庄。

科举闻人　清乾隆年间（1736—1795），十世丁宏在《丁氏族谱》中说：“……先世

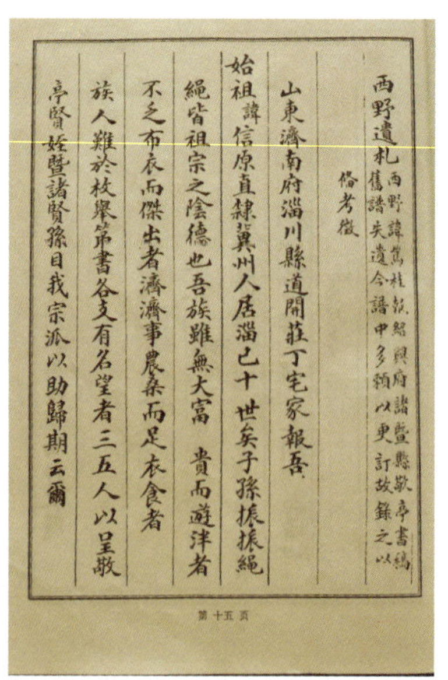

西野遺札西野諱篤桂號紹興府諸暨縣歙亭書稿舊譜失遺今譜中多類以更訂故錄之以備考徵

山東濟南府淄川縣道開莊丁宅家報吾

始祖諱信原直隸冀州人居淄已十 世矣子孫振振繩

繩皆祖宗之陰德也吾族雖無大富 貴而遊泮者

不乏布衣而傑出者濟濟事農桑而足衣食者

族人難於枚舉第書各支有名望者三五人以呈敬

亭賢姪暨諸賢孫目我宗派以助歸期云爾

第十五頁

道开《丁氏族谱》序言

以耕为业，不治诗书，以故不得捷南宫、膺乡荐，驰名于科甲，多以诸生老其才……”几百年间，出生员31人；武生员12人；贡生、监生17人；五至九品官吏11人。丁氏后裔以恪守祖训家诫为范模，其五世祖母毕氏，是西铺村明户部尚书毕自严之姑母，经常训示子孙曰：“学吃亏，学认错，学好读书，此我母家黄发公训也，汝亦须效之。”十八世丁美增也重申祖训曰：“礼义廉耻，卓然形鉴，读书为善，继我家传。”丁氏几百年间家风淳厚，恪守礼义。清末丁衍普以孝闻于乡，做人恂谨朴诚，阖县称善士。丁世芳，武生出身，性朴厚，好施予，五世同居，食指百口而秩肃，40余年无间言，孙曾辈皆有文名。丁三乐、丁昶，或为儒官，或为隐逸。《淄川县志》对上述4人事迹都有记载，以其德行为典范，教化于全县百姓。毛家庄丁氏十八世孙丁慎章，于20世纪50年代毕业于济南理工大学，任职于西安飞机制造厂，刻苦钻研业务，技术精湛，后任总工程师，献身国家航空事业50年。

撰修家谱 《丁氏宗谱》初修于清乾隆五年（1740），由九世丁曰望、十世丁宏执事完成，又经同治五年（1866）和1918年的二修、三修。2003年有几个支派续修支谱。丁氏辈字从十世始为：万世蕃衍　运会隆昌　慎乃基德　淑善贞良　远传楷宪　培茂作相　林彬嗣绪　谦益启光　宣昭声业　海甸均康。丁氏人口居王村镇者2000余人，居外地者约3000人。

官庄王氏

家族分布 明洪武初年，始迁祖名王志善，由冀州枣强县王家凹迁淄川城西25里之官庄，至今600余年，已繁衍25世。族人近万人，分布于淄川、周村、博山、莱芜、邹平、沂源、沂水、蒙阴、费县等10余县（市、区）50余村。王志善生6子：长子王镒，其后裔居镇内彭家庄，另零星分布于邹平、蒙阴、博山等地。次子王铎，后代居于王村村，亦分布于淄川区十余村。三子王贵，明初由官庄迁于滕县，另有世谱。四子王智，后世居淄川各村，以大邢家庄为众，另有几分支居本镇姚家庄、道开庄、郭家庄。五子王佐，后世多居于王村镇陈家庄和宋家庄。六子王玺，后世主要居于发祥地官庄（现今双山村、红旗村）和栾古、王村村。居于王村镇达8个村庄，人口千余众。

科举闻人 王氏家族明清两朝共出庠生19人，贡生3人，监生11人，五至九品官员11人。为人所称道的清末太医、内廷行走王承义，医技精湛，在乡施惠于民，口碑载道。陈家庄王承业字敬亭，为清末卫千总，为人慷慨好义，重人轻财，时值连年荒旱，饥民盈街，自出粮米救灾，乡里称颂。受朝廷褒奖，授职五品武官。至清末到民国年间，陈家庄王承文、王承湘以塑像技术精湛闻名于全省，泰山碧霞祠碧霞元君塑像为其二人塑造，其像神采奕奕，出神入化，观者赞叹。至民国末期，陈家村王方岭，其父王德藻为清末秀才，私塾先生。德国人修胶济铁路，迫王德藻为民工记工日，时近年关包工头卷钱逃跑，众民工向王德藻索要工资，因无法偿付而被众工人将家中粮食、衣物、家具哄抢一空，王德藻急火攻心吐血而亡。后王方岭一家靠乡邻和王德藻的学生们接济度过春节。王方岭之母命王方岭在天井下跪对天发誓：不忘乡亲恩德，如有发达定要回报乡亲。王方岭长大后经商，在周村绸市街以一张织机起家，经营丝绸纺织，不到10年发展到织机十几张，雇工25人，立字号“同盛和”。后在上海、济南、徐州、青岛、亳州等地设立分号。在徐州又听从美国牧师指教，购买两辆美国汽车，成立徐州大美运输公司。王方岭事业成功而不忘誓言，每年腊月二十三吃忆苦饭，全家老少妇孺皆吃炒麸皮、炒豆腐渣，相沿成为家规，延续到20世纪60年代初。对家乡舍粮米救济穷人，为乡邻舍膏药送眼药，买土地40亩分给村内无地少地穷苦宗人，遇荒年还为种地

淄西官庄《王氏族谱》

者缴纳税粮。民国末年还建高墙，筑炮楼保一方平安。济南红星影院兴建，王方岭为出资四大家族之一。淮海战役期间王方岭派出两部汽车为前线解放军运送炮弹，派长子王荣增当司机一年余，战役结束后又将两部汽车无偿捐于解放军。40 年间，从周村到济南又到徐州，挽救病人，赈济灾民、周济乡亲不计其数。

撰修家谱 官庄王氏族谱创修于清康熙年间（1662—1722），百年后又进行第二次修续，第三次修谱为光绪九年（1883），由十七世王敬所执事，第四次为 2009 年，由官庄（现双山村）王延山执事。王氏世辈字为：思士兆海　振承德光　福延吉庆　龙凤佩相　靖维泰和　忠孝国昌。

彭家庄彭氏

家族分布 据《彭氏族谱》记载：“吾族当明之中业迁于淄邑西彭家庄而居。族党之繁衍久已遍布我里。而今迁于他乡者亦不少。高祖以来，多务于农圃，而读书识字者甚鲜，又皆寒微，故于族谱无传。”其始迁祖名宽，生有五子，只有第五子彭胜传下子孙，

明代彭家庄彭氏家族聚居形成的胡同（2015 年）

其他四人皆不知所终。彭氏家族后裔，皆为第二世彭胜一人所传。彭胜第三子彭节之，迁居小临池村。清康熙年间（1662—1722），八世彭尚义，迁居岭子南簸箕掌（现龙泉村）。后又有迁居博山、古城、桥子、白塔、莱芜等地者。

科举闻人 明清两朝，彭氏家族有六人取得庠生资格。清光绪二十年（1894），第十四世彭汝玉乡试中举，选鱼台县教谕，未上任卒。近代以来，彭氏家族人才屡现。20世纪30年代，彭广兰在青岛创办齐鲁针钉厂和蓬莱阁大饭店，为青岛著名民族资本家，新中国成立后任青岛市人民政府参议员。彭少卿，1933年考入北平京华美术学院，1936年毕业。1936年冬，彭少卿参加中国音乐代表团，应邀赴维也纳举行中国民乐专场演出。彭延芳，1930年任上海警备部队团长，加入中国国民党，抗日战争爆发后，率部抗战。彭绪恒，1946年参加中国人民解放军，20世纪80年代，历任北京军区装甲兵某部副师长、坦克修理厂厂长。

撰修家谱 《彭氏族谱》首创于清光绪二十一年（1895），由彭汝玉主持编修，排定自十七世始四十字辈分用字：延绍荣华 承毓远方 钦明伦理 恒振纲常 仁义智信 富贵吉祥 慎德永泰 余庆锡光 利贞谦逊 世久盛昌。1936年，彭继洙主持二修族谱，二年后工竣，适逢日寇侵华，兵燹战乱，前功尽弃。2008年，彭氏三修族谱，彭延宽为编委会主任，彭延遂主编。此次入谱人口计2454人，彭家庄籍1767人。

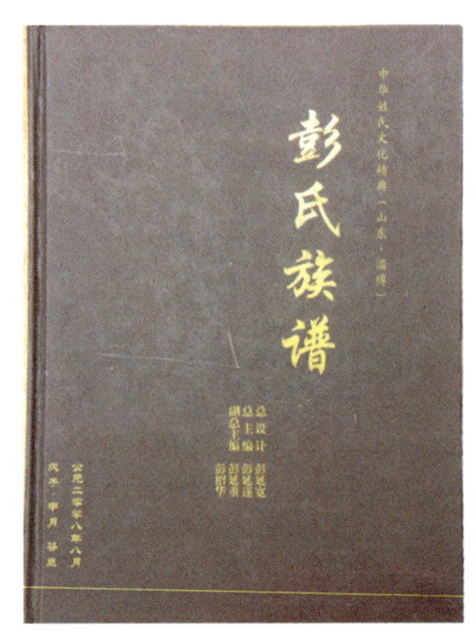

彭家庄《彭氏族谱》

尚家庄尚氏

家族分布 尚氏为镇域大姓家族之一。始迁祖尚士能，其先世为冀州枣强县人，明洪武二年（1369）迁居淄川县西乡之凤凰山北凤凰庄，后以尚氏居多改名尚家庄，经数代繁衍已达二十五世，族众2000余人。聚居镇内大尚庄、小尚庄、和家庄、中央庄，加之居他村零星散户，达千人以上。

科举闻人 尚氏家族以耕读传家，从明清至民国，以仁谨孝友名重一乡。十三世尚永生，字抚堂，从九品衔。少小家道贫寒，始以肩挑贸易糊口养亲，夜则萤火苦读，学古人悬梁刺股故事，三更未尝就枕。中年以后进入商界，贸易于胶东，商战屡捷，界中称为巨擘。暮年居家，惜老怜贫，遇危难者必加意温恤，尚永生仁慈之声闻于四邻八庄。十四世尚传俊，字佐廷，清末大尚庄人，乡饮大宾。其天性慷慨，急公好义，一生虽未为官，但居乡中大有仁孝之名，诸伯、叔多有冻馁度日者，尚传俊数次施以银两，助其营业，族中孝友之名甚响，四乡慕其处事英敏公正，多有请其排难解纷者。被举为乡饮大宾。尚传俊寿登百岁。尚仁居，清末小尚庄人，监生出身，乡饮介宾，自小读书颖悟，天性仁厚，后弃儒从商，贸易于两湖，每有所成。好善乐施，凡邑里修庙、造桥无不踊跃争先，倾囊而助，以故德望在全县日渐高隆。尚仁居寿至耄耋，五世同堂。监察御史、湖南学政岳镇南撰文为其祝寿，翰林院学士、山东学政、兵部右侍郎徐树铭赠“松寿瓞绵”匾额。

撰修家谱 清乾隆四年（1739）、道光十四年（1834）尚氏家族各支先后分别撰修支谱，1934年，尚氏阖族撰修世谱，2007年，尚氏家族第四次修谱，由尚力汉、尚力滋、尚慎堂等主持。尚氏世辈用字为：振业怀传　仁义力志　慎修克贞　可保远裕　绵衍家泽　思绪宏宗　发于昭代　乃庆昌隆。

万家庄毕氏宗祠及毕氏家族文化展馆（2014年）

文化遗产

民俗学专家王树恒（左）传授王村醋瓶扎口技术（2015 年）

王村镇历史悠久，文化遗产丰富。全镇有毕自严故居等山东省文物保护单位 5 处；逄陵故城和土鼓县城遗址等淄博市文物保护单位 6 处；南河东东周文化遗址等周村区文物保护单位 7 处；李家疃遗址等第三次文物普查登记文物 11 处（件）。另有北河东村、东铺村等 4 处虽未被列入文物保护单位，但具有一定文物价值的古建筑群（传统村落），和候仙园、拱玉园、大兴教寺碑刻等在历史上产生过重要影响、已从地面消失或仍有残存的部分重要建筑遗址、碑刻，以及虎头石等有存史价值的人文、自然遗产。另有被分别选入省级、区级非物质文化遗产保护名录的王村醋、黄酒传统酿造工艺，和民间舞蹈表演“斗鹌鹑”。

文物保护单位

省级文物保护单位

毕自严故居 位于王村镇西铺村，是明朝天启（1621—1627）和崇祯年间（1628—1644）户部尚书毕自严的宅院，总建筑面积 1 万余平方米。毕自严在任户部尚书之前的万历、天启年间，曾一度去官乡居，彼时，在西铺大兴土木，修建起花园及宅院。故居地处西铺中间，坐北朝南，以狮子大门、仪门、过厅、对厅、五层家眷楼、石隐园为中轴线，附带东、西跨院。中轴线西边，为祭祀祖先的家族祠堂。中轴线东后部为花园石隐园。石隐园内，建有宏大轩敞的万卷藏书楼，最盛时藏书达 10 余万册。石隐园前边，还有振衣阁、绰然堂等建筑。后人俗称此处住宅为“尚书府”，总占地面积 45 亩。清康熙初年，其子毕际有将石隐园缩建为 10 亩，仿其在通州任所建筑格局而建，池塘水榭，楼台亭阁，曲径豆棚，南乔北花一应俱全。清康熙朝前期，毕际有在石隐园先后再修建起霞绮轩、傚樊堂等建筑。康熙十八年（1679），蒲松龄受毕际有聘请，来到石隐园成为毕家教书先生。并在这里创作完成《聊斋志异》和《聊斋俚曲》以及其他著作。清乾隆朝之后，随着毕氏后裔人口增多，不断分家，将石隐园和尚书府零碎分割为若干小单元。五层家眷楼于民国初年倾圮。现在尚书府和石隐园内，祠堂、振衣阁、绰然堂等 14 处清代以前建筑保存基本完好。

1984 年，周村区及王村镇政府开始对毕自严旧宅进行修建恢复。因蒲松龄在此教书、写作 30 年，将此处命名为“蒲松龄书馆”。 2006 年，以毕自严故居的名义，公布为省级文物保护单位。

李家疃明清古建筑群　李家疃王氏家族，自清初以来多有经商贸易者，成为巨贾豪富后，回乡购置土地，大兴土木，构建豪宅。从清乾隆年间（1736—1795）至民国初

李家疃村清初古楼房（2015 年）

年，建成品字形三大宅区，即“九门一庄”“八门一园”“四府一花园”。总建筑群占地面积约 4 万平方米，核心区域建筑面积 2.1 万平方米，王家大庄园现存院落 9 个，明清古大门 34 个，古民居 400 余间。古街巷主要有南北大街、酒店胡同、盐店胡同、牌坊街等。清咸丰十一年（1861），为保村庄平安，在六村团练首领王悦衡的组织下，修筑起李家疃圩子墙，数村民众到李家疃避难。李家疃古建筑群是山东保存较为完整的明清古建筑群。其中，武亚元古建筑群于 1997 年被列为市级文物保护单位；李家疃建筑群于 2006 年被列为市级文物保护单位。2010 年，李家疃村被住建部、国家文物局评选为第五批“中国历史文化名村”。同年，聘请有关部门，编制李家疃村历史文化名村保护规划。2011 年后，对明清古建筑群中的亚元府大门、悦循府大门进行抢救性修缮。2013 年 6 月，国家发改委批准李家疃“中国历史文化名村基础设施建设项目”，划拨专项资金 480 万元，用于古村落的保护和修复。2013 年 10 月，李家疃明清古建筑群公布为省级文物保护单位。

万家庄明清古建筑群 万家庄位于王村东北二公里处，明朝前建村。相传明成化年间（1465—1487），时任吏部尚书的万安，看中了这一方依山环水的风水宝地，便买下这片土地，修建别墅，其家人迁居立庄名为万家庄。弘治年间（1488—1505）万安获罪，家族被株连，万氏后裔或获罪入狱，或逃难流落他乡，万姓无存。留下了万安楼、万安溪、万安桥、万家墓田、狮子大门、银库等地名和建筑。万家败落后，西铺毕忠臣买下其田产，迁居万家庄，毕氏后代不断兴建豪宅、花园，形成了建筑群落。万家庄明清古建筑群，主要分为四个区域，在村西北部，以中心街、东顺街、西顺街组成三条轴线，现今仍保留了十余座明清古住宅。村中部有明朝建筑毕氏宗祠和作为学堂的白业堂，清朝建筑毕自肃祠堂（2003 年改建为毕道远纪念馆暨毕氏家族文化展馆）、私塾学校等。村东南部有明朝建筑菩提庵。村南、村西北和村东北分布有毕忠臣、毕木、毕自严三处谕葬墓。总建筑面积在 20000 平方米左右。2015 年，万家庄明清古建筑群公布为省级文物保护单位。

苏李庄王氏祠堂 位于中心大街中段路北，坐北向南，为明清建筑群。主建筑时思堂，是明朝万历十四年（1586）吏部考功司郎中王教与其兄弟，为其父王珏修建的祠堂。为砖石建筑，风格典雅，石雕精湛，建筑群占地面积 630 平方米。现存清代建筑门楼一座，房屋 7 栋，影壁墙一堵。南墙镶嵌有清朝乾隆、同治年间修缮石碑。2015 年，公布为省级文物保护单位。

沈家古城明清古建筑群 位于沈家古城村中部，建筑群是沈氏家族宅院，建筑年代从明朝末年到清朝中期，延续百余年。建筑群以前门大街为中轴线，分南北两部分，共9处四合院。现存完好的四合院7处，青砖房屋82间。有花园一处，前门大街、后门大街等传统街巷8条，总建筑面积1400余平方米。2015年，公布为省级文物保护单位。

市级文物保护单位

逄陵故城和土鼓县城遗址 逄陵故城遗址位于镇域东南部张古、杨古、沈古、栾古、曹古村范围内。遗址中心南北长810米，东西宽720米，面积约58万平方米。“逄伯陵故城”遗址属商周至东汉文化类型。逄伯陵氏是炎帝的一支后裔，姜姓，历史上也称为“有逄伯陵”。逄伯陵是有逄氏族首领，商朝早期在此地建立逄国。逄陵城自西周中期开始衰弱，后来成为齐国於陵邑的一个普通村镇。到了西汉，朝廷再次在古逄陵城旧址设立土鼓县治。西汉时期的土鼓县隶属济南郡。《读史方舆纪要》记载：“土鼓城，县西五十里，汉置土鼓县，属济南郡。后汉因之。晋省。刘宋复置，仍属济南郡。后魏因之。”明万历《淄川县志·古迹》记载：“土鼓城在县西五十里。遗址门垣尚存。”南北朝高齐时把土鼓县并入了卫国县，隋朝改卫国县为亭山县，唐朝将亭山县并入章丘县。毕际有《淄乘征》记载：土鼓城附近树林里盛产一种蔓绕植物，结一种圆形果实，其果实熟时儿童拿来放在地上敲打，会发出“砰砰”响声，因这种植物出产在土鼓城，所以当地人称它为“土鼓藤”。2003年，公布为市级文物保护单位。

凤凰山船沟遗址 船沟遗址位于北河东村西北淦河西岸二级台地上，此处有一条深阔的雨淋沟，形似木船，当地百姓俗称“船沟”。上古时期，发源于长白山东麓柳泉口的淦河，流经此处，在凤凰山下冲刷出一条河道，绕山半周向北流去。此地河深水阔，

凤凰山船沟遗址（2015年）

水源充足，鱼类丰富，五谷丰登。淦河东岸紧傍凤凰山，森林茂盛，兽类出没。凤凰山下沟壑纵横，依山傍水，适合人类定居生活。从出土文物证明，此处是一处龙山文化时期至汉代古人类遗址。自南向北，生活、生产、墓葬区域分工明确。在北部发现大型窑址一处，窑炉壁经多年烧烤，红土层达半米厚。在南部生活区域，上千平方米的二级台地上，随处可见龙山文化蛋壳陶器、陶豆、陶鬲、陶鬶和秦汉时期的绳纹陶片。在北部淦河东岸凤凰山黄土崖塌陷断面上，发现有数具古代人类遗骸，显然为墓葬区。其遗址北部为邹平县台头村地界，文化层已经被取土烧砖破坏殆尽。南半部为王村镇北河东村所属，尚保持原貌。2006 年，公布为市级文物保护单位。

王村炳灵公庙 王村炳灵公庙位于王村东门里大街路北。炳灵公庙为元朝初建的综合性道教建筑。因王村地处长白山南麓，长白山又称为泰山“副岳”，自是泰山神的领地。传说炳灵公是泰山神的三子，协助阎罗处理人间的生死大事。所以当地人就在这里为炳灵公修建了行宫，请他护佑当地百姓。始建于元朝，明清两代都曾多次重修。炳灵公庙坐北朝南，占地 3000 余平方米，二进院落。主殿五间，供奉炳灵公神像。殿前东西廊各四间，塑有十八罗汉，七十二地煞。东南角为三宫阁楼。西与关帝庙相邻。

据传，毕自严以文职带兵作战而取得胜利，自认为全凭神灵相助，为谢神恩，捐资

王村炳灵公庙钟鼓楼（2016 年）

为炳灵公重塑金身，并亲书“关帝祠”匾额。现在石刻匾额尚存。主要建筑于50年代初损毁，现留存大殿一座，东南角三宫阁楼一座。三宫阁楼为砖石结构，二层方形，长宽各4米。2006年，公布为市级文物保护单位。

毕自严墓 毕自严墓位于黄埠村西，明崇祯十一年（1638）毕自严去世，享谕葬，皇帝下旨赐迁新茔地，称“赐阡茔”。按一品大员规格修建，坟墓封土高5米，底周长45米。墓地面积100亩，石牌坊面南，上刻“光禄大夫太子太保户部尚书毕公之墓”。石牌坊顶部镌刻“赐阡茔”。进牌坊十步列二碑楼，镌刻墓主人生平。再北，有盘龙石柱二根立于左右，一抱粗，5米高，每柱精雕二龙，盘绕而上，柱顶部雕“朝天吼”一只。全柱以一条青石雕琢而成，做工精美，重约五吨。又里行，依次为石羊、石虎、石马各一对，石翁仲四，文武各二。墓内松柏树蓊蓊郁郁，皆二人合抱粗，遮天蔽日。因赐阡茔靠近铁路，30年代日本侵略军恐树多林密藏匿抗日武装，将墓林砍伐殆尽。1966年地上文物尽皆毁坏，坟墓被掘，墓主人石椁木棺，其六位夫人木棺。墓穴用一般砂页岩垒砌盖顶，随葬品石桌椅、粗瓷器、锡器而已。赐阡茔被夷为平地。2006年，其遗址公布为市级文物保护单位。

山东王村耐火材料厂工人俱乐部 原山东王村耐火材料厂，位于镇政府东1千米万家村东，1958年建厂，总占地面积3.8万平方米。现存有建厂时办公室、车间和建于1970年的工人俱乐部。这些新中国成立初期的国有企业建筑保存完好，具有较高存史价值。2011年，公布为市级文物保护单位。

西道开村古菱齿象出土遗址 2007年11月，位于卧虎山下龙王沟南沿的西道开村砖厂，在取土烧砖中，于地下五六米处挖掘出一具更新世晚期古生物化石。经山东省文物局专家现场勘察，认定为古菱齿象化石，生活年代约在距今1万至10万年前。此次发现，对于研究鲁中地区古生物分布，气候、物候变迁，有一定的科研价值。同年12月10日，淄博市文物局下文列该遗址为市级文物保护暂保单位。

区级文物保护单位

南河东东周文化遗址 南河东东周文化遗址位于南河东村南淦河二级台地上，遗址现为耕地。东西长约300米，南北宽约80米，面积2.4万平方米。采集有细绳纹泥灰褐陶直腹罐，粗绳纹手抹泥质灰陶鬲，宽弦带纹泥质灰陶板瓦等器物残片，被确定为一处东周时期人类居民点。2013年，公布为区级文物保护单位。

大史家汉墓 大史家汉墓位于大史家村南，现墓冢形态已不存，原址上坐落村民住宅。这里原有一大一小两座封土冢子，大者长70米，宽60米余。70年代该村小学曾削平冢尖，把上面当操场。墓主不可考，清乾隆《淄川县志》记载，明朝时墓前曾有人立“元·达礼之墓”石碑一通。1968年生产队组织过挖掘，但未至墓室。数十年来，村民不断在墓道方位挖到彩绘陶俑等陪葬品，依描述状态，此墓似汉代王墓。2009年，公布为区级文物保护单位。

下沙沟三教堂　位于下沙沟村东南，因寺庙坐落在一处酷似乌龟的椭圆形河边高地上，故又名“金龟寺”。明代，儒、释、道三家并尊，金龟寺改为三教堂，大殿南北宽5米，东西长9米，内供奉孔子、释迦牟尼、老子塑像，偏殿南北宽4米，东西长4.9米，内供观音、送子娘娘等神像。现存主殿前墙上镶嵌的《重修三教堂记》，记载该寺为明万历三十六年（1608）春，由周村韩家窝村进士韩取善等出资重修。2004年，村委主导民间集资再次重修，殿堂架构保持原貌，只是对屋顶进行复建。2009年，公布为区级文物保护单位。

西铺毕氏墓群　西铺毕氏墓群位于西铺村西南角，现为王村镇中心小学校址。为毕氏家族于明初自石塘坞迁于此地的最早祖茔，毕木《淄西毕氏世谱》对此次迁葬有详细描述，当地人称“橡墓田”。墓群南北长约90米，东西宽约70米，现坟丘推平，

山东王村耐火材料厂工人俱乐部（2015年）

上建为王村镇中心小学操场。2009 年，公布为区级文物保护单位。

万家庄毕氏墓群 毕木谕葬墓 位于万家庄西北郑家庄正北玉清山下，又称“玉清茔”，约占地 30 余亩。毕木为毕自严之父，因子贵被追赠太子太保、户部尚书衔，享受一品官员葬制，规格一如其子。毕木墓坟头高大，1966 年曾被凿洞挖掘，为三合土夯筑发券，墓内呈穹形，规模宏大。原栽植松柏树蔚然成林，风啸松林如万牛哞。40 年代墓林被游杂部队高松坡部强伐变卖，以充军饷。2003 年，毕氏后裔筹资重新立碑，重建地上部分建筑。同年，公布为区级文物保护单位。

毕忠臣谕葬墓 位于万家庄南万安溪南畔，是毕自严祖父毕忠臣墓葬，占地约 30 余亩。因其孙毕自严贵，享受一品官员葬制，毕忠臣葬规格稍逊其孙，少二武士石翁仲。墓林成片，古树参天，40 年代时林木被土匪武装杜心斋部强伐变卖。地上设施 1966 年被毁损，坟头被平，墓穴未被挖掘。2013 年，万家庄村委和毕氏后裔重培坟头，筹资恢复地上建筑、设施。2009 年，公布为区级文物保护单位。

王村火车站 王村火车站位于王村镇政府西北 0.5 公里，胶济铁路南侧。原有客运站台 3 个，现普查存留东西站房 2 座，分布面积 240 平方米，建筑占地面积 158.5 平方米。东站房为青石砌基，水泥抹墙，一门二窗，共二层，平顶，呈方形，第二层檐下有楷书“王村站”三字；西站房青石砌基，红砖砌墙，红色板瓦屋项，山墙略高。清光绪二十四年（1898）德国以武力强迫租借胶州湾，索取了在山东修建铁路和开采矿山的特权，据《胶济铁路史》记载，1904 年胶济铁路通车时建王村站。2014 年，公布为区级文物保护单位。

周村区第三次文物普查登记文物

李家疃遗址 李家疃遗址位于李家疃村西北 50 米，遗址现为 V 形平台。分布面积约 10000 平方米。采集器物标本有龙山文化红陶鬶足、鬶把、纺轮，春秋战国时期的陶

李家疃龙山文化遗址出土的蚌壳、兽骨等文化遗存（2015年）

鬲，战国时期的陶罐、陶豆等器物残片。该遗址的发现，为研究王村地区新石器文化聚落分布提供了新的资料。被列为周村区第三次文物普查登记文物。

大黄埠遗址　大黄埠遗址位于大黄埠村北 50 米处，据《中国文物地图集山东分册》分析：遗址年代为战国、汉，面积约 4 万平方米，文化层堆积厚约 1 米。采集有战国夹砂灰陶绳纹鬲，汉代泥质灰陶罐等残片。遗址地处河旁台地，采集标本有汉代陶罐、板瓦残片及唐代瓷碗底等。地表遗物稀少，基本分布在西部河岸上。保存状况较差。被列为周村区第三次文物普查登记文物。

大史家庄遗址　大史家庄遗址位于大史家村北。遗址属河旁台地，面积约 10000 平方米。周围地势低洼，遗址表面为现代农田，断面之处很难看到文化层堆积迹象，采集的遗物主要是汉代宽弦带纹与粗绳纹相间的板瓦残片，春秋时期的夹砂、泥质绳纹灰陶鬲的残片。被列为周村区第三次文物普查登记文物。

和家庄遗址　和家庄遗址位于和家村东南，二次普查探明和家庄遗址为河旁台地。断崖曾发现灰坑，采集有泥质灰陶罐，绳纹板瓦等，原面积约 15000 平方米，为汉代遗址。现仅存南部一小部分遗址，面积不足 1000 平方米。在遗址表面仅可采集少量标本，可知为汉代板瓦，保存状况极差。被列为周村区第三次文物普查登记文物。

毛家泉　毛家泉位于毛家村东北部 200 米处。乾隆《淄川县志・山川》记载：“毛家泉，县西北毛家庄东，数泉出茂林中，而后南流为猪头湾河。有数泉出南石崖下，折而

毛家泉（2015年）

东南姚家庄泉汇之南出伏山间，东入白泥河。”毛家泉古时分为南北二池，南池东西长31米，南北宽21米；北池约3米见方，泉水常年喷涌。二池中间是交通要道，相距3米，有暗涵于地下贯通。池北原有龙泉寺，供奉龙王神像。1980年修胶济铁路复线，龙泉寺被拆毁，小北池被铁路占压。现仅存南池。被列为周村区第三次文物普查登记文物。

毛家庄古券门 位于毛家村东西大街西端，原为村庄寨门。包括两侧垛墙南北宽7.9米，墙厚0.8米，高4.4米，门洞宽2.43米，高2.85米。砖石结构，基座为石质，墙面为青砖垒砌，中填砖石碎块。门洞为青砖起券。门额嵌有一石，石上正楷书“正兴门”三字。保存状况尚好，为清末建筑。被列为周村区第三次文物普查登记文物。

张古城玉皇阁 位于张古城村东，康熙十七年（1678）竣工，地处博山通往济南原大道旁。为一处综合性道教建筑，占地约20000平方米。山门坐北向南。进门第一院落主殿是玉皇阁，第一层是石头券门。由门洞通向后院，有石阶梯自阁西通往二层玉皇阁，此即主殿，供奉玉皇大帝神像。由月门进东跨院，依次为龙王庙、文昌阁、白云殿、娃娃殿。与东跨院相对，由月门进入西跨院，西殿五间，供奉的是石大夫爷爷神像。南大殿五间，分别供奉的为关帝圣君、土地神、王灵官、雷公神像。北面一小院，为住观道士住所。玉皇阁前原有一通青石硕碑，记述修庙经过，碑文为唐梦赉撰写。蒲松龄有诗《登玉皇阁》。至清同治年间（1862—1874），增修“僧王”殿，供奉僧格林

李家疃耐火窑炉群（2015 年）

沁。1941 年，日本侵略军为掠夺煤炭和铝矿石资源，修建王村车站通向王村东南部的康山子矿山、煤井的铁路支线，斜穿玉皇阁庙群，强行毁庙修路。现只余一座石头建筑山门。山门高约 12 米，全部为冲山大块砂石垒砌，墙厚 2 米，门内南北宽约 2 米，东西长约 4 米，顶部以石头发券，呈拱穹形，门窗也全为石质雕镂而成，不用一寸木质材料。至今完好。被列为周村区第三次文物普查登记文物。

王村老醋厂旧址　位于王村大街东段路北，旧址区域东西长约 300 米，南北宽 55 米，以关帝祠为中心，分为东西两部分。其中大街 91 ～ 93 号，厂址保存较好，坐北朝南，屋舍为当地酱菜业户所用。其他大部分已经坍塌或改建重建。石砌墙基，灰砖垒墙，墙缝密实。右侧开大门，为二进四院式，抬梁式硬山顶，一门二窗，出檐，廊柱 2 ～ 6 根不等，四檐角墀头或作素面或作砖雕，面阔 3.6 ～ 9.8 米，进深 2.1 ～ 4 米。1956 年老字号庆祥永、义盛、恒聚、信成、德合恒、瑞丰祥等，在此成立公私合营王村供销社酿造厂。被列为周村区第三次文物普查登记文物。

李家疃窑炉群　位于李家疃村南，大小炉窑共计 216 座，均为石质结构立式窑，原用于村内烧制耐火砖和石灰。窑门为青砖发券，窑身基本完好。窑内壁烧成赤红色，此窑群始建于 20 世纪 60 年代，终止于 20 世纪 90 年代末。被列为周村区第三次文物普查登记文物。

张古城古井 位于张古城村东南，为一处古井，呈圆形，大半被填埋，可见井内有陶制井圈。古井东侧为王村铝土矿铁路，四周为农田，处于土鼓城旧址。被列为周村区第三次文物普查登记文物。

毕氏家族四道诰命圣旨 毕自严一生为官40余年，共得到万历、天启、崇祯皇帝褒奖、升职及诰封其曾祖（母）、祖（母）、父（母）和妻子诰命圣旨33道，1966年尚保存完好。现存世4道，保存于镇政府档案室，被列为周村区第三次文物普查登记文物。

传统古村落及建筑群

传统古村落北河东村 坐落于凤凰山前一片小冲积平原上，东、南、西三面环水，北面靠山。19世纪中叶，解姓家族一支开始崛起。其时解家有土地上千亩，骡马车具上

垂珠连龙

飞檐

李家疃清朝古建筑（2015年）

百套。经持续百余年的经营，解氏家族在村东南角，形成了相对独立的宅第群落。清咸丰十一年（1861），为村庄安全，阖村集资在村北凤凰山下修建起东西长 300 余米，高 8 米，宽 1.5 米的三合土夯筑的圩子墙，其余三面，利用天然悬崖峭壁，有机形成村庄坚固安全屏障。村庄南部，有一条东西向贯通街道，为村庄出口，沿这条东西街道，向北平行延伸出贯通村子南北的四条街道。沿四条街道，衔接数十条东西小街小巷，错综如蛛网。村庄设有东、西、南、北四座寨门，东门外有明朝修建的石桥一座，因临水而建，名曰“化龙桥”。

该古建筑群，现尚存较为完整的清代风格四合院十余处，面积 10000 余平方米，有砖石木结构房屋 300 余间。以解氏家族“五大门”之“训导宅”、“理问宅”和“大宾第”等最为显赫。其建筑风格为清代四合院，影壁墙和房脊、房檐上的砖雕、石雕、木雕，工艺精湛、做工考究。“树荆堂”宅院临东河岸而建，其东墙外是一条流水湍急的十余米深的沟壑，水流发源于凤凰山，院墙也兼作村庄的圩子墙。这道圩子墙北半部，用长宽数米的整块料石，自十几米深的渊底垒起，墙体宽 1.5 米，南北蜿蜒 100 多米，南半部，以石灰三合土夯筑。这道墙自下往上仰望，巍峨耸立，气势不凡。除底部淤塞部分墙体，至今保存完好。

北河东村入选山东省第四批传统古村落。

寒窗

砖雕

传统古村落东铺村 于明朝初年立村，孟子第五十八代裔孙孟公温，于明朝中期自邹县迁居章丘县白芽庄，再迁淄川县东铺村定居。百年后人口繁衍，孟姓成为村内较大家族。清初，孟氏家族植桑养蚕织丝绸，渐成规模。清乾隆后期，孟氏家族由丝织转为丝绸营销。孟公温八世孙孟兴珍，先后在周村街上开办数处铺号，后在济南、南京、徐州、天津、杭州、苏州等地办起分号。其五子各营分号，获利颇丰，遂回乡购地建宅。工程持续了30余年，至清朝道光年间（1821—1850），建成了孟氏“五大门”。五大门为中轴渐进套宅式格局，既独立成院，又相互连通。青砖青瓦，雕梁画栋。现仍存完好四合院2处，房屋110间，其他略有残缺套院青砖瓦房15处。砖雕木刻，技艺精湛。孟氏宅院中有明末古井两眼，临街房屋墙壁上有拴马桩数十处，门前上马石依然保存完好。清光绪初年，淄川县为孟毓森之妻沈氏树立节孝牌坊，遗物仍在。村北原有清初建筑“通真观”，毁于1966年，现仍存百年古侧柏一株，枝繁叶茂，长势旺盛。

东铺村入选山东省第四批传统古村落。

彭家庄李氏家族清初古宅院 位于彭家庄李家胡同，为清初建筑。现有四合院1处，保存完好。主体建筑是一座坐北朝南砖石结构的大厅房，青布瓦复顶，砖雕装饰脊沿，四梁八柱，前出厦檐。四合院东西厢房、南屋，皆为砖石结构，木雕门窗。西厢房南北

李氏大厅房屋脊砖雕（2016年）

彭家庄李氏家族古厅房（2008 年）

山墙各开一个“外圆内方”窗户，寓意做人之道。大厅房主体建筑在 80 厘米高的台基上，登三级石阶进门。前厦檐宽 1.5 米，木雕门窗，3 间堂室以木雕屏风间隔，地面铺设明代大青方砖。根基石料为葫芦山出产的黄色砂岩。厅房高 8 米，主体建筑 3 间，墙外东西长 10 米，外带二层西北楼 1 间，长 3.8 米，总长 13.8 米；墙外连前厦檐南北宽 8 米，有过道门可通后院花园。前院原有一棵酸枣树，二人合抱粗，树龄约 400 余年。自大厅房向南，依次建成以过道门相通的 6 处宅院，形成一条进深 120 米的李家胡同。胡同口建有青砖券门一座，设有木板寨门，胡同独成体系。现在李家胡同古建筑布局依然完整。

清朝王村牛氏家族住宅 位于王村村中部，原为王村清初富绅牛百万住宅，后卖于杨家。1948 年土地改革后充为国有，作王村粮管所职工宿舍多年。该建筑群原为多进院落，现仅存一进院落，3 座砖石结构二层楼成品字形排列，房门高大，一层楼墙全为石质，厚约 75 厘米，东西两楼高约 11 米。整个院落东西长约 26 米，南北宽约 20 米，建筑面积约 520 平方米。主体建筑依然完好。

已消失或残存文物

候仙园 候仙园遗址位于镇域东北部东道开村、西道开村之间的北簸箕山下。古代此地风景秀丽，琐石岭之水东注，在山前形成数条溪流，山环水绕，流水潺潺。明朝末年，有人在此处建有一处私家园林，原主人为何朝何人，已难稽考。清康熙初年，淄川籍刑部左侍郎高珩，从原主人手中买下候仙园，致仕以后在此休闲养老。康熙年间（1662—1722），淄川知县委托高珩为主撰修《淄川县志》，高珩聘请毕际有、唐梦赉、袁藩共襄其事，最初在候仙园修撰县志。唐梦赉、高珩、毕际有等人都有歌咏候仙园的诗作。后来高珩为还债务，将候仙园再转卖于韩庭芑。韩庭芑，青城县人，官至湖广荆南道副使。致仕后落户淄川，购买候仙园居住。韩庭芑死后，其子韩逢庥继承候仙园。至清道光年后，候仙园倾圮，复为耕地。清康熙《淄川县志》载有唐梦赉撰《候仙园记》。

拱玉园 拱玉园遗址，位于万家庄北，紧邻万安溪。拱玉园为毕自寅私家园林。毕自寅罢官后回到万家庄，在庄北辟地 9 亩建拱玉园。拱玉园小巧玲珑，具有苏州园林韵致。引玉清溪水入园，楼台亭榭，珍木灵石，池水潋滟，回廊曲径。园内主建筑名“乐寿堂”，为主人读书休闲之地。毕自寅爱好收藏古玩字画，古籍善本。当时“乐寿堂”内名人字画琳琅满目，古籍善本橱满桌横。毕自寅与大画家米万钟是朋友，米万钟特作山水画一轴相赠，挂于乐寿堂内。出乐寿堂后门有一荷花池，中有一亭，名曰“荷风亭”。可在亭中北眺长白冬之雪峰，夏之翠荫，荷叶田田，岸柳丝丝。东南篁竹千竿，池西假山幽洞。槐桧柏梓扶疏竞长，牡丹芍药春花烂漫。又有假山叠怪，奇石布岫。海岳石、龙头石、天柱石名噪遐迩。海岳石，高两丈，突兀拔秀，昂霄岳峙，凹处渊注如海，凸处狰狞雄劲。龙头石高约丈许，龙头孤峭奋怒，五眼空洞，直冲云天，可谓奇绝。天柱石高约两丈有五，柱身下方上圆，文理盘曲，犹如北国奇柱，上贯中天。毕自寅在拱玉园写下了若干诗文。结集刊印的有《拱玉园诗集》《志隐集》《毕氏宗乘》《选

万家庄修复后的拱玉园（2014 年）

石斋诗》等。拱玉园至清康熙初年荒废。

乐静园　乐静园遗址位于彭家庄西，是清朝道光年间（1821—1850）李门毕氏捐资修建的义学和花园。清朝康熙、乾隆年间，村内李氏家族经营丝绸发家致富。毕氏的丈夫李显业早卒，至道光初年，毕氏年老，家中 40 亩土地全部捐出办学，其中，卖出 10 亩建起花园与学校，另 30 亩永久作为义学地，为义学提供膏火之资。1938 年以前，彭家庄村民子弟，不论姓氏贫富，均可在乐静园免费读书，义学延传近百年。乐静园占地

清道光十六年（1836），淄川知县龚廷煌赠毕氏“绩继宣文”牌匾（2007 年）

20 亩，分前后两院，前院是花园，小巧玲珑，别有韵致，静水流深，金鳞徜徉，灵石卧立，岫窍洞天，花异树奇，四季常青。后院是学堂，学舍 6 楹，宽敞朝阳，青砖青瓦，雕梁画栋，窗明案净，绿树婆娑，鸟语花香。毕道远为毕氏的家侄，7 岁到乐静园跟随老师胡延祚读书。后来考中进士，官至礼部尚书。道光十六年，淄川知县龚廷惶为表彰毕氏捐资兴学义举，授"绩继宣文"匾额悬挂于乐静园门楣。毕氏事迹被载入《济南府志》和光绪《淄川县志》。1939 年，日本侵略军拆毁乐静园，修建炮楼，院内古树名花奇石亭榭尽毁。

堡子城 堡子城原本是个小村落，在万家庄西北角的一高埠上，隔万安溪与万家庄为邻。清乾隆《淄川县志・乡村》有"堡子城"的记载。周围有一匝三合土夯筑的圩子墙，像个古代城堡，故名"堡子城"。圩子墙东西宽 100 米，南北长 150 米，圩子墙底部基础厚 4 米，高 5 米，在南面墙上设东南、西南两个城门。城内居中有两座 3 层楼房，数十间平房，四角有望楼，城墙上留有瞭望、射击孔眼，堡内水井、石碾、石磨等一应俱全，是按军事防御要求设计。堡子城是毕自肃的遗孀王氏于明朝末年率诸子所筑造。

明崇祯元年（1628），毕自肃以都察院右佥都御史巡抚辽东战事，因军饷拖欠，致士兵哗变，毕自肃激愤绝食自杀。毕自肃死后，他的夫人王氏携儿子毕际竑、毕际竩，扶灵柩回乡。明朝末年，社会动荡，兵荒马乱。王夫人随夫在军营多年，熟悉筑城防御军事知识，即偕诸子雇佣民工用时半年筑起了堡子城。整个堡子城圩子墙全部以石灰掺和黄土夯筑而成，并在城内建起楼房屋宇，置备一应生活设施，囤积粮食薪柴。明清动乱之际，万家庄和附近村庄百姓，曾经有 1800 余人到堡子城避难，为保护乡亲生命财产发挥过作用。至 20 世纪 80 年代，堡子城圩子墙东西北三面尚完好。1980 年修建胶济铁路复线，从堡子城北墙下通过，就近取材，把尚存的城墙作为筑路土方修了铁路。现毕自肃的后人和万家庄村民 20 余户仍在此处居住，当年的庭院、楼房已不复存在，仅残存城墙根基与古井。

大史家村毕家花园 毕家花园是大史家庄毕姓私人花园。大史村毕氏，明朝末年从万家庄迁居而来。至清中叶，大史家庄毕氏后裔支脉繁盛，人丁兴旺，家业发达，土地多达 2000 余亩，其住宅院落占据了大史庄半个村庄。在村西北临河地段，毕氏各分支建起了 3 处花园，占地 40 余亩。至村庄拆迁之前，还有花园、梨园、桃园的地名，其花园房屋建筑断墙残壁仍在，并有冬天藏花用地下温室一处，面积近百平方米。20 世纪

70 年代，“梨园”中尚有老梨树 3 株，其中最粗的一棵须二人合抱。花园毁于清末的一场火灾。

陈家庄神坛 在葫芦山南麓的陈家庄西边，旧时有一片面积数亩的巨石林，乡民呼作“神坛”。巨石林在耕地中平地凸起，高者五六米，矮者三四米，数十块巨石或圆或方，峭拔挺立，间距或近或远，疏者可行车，密者仅容人。其中有一组石阵，两竖一横，搭成门字形，似人工为之，每块巨石重数十吨。在石门下边，曾出土过一尊石香炉，原来在石林旁曾立有一块石碑，可惜无人记得碑文内容。20 世纪 70 年代后，神坛巨石被肢解建了村民房屋。

大兴教寺碑刻 大兴教寺位于王村村西，原建于唐朝，清乾隆年间（1736—1795）王村人牛邻藻等募化重修。后毁于 20 世纪 50 年代。清光绪《淄川县志》记载有西铺村乾隆年间举人毕世济撰写的《大兴教寺募序》。

尹家庄邱氏家祠 位于尹家庄东南角，清同治七年（1868）修建，总占地面积 600 平方米。50 年代后一直作为村小学教室使用，现门楼、影壁、房屋保存完好。正殿 3 间，坐北朝南，面宽 8 米，进深 4.6 米。东西厢房各 3 间。均为砖石木结构，石基砖墙，灰瓦硬山顶，正殿房顶装饰有镂花砖雕。院内遗存有修建邱氏家祠碑记一通。

尹家庄魁星楼 位于尹家庄东南角，东西大街东首，与邱氏家祠、九圣堂为邻。清乾隆十五年（1750），由邱启领牵头创修。原为 2 层砖石建筑，南北长 5.3 米，东西宽 3.88 米，高约 10 米。下层为冲山砂岩石料垒砌的发券拱门，作为村庄寨门。朝外一面门楣阴文雕刻“魁星楼”三字，朝内一面门楣阴文雕刻“文昌阁”三字。寨门上方修建有 10 余平方米砖木结构阁楼一座，是为文昌阁、魁星楼。自九圣堂东墙根拾级而上，有一平台，台周匝有女儿墙，通过平台进入阁内，内塑有文昌帝君、魁星神像，是士子们叩拜文昌、魁星，祈求神灵保佑登科之场所。临窗远眺，山抹河线，田园如画，诚为镇内一景。1958 年，拆除上层建筑，石料用以垒砌炼铁炉，木料用以炼铁燃料。现只余底层石拱门。紧邻文昌阁，原有明朝隆庆年间修

尹家庄清朝古寨门（2015 年）

建九圣堂一座，毁于 1966 年，现已经荡然无存。

王村基督教教堂 位于王村村后街中段。1935 年，白保罗到王村传教，自称“不属于任何教派”，他在王村买地基二亩，修建起一座三层砖石结构欧式风格教堂，其中地下一层地上二层，同时在东道开村也建一座教堂，式样与王村教堂相同。白保罗于 1940 年病死，王村教会自动解散。20 世纪 50 年代以后，教堂先后作为红星农业合作社、王村居委会办公场所，80 年代中期，政府将教堂交给业已恢复的基督教会。1989 年，教会将原三层教堂拆除，于原址新建礼拜堂一座。

葫芦山石大夫石 葫芦山西半山腰有一组巨型花岗岩青石，被乡人神化为“石大夫”，尊称“石大夫爷爷”。每年农历八月十九夜间为葫芦山会。每逢此时，周围百里范围内的民众纷纷赶到葫芦山上，在“石大夫”前焚香跪拜。并有山果、时令小吃等物品交易。巨石上生长有一种铜锈绿色样的“石花”，香客们上完香，用刀子在石头上刮下一些“石花”，带回家当药服用，据传“石大夫”最擅长治疗疮疖之类的皮肤病。清宣统《淄川县志·三续山川》记载：“福禄山，县西北三十五里，俗名葫芦山，在彭家庄东北。山半有松柏数株，树间巨石罗列，中一石长可丈余，平明光洁，当日出时，遥望如镜，土人名曰‘石大夫’。疾病祈祷，极有灵验。八月十九日黎明，香火甚盛。”“石大夫”于 20 世纪 70 年代被人炸毁，只余残迹。

龙舟山虎头石 杨古村东龙舟山顶部有一巨石群，其中一块状如虎头，被称作“虎头石”。蒲松龄《九日与同人登虎头石》诗小序：“石在龙舟山巅，绝类虎头，唇齿毕具，

龙舟山虎头石（2015 年）

相传系大族兴衰。毕有豪士，夜梦虎啮，以为石之妖也，率士凿之。石破髓流，类瑙色，煮而食之甚甘。今惟颈存耳。”据《淄西毕氏世谱》载：明朝崇祯十一年（1638），毕诚毁虎头石，有脑浆般的“石脑”流出。现虎头石残体仍在，和其他巨石群一并得到当地民众保护。

非物质文化遗产项目

王村醋、黄酒传统酿造技艺

王村醋 王村醋是有名的地方特产，据明嘉靖《淄川县志》记载，嘉靖年间（1522—1566）王村就有“春分酿酒拌醋”之风俗。王村的酿造业，兴起于明朝中叶，迄今已有400多年酿造历史。清朝末年，王村镇酿造酒醋的作坊有二三十家，较老的字号是信成、顺泉居、井泉居等。民国初年以后，有义盛、德合恒、恒聚、恒记、恒昌、庆祥永、同盛、德成、复兴成等，共计大小作坊24家。1956年公私合营，王村酿造业12家作坊组成王村供销社酿造厂，后改制为山东华王酿造有限公司。王村醋酸甜、醇厚，风味独特，深为消费者所喜爱。2008年，山东省非物质文化遗产保护中心对王村醋传统酿造技艺进行了挖掘整理，编纂《非物质文化遗产档案：中华老字号：王村醋传统酿造技艺》一书。2009年，王村醋传统酿造技艺被列入山东省非物质文化遗产保护名录。

王村醋传统酿造技艺操作工序 准备工具：大铁锅、木锨、风箱灶台、青砖铺砌的地面、小斗子、驮筐、大瓮、油布、草席、草垫、草编稳圈、旧草帽、八陡石瓶、高粱秸（去硬皮）。

王村醋传统酿造技艺被列为山东省非物质文化遗产

制曲。盛夏时节制曲，一年一次。以小麦为原料，加适量水，拌匀堆积数时，然后用石磨磨成碎块。加水拌匀，装入长方形曲模，以十几岁男童赤脚踩踏，一人踩踏一遍即传于邻者，经十余人轮番踩踏后，出模置密闭室内，地上泼水，使之潮湿，称为“卧曲”。定时倒换曲块位置，称“倒曲”。头十天，曲块起泡，俗称“鱼眼泡”。一个月后曲“老了”，表层呈灰褐色，里边一层呈绿色，俗称“wai巴绿”，再往里边呈红色，俗称“红川”。内茬呈红黄相间，极致者称“菊花心”。待干透后堆放成垛，入库贮藏，是为“大曲”。

选料。主料为红谷小米、高粱；辅料为麸皮、玉米秸、大米糠、谷糠、泉水。

主料糊茬。俗称“糊茬子”，即煮米。将选好的高粱米用泉水浸泡一日，除去浮于水面的空心米，再将浸米水全部倒掉。将高粱米入锅按比例加入泉水，煮开，文火焖制，至米粒“开花”，成黏糊状即可。

薄摊散热。熟米出锅后，倒在青砖地面上，用木锨摊薄，散热降温。

试温加曲。以手试米温，略温即可，温度约30℃～33℃，按照比例加入大曲。

脚踩拌曲。赤脚在加入大曲的茬子中踩踏拌匀。

醋料入瓮。把拌好的醋料（茬子）装入蜡条筐内，倒入大瓮，使料面平整，平面离瓮上口留有三厘米高的空间。撒上一层麸皮，用油布盖严，油布上面再盖圆锥形席盖垫，冬季应加盖草垫防冻。

酿造王村醋拌料

王村醋晒场（2009 年）

装王村醋使用的八陡瓶（2009 年）

醋料发酵。夏天 11 ～ 12 天，冬天屋里生上火炉，一般 15 天。

醋料拌糠。发酵后将料倒出，仍置青砖地面上，拌入一定比例的谷糠或玉米秸粉，掺匀。再用蜡条筐装入瓮中，埋入一定比例的黄酒渣（为生产黄酒的下脚料）。此时装半瓮稍多，故一缸变为四缸。

抄缸。醋料渐变热，一至两天后温同人体，开始抄缸，即用手上下拌和，一日一次，抄缸十二三天。

倒缸。抄缸结束后，渐冷却，将料倒出，另入瓮，踩踏结实，满瓮，上置一层麸皮，瓮口糊麦穰黄泥，封严。待淋醋。

淋醋。地上放木架，架下接大盆。架上置淋瓮，淋瓮底部有眼儿。醋料从原缸中倒出，倒入淋瓮，再往淋瓮中舀水，水通过醋料从瓮底淋下，再舀入瓮，反复循环，渐至湛清，略有棕黄色，是为清醋。

为使醋具光泽，淋醋时用炒色。即用高粱 10 余千克，放入锅内猛火炒黑至焦煳，仍各成粒，出锅用木锨拍碎，入瓮加水搅匀，俗称醋色。淋醋时每瓮加入数瓢醋色，醋即呈棕红色。

灌瓶。作坊时期用博山产的石瓶装醋，瓦质，油篓状，中间鼓，上口厚沿，上釉，一瓶 0.75 千克或 1 千克。

煮醋。锅添水，把醋瓶排在锅中的竹篦子上，不加盖，开锅后蒸煮约 10 分钟。

封口。煮好的醋放到锅台上，用事先准备好的秫秸瓤子瓶塞口。看似简单，实则非技术娴熟者不成。割秫秸瓤成段，长约 2 指，三块相并，塞入瓶口。秫秸瓤浸醋膨胀，瓶口堵塞严密，石瓶倒立醋液不漏。

贴印。用纸盖戳，一般一边为陈醋，一边为王村，中间压瓶口贴字号名称。一瓶称为“一个醋”。

王村黄酒传统酿造技艺 黄酒生产有一定季节，每年中秋节开始做黄酒，到翌年端午节歇锅。黄酒原料是红谷，俗称黍谷子，即蒸年糕用的黏谷。红谷碾出黏米，以 60 千克黏米为一“模”，先置冷水中浸泡两个小时，沏去凉水再放开水，浸泡 24 小时，再用清水捞一遍，去除杂质，上锅蒸一个小时，摊于地砖上晾，使之散热，待温度降至 35℃时，兑入大曲 8 千克，拌匀后装入瓮中，发酵 5 天，每日用竹笆翻拌两次。待料成熟后装入布袋，放进木模，上压石头，酒即从袋中淋出，模下置大盆贮黄酒。

黄酒装入陶瓶后，放入大锅煮。锅内放一木架，上有若干空档，每个空档放一酒瓶。其炉膛有特殊构造，三面用泥巴堵住，逼火直烧前边，致使最前边的三瓶最先煮沸，将废沫撇尽后取出，加盖封口即为成品。然后从后边移三瓶至前边，待煮沸后仍如法炮制，依次循环，完成一模，再煮下一模，大致一模料可出 85 公斤黄酒，按红谷算，一斤红谷一斤黄酒。

王村醋、黄酒酿造著名工匠 李德胜（1908—？）淄川县吕家河村人。民国初年在庆祥永执掌酿造业务，技艺娴熟。20 世纪 50 年代初到同盛号做大师傅，培养出数名徒弟。1953 年因妻子生病回乡务农。

解有来（1906—？）淄川县解家泉村（今属王村镇）人。十几岁到王村街当学徒，酿制酒醋。天资聪慧又吃苦耐劳，不过三五年就全面掌握了酿制黄酒、醋的技艺。诸作坊遇上技术难题都请他指教，是王村业内制做王村黄酒、王村醋公认的大师傅。

杨潞修（1924—1978）王村村人。“德成”号创始人物杨学峒之孙。杨潞修幼年读书很少，10 岁时便在店中从师学习酿造技术，且聪慧勤奋，学得一手过硬技艺。后出嗣婶母，不再酿醋。土地改革后迫于生计，与妻子重开醋店，取名“永盛”，向邻居借来五升高粱，夫妻二人在自家院内开起醋坊。他继承“德成”号传统技艺，酿出食醋口味独特，人称“德成味”。后生意渐渐兴旺。永盛号从不外出售货，坐门等客便供不应求，章丘、邹平一带商贩都认“永盛”牌子。1956 年加入公私合营，杨潞修成为王村酿造厂职工，为王村醋建厂前期的技术骨干。

毕德富（1901—1982）王村村人。民国前期在“义盛”号担任醋工师傅，为人厚道实在，从不偷工减料。新中国成立后“义盛”停业，毕德富借款 100 元，租赁“义盛”号房舍工具，创立“德聚恒”醋店，他坚持 100 斤小米出 330 斤醋，决不多出，加之技术精湛，很快有了名气，每天都有不少客人登门批货。1956 年，毕德富加入供销社副食品加工厂，仍在车间酿醋，他生产的黄酒、醋味道纯正，多次选送到省市参加比赛并获奖。毕德富也获得省、市、区多次奖励，1965 年参加省劳模大会，是年退休，70 年代末又应聘去王村公社第一醋厂担任技术指导。

“斗鹌鹑”舞蹈表演　为王村村独有的一种民间舞蹈。据传，1942 年有一王村人从东北返乡，以在东北学会的街头秧歌，又吸取戏剧中一生、一旦、一丑婆的人物造型编创而成。每逢元宵节或者庙会，该舞蹈与其他杂耍表演一同出现。男女成双或十几人、几十人表演皆可。服装为古装戏小生和花旦两种，中间加一丑婆，身着彩旦服装。对舞中的男女故作爱慕之态，丑婆便将手中两个木棒打去，即谓“棒打鸳鸯”。丑婆一角不受队形限制，专门盯瞅跟踪对舞中眉来眼去的男女，以棒打献丑，取悦观众。新中国成立后该舞蹈失传。1986 年，经过周村区文化馆馆长刘洪早整理上报入选《中国民间舞蹈志》。2007 年，被列入周村区非物质文化遗产保护名录。

西铺村蒲松龄书馆（2015 年）

王村牛氏家族清朝住宅（2014 年）

北河东解氏家族宅院高耸的圩子墙（2014 年）

东铺村孟氏家族清朝住宅（2014 年）

小城镇建设

王村镇文化广场（2013 年）

王村地处交通要冲，形成市镇有 400 余年历史，1930 年设立建制镇。新中国成立后，三大国营企业落户王村，非农业人口有 4000 人之众，教育、医疗、邮电、公安、法庭、工商行政管理、银行机构齐全。改革开放以后，工商业迅速发展，小城镇建设规模扩大、步伐加快。1993 年 6 月，被山东省命名为“村镇建设新型乡镇”，1995 年 6 月，被建设部列为全国小城镇建设试点镇，是年，被列入全国小城镇综合改革试点镇。2000 年被列为山东省中心镇。2003 年，被省建设厅评为“中心镇建设示范镇”。镇政府积极探索建立多元投资体制，走出了一条政府统一规划、统一管理、统一拆迁、统一征地、统一基础设施配套，多种成分、多元主体共同开发的城镇建设路子。2014 年，王村镇被住建部等 7 部委列为“全国重点镇”。

规划

城镇建设规划 1988 年，王村镇制定第一轮城镇建设规划，即《王村镇城镇建设总体规划》。规划以政府驻地中心路商业街为骨架，以王村大集为腹地，以工业和住宅两个小区为侧翼，形成小城镇格局。规划城镇面积由 2 平方千米扩展到 4 平方千米。1992 年，又委托淄博市规划设计院进行数次修改。调整后的规划内容主要有：建成工业小区和居民小区，建设镇中心“十里商业街”，建设三处旅游区：宝山自然风景区、沈古水库旅游区、蒲松龄书馆旅游区。用 3 ~ 5 年时间，打通镇驻地四面内环，使之内外畅通。经过三年的建设，形成了以“三纵”“三横”道路为骨架，覆盖面积 8 平方千米，居住人口 2.74 万人的小城镇格局。1994 年，对规划进行重新调整，对镇政府驻地建设进行详细规划。1995 年 1 月，王村镇第十三届人民代表大会第三次会议通过了《王村镇小城镇建设“九五”发展规划纲要 》(以下简称《规划纲要》)。《规划纲要》提出：以商贸中心、工业小区、住宅小区开发建设为突破口，以加快王村小城镇的经济集聚、人口集聚、产业集聚为目标，尽快把王村基本建成产业布局科学合理、环境优美、独具特色、文明进步、社会开放的现代化中心小城镇。《规划纲要》对王村镇城镇发展的总体目标作了分解，分为居民小区建设、工业小区建设、商业设施及市场建设、旅游风景区和公园建设、道路建设、公用事业建设、社会事业建设等 7 个专项规划。提出 2003 年旧村改造基本完成，要实施“扩城工程”，到“八五”期末建成区面积 6 平方千米，人口 5 万人，东西连线，南北连片，功能齐全、环境优美的城乡一体化小城市。

1998 年，委托山东省城镇规划建筑设计院重新编制了《王村镇 1998—2010 年总体规划》。内容包括总则、王村镇自然条件与社会经济分析、总体规划、基础设施规划、309 国道沿街规划五部分。并邀请市区领导、专家、镇域内各大单位举行五次规划论证会，进行修改完善。1999 年，完成了科苑小区、银杏小区、工业小区的详细规划。2001

建设中的社会化供水工程葫芦山高位水池（2014 年）

年 3 月，彭阳乡并入王村镇，镇政府仍设在王村。镇域面积扩大到 57.49 平方千米，人口 5.1 万。根据新的镇域实际，2001 年，委托山东省规划设计院对全镇总体规划进行了新一轮修订，编制了 309 国道连接线、宝山风景区的详细规划。是年，镇域详规覆盖率已达 40%。2002 年，委托山东省城镇建筑规划设计院完成宝山工业园详细规划。2003 年，镇政府聘请山东省城镇建设规划设计院，对全镇总体规划进行新一轮修订。同时邀请市、区和驻地各大单位参加论证，使规划更加完善、科学、合理。

2004 年 8 月，召开镇总体规划评审论证会，对新一轮的小城镇总体规划进行评审论证，并上报区委、区政府审批。2005 年 1 月，王村镇被国家发改委列入全国发展改革试点小城镇。同年 11 月，被省人事厅、省建设厅命名为山东省百镇千村建设示范活动示范镇。2011 年，聘请市规划信息中心对镇总体规划进一步修编完善，重点对合村并点、工业发展布局、重点项目、都市生态农业发展规划作了修改完善。

2012 年，聘请淄博市规划设计院按照次中心城市的标准和定位，编制完成了王村镇总体规划（2012—2030），并通过了专家评审和市政府审批，镇区控制性详细规划和给排水工程、垃圾处理、减灾消防等 4 个专项规划也编制完成。这次规划确定了三个期限的规划目标：近期为 2012—2015 年，培养王村镇综合实力，建设成为淄博市综合实力强镇。中期为 2016—2020 年，目标是初步建立城市功能，逐步成为人口聚集的新主体、产业聚集的新高地、功能集中的新平台、要素集约的新载体，初步建成小城市。远期目标为 2021—2030 年，建成城市繁荣、社会和谐、功能完备、宜居宜业、生态文明、安居乐业的现代小城市。镇域用地功能结构概括为“一轴、两片、三园、四点”。“一轴”，即以 309 国道为发展轴线，连接王村、彭阳两个片区。“两片”，即王村、彭阳两个城镇片区，王村片区为镇域主要的政治经济文化中心，彭阳片区以居住功能为主导，是胶济铁路以北区域的中心。“三园”，即王村片区的高档耐材产业园和高新技术产业园，彭阳片区的新材料产业园。“四点”，即镇区外围村庄合并为四个居民点，李家疃、小尚、道开、河东四个社区居民点。王村片区规划为“一心、两轴、两带、三园、三片”的格局。“一心”，即王村为镇区行政和文化体育中心。“两轴”，指泉王路发展主轴和宝山路发展次轴，作为城镇道路发展轴。“两带”，指 102 省道南侧商业服务带和泉王路两侧的公共服务设施带。“三园”，指王村东南的高档耐材产业园、西北的高新技术产业及传统农业加工园和南部的物流园区。“三片”，指泉王路北侧王村中心生活片区，泉王路南侧的苏李及八三厂宿舍区，东北部的万家、王耐生活区。彭阳片区为“两片、一带、一园”的格局。“两片”，指彭西、彭东两个居住片区。“一带”，指彭萌路两侧的公共服务设施带。“一园”，指彭萌路两侧的新材料产业园区。

村庄建设规划　1985 年，按照繁荣经济、服务生产、美化村貌、方便群众的原则，制定村庄建设规划。1991—1993 年，对村庄规划进行调整。住宅开发区和工业开发区被列为村庄规划重点。1994 年后，村庄规划建设与创建文明村、明星村相结合，普遍规划“四区一园”，即：工业区、农业区、生活区、商贸区、游园。功能分区开始明确，

王村镇人民广场（2014 年）

村庄有序建设。1993年，彭家庄中心大街规划建设开始起步。2000年，编制了黄埠村、万家村、苏李村、辛庄四个中心村规划。2006年，万家村、李家疃村进行了新一轮规划的编制和评审工作。2004年，济青电气化铁路开工建设，镇内六个村庄部分民居拆迁。和家、姚家、平楼、陈家、郭家等村庄建设规划随即进行了调整修改。

2009年，完成拆迁安置规划及彭东中心居住区规划，完成了城镇土地利用规划。2010年，完成"十二五"城镇建设规划编制和王村镇土地利用总体规划修编工作，制订41个村的合村并点规划，将41个行政村规划为9个中心居住区。制定彭东中心居住区一期建设规划、王村镇中心居住区、大史村民宅整体搬迁规划和镇域内管网布局设计规划。2012年，聘请淄博市规划设计研究院，修订完善了全镇总体规划和各专项规划，制定了旧村改造规划，完善了土地利用总体规划中增减挂钩规划。2013年，李家疃村明清古建筑群被列为山东省省级文物保护单位。翌年，聘请山东省城乡规划设计研究院制订了历史文化名村保护规划，将李家疃村中心以西6.8万平方米的面积作为保护区，进行重点保护。同时，聘请山东建筑大学设计院制定了李家疃居民安置点修建性详细规划。

镇区建设

市场建设 为保证镇内交通主干道的畅通，1986年10月，王村集市由村内迁至西门外，建成了分区经营的贸易市场。1989年又征地34亩，对集贸市场进行扩建，使王村大集占地面积达到60余亩，当年集贸市场的交易额达2000余万元。1993年，新征地40亩，改造市场，建设"王村商贸城"。总占地面积100亩，建营业大厅和营业楼，实行分区经营。总投资1000万元，当年完成一期工程。

中心大街 王村中心大街是近代以来王村域内繁华之区。1949年以后，各国家机关、事业单位、商业门市皆聚此街。改革开放以后，路窄、车多、人流挤堵的矛盾日益突出。1993年，王村兴华路商业大街拓宽改造，营业房全部翻建、新建。机动车、人行道、绿化带分设，路旁植树绿化。沿街商住楼建设实行统一规划、统一拆迁、统一图纸、统一放线。并采取免收配套费、减收土地补偿费、办理城镇户口等优惠措施，鼓励单位和业户投资建设沿街商业楼。完成基础设施投资300万元，拆迁215户，1.23万平方米，建商住楼2.3万平方米。新建住宅楼2.5万平方米，完成市场建设7.1万平方米，先后建起了镇中学教学楼、邮电大楼、医院门诊大楼、松龄大厦、金融大厦、工商所办公楼等一批标志性建筑。开通了程控电话，镇区内实现了社会化供水。初步形成了小城镇框架。

工业小区 1989年，确定在聚源路两侧建立工业小区，吸纳镇办企业入驻小区，到1995年，建成面积1.9平方千米，有40余家企业和百余家个体工商户入驻。1997年，被省乡镇企业局列为“省级示范工业小区”。1999年城镇规划调整后，在宝山路东侧辟建工业园，规划面积166.67万平方米，至2015年，建成区面积53万平方米，入驻企业38家。

1990—1995年，王村镇建成中心街区面积4平方千米，初步形成了“三纵三横”的小城镇中心街区框架，面积21.4万平方米。街区铺设地下排水管道5800米，地下通信电缆4000米。1998—1999年，兴华路两侧植草皮6000平方米，植栽花木3000余株，架设路灯50盏，安装大型喷绘灯箱广告25块，初步树立起洁净、明亮、美丽的街区形象。1996—2000年，城建投资1.17亿元，修筑王村东外环路、新建中学教学楼、推进住宅楼开发和各小区建设，城镇人口承载力明显上升。2000年以后，镇区建设以王村为基础，向南、向东拓展，完善工业区，建设居民生活新区，形成了以“三横二纵”主干道为骨架，“六横七纵”网格状道路分割，“两片三区”为基本结构的城镇新格局。至2015年年底，王村镇建成区面积511万平方米，王村片区有工商业户300余户，餐饮娱乐服务业户30余家，镇区商业年交易额36.3亿元。王村成为方圆40余里的经济商贸中心。

镇区管理 王村镇区建筑及市容管理从20世纪90年代初开始。1992年4月，王村镇人民政府作出《关于镇村建设管理的暂行规定》，共分7章30条，对城镇建设的管理主体、范围、内容，规划的编制和审批，建设项目管理，市场管理，收费标准都作了详细规定。1995年，镇政府发出通告，对城镇规划、建设管理、市政设施管理、绿化和市容卫生等方面作出了详细规定，由镇城市管理监察队负责实施，定期巡逻，纠正违章。镇环卫所与沿街工商业户签订了门前保洁承包责任书。城镇市容“一脏二乱”的状况大有好转。1996年1月，王村镇十四届一次人代会通过了《王村镇规划建设管理办法》，同时实行建设工程“一书两证”（“建筑用地规划许可证”“建筑工程规划许可证”“项目选址意见书”）制度，城镇建设走上规范化轨道，做到“规划一张图、审批一支笔、建设一盘棋”，不按规划、乱占滥建的现象得到了遏制。是年 10 月，镇政府作出规定，整顿镇区市容和环境秩序，对中心区内摆摊设点、车辆停放、垃圾清理、文明施工都作出具体要求，并制定了处罚措施。1998 年，对镇中心区兴华路 2.5 千米路面清洁权和绿化带管理权实行公开拍卖，收到明显效果。2001 年 3 月合乡并镇以后，提升市容管理水平，制止乱搭乱建和乱摆摊点。309 国道改线以后，镇区交通状况明显好转。

基础设施

供电 20 世纪 50 年代末和 60 年代初，镇域内相继建成三大国有企业，1959 年建立宝山变电站，供出线路电源 6 千伏，供各国有企业用电。镇政府驻地和附近几个村庄首先用上了电。60 年代末到 70 年代初，镇域内大多数村庄通电。

1975 年 10 月，宝山变电站扩建为 110 千伏双电源，镇域实现村村通电，住户用电实现 100%。1985 年随着用电量的不断增加，宝山变电站变压器增容到 2 万千伏安。1996 年，新建 110 千伏王村变电站。2000 年以后，投资 1000 余万元，完成了镇域内电网改造任务；建成 110 千伏彭阳变电站，总投资 3000 余万元，缓解了镇域用电紧张的局面。2008 年，对变压器进行增容，变压器容量由 3.15 万千伏安更换为 5 万千伏安，供出 20 条 10 千伏线路。2015 年，兴建 110 千伏和家变电站，配备两台 5 万千伏安变压器，至 2015 年年底仍在建设中。

供水 20 世纪 60 年代以前，村民用水主要依赖打井和天然泉水。1980 年后，大多数村庄开始因地制宜安装自来水管。由于浅层地下水遭受工业污染，许多村庄被迫打深井取水，有的村庄安装净化水装置，提高饮用水的质量。

1989 年 7 月，王村杨古水源地第一眼大直径深孔供水井竣工，井深 601 米，日产水 2880 立方米，在局部范围初步实现社会化供水。1989 年 9 月 26 日，周村区“西水东调”一期工程开工。1992 年 12 月，“西水东调”二期工程将宝山水源地的地下水通过输水管道引至杨古水厂。

1993 年，王村镇、彭阳乡各自成立了社会化供水中心，下设 16 个水厂，开始全面实施社会化供水。新打深井 6 眼，改造深井、大井 11 眼，新配机泵 12 套，建水塔 10 座，建蓄水池 3 个，安装压力罐 6 个，架设输电线路 1.3 万米，铺设各种管道 24.48 万米。同年 9 月，供水中心开始向域内 41 个村庄及各单位供水。近年来持续干旱，导致镇域东北部饮用水源水位大幅下降，供水量急剧减少。2013 年，镇政府拨款 400 万元对东北片区社会化供水设施进行改造。该工程从周村城区自来水主管网开口，建设蓄水池并配套水泵，将水引至葫芦山高位水池，经过消毒处理再向彭东中心居住区及附近村庄自流供水，为该区域 1.6 万人口提供安全饮水。

供气　2002 年 5 月底，中石油、中石化至青岛、齐鲁石化两条天然气地下管线穿越镇区。镇政府积极争取，在西铺村南建分输站，因故未成。投资 300 万元，建设天然气输送管网。2003 年，镇政府争取淄博市煤气公司投资 2000 万元，从南郊镇王家庄铺设专用管线至王村，年供气量 1.2 亿立方米，并在王村设立分支机构，向赫达、海天、王

供气管道（2014 年）

村板纸厂等工业企业供应生产用气。至2015年，镇内7个村庄和工业园用上了天然气。

供暖 2014年，成立嘉瑞供热公司，建设集中供暖工程，从岭子煤矿引蒸汽入境，铺设供热管网11.1千米，实现全部供热的有4个村庄，实现部分集中供热的有4个村庄，面积达到33万平方米。集中供热率达到37%。

有线电视 网络通信 1996年，有线电视光缆铺设至镇内，翌年，实现村村通有线电视，入户率达100%。进入21世纪以后，中国联合网络通信股份有限公司淄博市周村区分公司、中国电信股份有限公司淄博市周村区分公司、中国移动通信集团公司山东有限公司周村分公司、中国铁通集团有限公司淄博市周村区分公司、山东广电网络有限公司周村分公司先后入驻王村镇设立分支机构，经营互联网业务。至2015年年底，尚有3家机构经营互联网业务。

客货运输 自1904年胶济铁路通车以后，在王村设站，经营火车客运、货运业务。1996年停止客运。彭阳火车站1981—1996年间为客货运输，2002年后撤销。公路交通现有两条线路从王村始发，开往周村、淄川。有5条过境车辆线路在王村设站，分别通往济南、明水、博山、淄川、周村等地。

道路建设 王村镇是淄博市的“西大门”，有309国道、102省道、胶王路、泉王路等公路干线和胶济铁路线贯穿境内，是重要的交通枢纽，交通运输条件极为便利。

改革开放前，由于经济发展迟缓，镇域内除两条省道为砂石路面外，其余路均为土路。1986年以后，镇、乡发动群众，采用劳动积累工、义务工投入和政府补贴等多种举措，对域内主要道路进行整修改造。2000年8月，建成309国道王村连接线工程，该工程占地160亩，拆迁房屋3000余平方米。路段全长2.6千米，主车道双向6车道，路面宽22.5米，总投资960万元，设计标准为一级路，是当年淄博市十大路网改造重点工程之一。自1986年始至2000年，王村镇道路建设总投资达1.8亿元，实现镇域全部道路硬质化。至此，完成了四纵八横12条道路的拓宽改造和修建工程，搭建起了小城镇框架。

2002年9月，泉王路王村段改建工程竣工通车。2003年，实施“村村通”工程，镇、村总投资534万元，硬化村内路和村间路19.5千米。同年10月，完成省道胶王路王村段5千米的改建工程。2004年10月，投资600万元，完成了彭萌路镇域段的拓宽改建。同时，309国道王村段改建工程竣工。该路段设计标准为一级公路，道路两侧各建50米绿化带。路段全长8.5千米，宽25米，总投资7789.3万元。2005年7月，完成了102

胶王路苏李段（2015 年）

省道王村段改建工程。该工程全长 6.9 千米，路面宽 16 米，总投资 2100 万元。2005—2007 年，投资 755 万元，对镇域东部 4.2 千米道路升级改造，并在南部和东部新建总长 6 千米的两条公路。2008—2010 年，对镇域 18.3 千米村间路进行拓宽、硬化，共投资 1266 万元。2012 年，投资 630 万元，对聚源路进行了升级改造。2013 年，投资 500 万元，对镇区兴华路人行道升级改造。 2005—2014 年，全镇 41 个村硬化村内道路 38.9 万平方米，总投资 1240 余万元。至 2015 年年底，镇建成道路总长 36.3 千米，人均道路面积 23.6 平方米。

环境保护

环保发展　1958 年以前，王村地区几条地上河水源清新，水质甘美，鱼虾可见。手工业规模较小，并无多大污染。山东王村铝土矿、山东王村耐火材料厂、山东生建八三厂“三大企业”落户王村地区以后，开始出现污水、噪音、粉尘污染。改革开放以后，政府开始要求治理污染，但治理速度缓慢。80 年代中期以后，又有大批污染企业上马，地下水、空气污染严重，影响居民生活。从 20 世纪 90 年代开始，贯彻执行《国务院关于加强乡镇街道、企业环境管理的规定》，要求域内有废水、废气、废渣排放的工业项目，必须采取“三废”治理措施。新上项目做到污染治理与建设项目同时设计、同时施工、同时投产。环保措施逐步到位，治污设施不断增加。2000 年，建王村镇环保所。2010 年以后，加大治污力度，环境状况出现根本好转。

大气治理 改革开放以后，镇域西南部煅烧焦宝石和耐火砖以及耐火炉芯的小窑炉如雨后春笋般迅速兴起，加上矿产资源的无序开发和缸瓦厂、砖厂的大量兴建，大气污染日趋严重。

1993 年，王村镇、彭阳乡分别设立环保所，督促企业进行“三废”（废水、废气、废渣）处理，关闭了一批严重污染的企业。2013 年 3 月，对镇域内 25 家直燃煤企业进行全面整治，督促直燃煤窑炉采用清洁能源和清洁燃烧方式。2014 年初，区环保分局与镇政府联合对 150 多家骨料粉碎企业展开治理攻坚。全镇共取缔无污染治理能力的骨料粉碎企业 57 家。镇域内各耐火企业装备一大批环境保护设施，骨料粉碎粉尘治理投资达 4000 多万元。这些环保设施的正常运行，对保护空气发挥了积极作用。近年来，全镇关停焦宝石土小窑炉 382 个，关停骨料粉碎小作坊 72 家，粉尘、二氧化硫每年分别减排 2000 吨和 3000 吨左右。同时，引导传统产业转型，积极打造出高档耐材、非金属陶瓷新材料、洁能环保三个产业园区。积极推进、普及民用清洁型能源。推行燃气使用和集中供热，优化工业布局，转换动力引擎，镇域内空气质量得到了明显的改善。

污水处理 王村为向周村供水的水源地，地下水源的保护尤为重要。2007 年，区镇共同投资，在中央村建成一座日处理污水 2 万吨的污水处理厂。该项目主体工艺采用氧化沟处理工艺，处理后的污水水质达到排放标准，保护和改善了镇域内的水资源环境。镇环保部门对化工企业实施全方位监督，并与之签订目标责任书，一经发现随意排污现象，立即做出严肃处理，直至对排污单位进行关停整顿和取缔。

淄博豪艺养殖有限公司年出栏肥猪 1 万头，2015 年，该公司投资 409 万元建设沼气工程，将养殖场产生的粪便及污水转化为沼气、沼液、沼渣。沼气用于发电并网。沼液经过厌氧发酵后，再进一步经过好氧生化处理，降低气味和氨氮浓度后成为农田灌溉水，剩余的沼液则作为果园、农田、林业的有机追肥。沼渣则经过发酵转化为有机肥，用于该公司新开发的 70 亩果园，基本实现了污染物零排放。

王村镇文化广场（2015 年）

公共服务

文体场所　1964 年成立王村公社、彭阳公社广播站，1975 年建立电影放映队。1981 年建立露天电影院两处，1984 年建成王村影剧院，各村建立阅览室、档案室。20 世纪 90 年代以后，各个村庄陆续开辟文化广场，配备文体设施，不断丰富农村的文体活动。1992 年 1 月，镇区内的蒲松龄书馆一期修复工程完工，并对外开放。此后，商业性文化经营单位逐渐增多。1996 年建立王村电视台。截至 2000 年，全镇有文化娱乐场所 100 余处，其中，影剧院 5 家、中小型舞厅 18 个、文化活动室 41 个、老年人活动室 4 处、书店 6 家、电影放映队 4 个、体育活动场所 46 处。2002 年建成王村人民广场。该广场面积 1.1 万平方米，绿化面积达 70%，被评定为市级文化广场。2006 年，在镇区南部建成豹山文化广场。面积 2.7 万平方米，总投资 130 万元。豹山文化广场建有八景浮雕，人文色彩浓厚。2007 年 5 月，依托葫芦山丘陵地貌的自然环境，在其南麓建成葫芦山生态休闲园，铺设 5 米宽的双向石板阶梯路，高阜建有凉亭。整个园区辟为 3 片，共计 1.3 万平方米，装配 13 柱照明宫灯，安装多种健身器材，种植黄山栾、柿子树、合欢、马褂木、木槿、火炬树、凤尾兰等景观绿化苗木 1000 余株，总投资达 366 万元。2008 年 7 月，建成镇综合文化站，面积达 2000 平方米，设立图书阅览室、多功能活动室、电子阅览室等。

2009 年，建设文化广场 15 处、乡村少年宫 2 处、文化大院 4 个。同年，在毛家村、西道村等 12 个村安装健身器材 110 件，并建成三座农村书屋，总投资达 132.5 万元。2010—2012 年，先后投资共计 238.8 万元，新建、改建了 29 个村的文体基础设施，购置、安装健身器材 121 件，并在 30 个村设立了文体活动站。镇政府为 41 个村配置书橱 164 个，为 31 个村配送各类图书 48000 册。

2013 年，先后投资 200 余万元，新建、改建 11 个村的文体基础设施，为镇村文化广场新配健身器材 109 件，41 个村全部配备了文体指导员。2014 年，扩建中心文化广场，铺设广场砖面积达 4000 平方米，种植黄金槐、雪松、樱花等绿化树 1200 余株，培植草坪 11000 平方米；建设公共厕所 1 处；安装庭院灯 25 盏、射灯 9 盏。总投资达 300 余万元。“十二五”规划期间，挖掘、整理王村历史文化资源，保护传统村落和传统建筑群，李家疃村被命名为中国历史文化名村，万家、北河东、沈古、西铺被批准为山东省传统村落。王村醋传统酿造技艺被列入山东省非物质文化遗产保护名录。苏李王氏祠堂、沈古村古民居被批准为山东省文物保护单位。

环境卫生 20 世纪 90 年代，镇域内各村先后建立街道清扫制度，镇域卫生保洁做到人员、制度、监督检查三落实。2010 年 6 月，对部分村居房屋进行粉刷，粉刷面积达 90000 余平方米。7 月，又投资 150 万元，对公路路域环境进行整治，治理长度 8 千米，共拆迁房屋 1500 平方米、地磅 6 处、清理物料 89000 立方米；拆迁院墙 349 米、乱搭乱建 30 处、铁栅栏 66 米，新租土地 245.49 亩；治理广告 33 处，清理垃圾 3 万余立方米，规范占道经营 111 处。2006—2015 年，开展镇村环境卫生治理，累计出动车辆 1500 余辆（台）次，人员 2300 余人次，共拆除乱搭乱建（棚）18 处，取缔自发垃圾点 20 余处，处理侵占绿化带及绿化带内开荒行为 150 余次，拆除乱挂广告牌 50 余处，清运陈旧垃圾56万余立方米，清理柴垛等杂物100余处。查处、治理违规建设150余处；整治、规范户外广告牌、条幅等980余块（条）；拆除私搭乱建（棚）150余处；清除各类杂物堆和自发垃圾点360余处。

乡村生活垃圾的处理是一大难题。2006年，成立4支垃圾清运队伍，推行垃圾“户集、村收、镇运、区处理”的模式。2013年初，开始用密闭垃圾箱代替垃圾池，并配备专用钩臂车，避免了垃圾的二次污染。2014年8月，投资80万元，增建垃圾中转站一处，提高垃圾转运能力。2015年年底，全镇共有垃圾中转站2处，密闭式垃圾箱270个，200升垃圾箱270个，勾臂车7辆，保洁员153人，实现了城乡环卫一体化。现在，镇域内路面整洁卫生，无乱堆乱放、乱搭乱建、乱设摊点现象，无建筑垃圾。集贸市场摊位整齐、秩序良好，无临时摊位和占道经营，镇容镇貌得到显著改善。

近五年中，全镇按照“一条道路一个景点，一幢建筑一个景点，一个中心居住区一个景点，一个行政村一个景点”的“四个一”标准，建设绿化、人文景点。卫生和人居环境得到显著改善。2013年，镇政府出资购置厕所设施并提供补贴，大力推进旱厕改造。截至2015年，投入建设、维护资金4000万元，全镇完成旱厕改造1351户，占总户数的27%，村民的生活质量得到提升。

公共照明 1999年，科苑路和王村北大街安装路灯。2000年，对彭家中心大街进行了拓宽和改造，并安装路灯，两项工程先后投资100余万元。此后，镇政府大力推进新农村建设，各村相继在村内主要街道安装了路灯。2013—2015年，在兴华路、彭家村、彭东社区、彭双路、彭萌路、彭家村至309国道连接线安装了节能路灯。至2015年年底，镇域共安装路灯682盏。

金融 保险 20世纪50年代，中国人民银行淄博市周村支行即在王村设立分理处。周村信用合作社成立后即在王村设信用社。1984年以后，工商银行、农业银行先后在王村设立分支机构。90年代初，中国人民保险公司淄博市周村区支公司在王村镇镇区设立代办点，2002年设立王村营业部，2015年，王村营业部并入周村区支公司。至2015年，中国太平洋财产保险公司淄博市周村支公司、中国平安人寿保险股份有限公司淄博中心支公司周村服务部、中国人寿保险公司淄博市周村区支公司、天安保险公司均在王村设有营业机构或代办人员。有工商银行、农业银行、农村商业银行、邮政储蓄等金融机构在王村镇设立分支机构，各村设储蓄代办点。

邮电 1948年王村解放之前已设邮电所。1959年改为淄博市邮电局王村邮电支局，可以办理投递、邮寄包裹、长途电话、汇兑、电报等业务。1991 年以前，有供电式电话 300 余门。1990 年 10 月，王村镇和市邮电局联合投资 700 万元，建设王村邮电大楼，占地 12.98 亩，建筑面积 1450 平方米。1991 年 10 月竣工，11 月 1 日投入运行。

1998 年邮电分营，分为王村邮政支局和电信支局。域内邮政由王村、彭阳、“八三”三个邮政支局和王铝邮政代办所承担。电信支局后改称中国联合网络通信有限公司周村分公司王村营业部。

行政服务大厅 2012 年，王村镇建立行政服务大厅，地点在镇政府东侧，集中民政、建设、计生、农业、工业、公安等在此设立窗口，以方便群众办事。2014 年以后，又在彭东社区设立行政服务中心。

住宅建设与新型社区

住宅建设 1991 年，西部部分村庄开始建设住宅楼，1994 年，东部少数村庄辟建住宅楼小区，由村民按统一规划建设住宅楼。1991—2015 年，王村镇区先后拆迁 4.8 万平方米，建成住宅小区 7 个，住宅楼建筑面积 16.3 万平方米。

2003 年以后，王村、万家、苏李、李家疃等村相继实施旧村改造，开发商住楼和住宅楼。2004—2007 年间，胶济铁路电气化改造工程施工，第一期拆迁 700 余户，拆迁 10 万平方米；第二期有 5 个村拆迁 578 户，13 万平方米，共补偿 5387 万元。陈家、姚家、解家整体搬迁至彭东社区，新建住宅全部为楼房。平楼村在卧虎山南麓新建村庄，仍为平房院落。东道、郭家、和家部分住户搬迁，仍建平房院落。

大史社区（王村中心居住区） 大史村原村址位于王村东南 4000 米，因受地质灾害影响，村民住宅遭受损害，多数房屋成为危房，镇政府于 2010 年作出决定并征得村民同意，将大史村搬迁至王村中心居住区（西铺村西南 500 米）。其时，大史村有村民 560 户，1128 口人，整体搬迁需建造住宅楼 19 栋，建筑面积 7.1 万平方米，投资 0.9 亿元。

2010 年 8 月该安置工程开工，2013 年 7 月全面竣工。同年 10 月，大史村整体搬迁到了王村中心居住区。大史社区供水、供电、供气、排污等基础设施配套齐全。社区内辟有 3170 平方米的文化广场一座，并配置各种文体设施近 50 件。另外，社区还配备了大型图书室和阅览室等。村民搬迁后，大史村原村居全部拆除，复垦土地 261 亩。

彭东社区（彭东中心居住区） 因胶济铁路实施电气化改造和客运专线工程，2013—2014 年，陈家村、姚家村、解家泉村先后整体搬迁至彭东社区。该社区位于镇域东部的彭家庄东 1000 米葫芦山南麓，背靠葫芦山生态园，距镇政府驻地 10 千米。社区规划占地 125 亩，建有安置楼 25 栋，公建楼 1 栋，总建筑面积 9.2 万平方米，总投资达 1.2 亿元。彭东中心居住区布局合理，水、电、天然气、污水处理等配套设施齐全，是王村镇“平安村居”创建工作示范点之一。2015 年，该社区有居民 700 户，1924 人。

社区文化活动室有各类图书 9000 余册，并配备阅览室、棋牌室等，为社区民众学知识、学技术、强技能提供便利条件。社区内建有面积达 2000 余平方米的文化广场，配备了篮球、乒乓球及各类健身器材 50 余件，建有一座文艺演出舞台。

镇政府建立了彭东社区服务中心。该服务中心为镇域东片其他 18 个村提供“一站式”代办服务。设有民政、社会保障、计划生育、综治维稳、财管中心、农业服务等 6 个对外服务窗口，使群众能够就近解决养老、医疗保险、惠民补助、计划生育、政策咨询等问题。

彭东社区（2015 年）

特色产业

王村黄酒　王村醋

王村黄酒、王村醋，分别以山地红谷小米、高粱为原料，酿造技艺独特，传承悠久。明嘉靖《淄川县志·岁时》中载，“春分酿酒拌醋”。明崇祯年间（1628—1644）毕氏家族分单中有（酒醋）“坊子”的记载。1927年，在胶济铁路沿线土特产品展览会上，王村黄酒（王村红谷酒）获二等奖。1956年，王村黄酒获山东省地方名特产品称号。1957年，全国酒类展览会上，王村黄酒又获嘉奖。1995年，王村醋获得山东省传统名特食品称号。2009年，王村醋传统酿造技艺被列入山东省非物质文化遗产保护名录。2010年，“王村”牌注册商标被商务部认定为中华老字号。

风味特点　王村黄酒、王村醋采用传统技艺，加上原料产地、水源的因素，风味独特。1985年出版的《淄博风物志·特产·风味》记载：“王村黄酒是以精选红谷米为原料，用传统的制作方法发酵陈酿而成。酒液呈棕褐色，气味甘甜芬芳，醇厚柔和。”王村醋与黄酒同时驰名。王村酿黄酒的作坊都做醋。王村醋以高粱为主要原料，用传统

贾思勰豹山问农图　韩家平　绘画

王村黄酒、王村醋工人用脚踩曲（1978年）

方法加麦曲发酵，配黄酒副料，陈酿而成。醋液呈棕褐色，气味芬芳，醇厚浓郁，酸度高，特别是因黄酒副料的作用，饮后余香盈口，是调配菜肴不可缺少的调味品。

历史渊源 王村地处龙山文化圈腹地，农耕历史悠久，丘陵纵横的特殊地貌，产出驰名华夏的“龙山小米”。当地以谷物酿造酒醋的历史，可以追溯到龙山文化时期。北魏时期农学家贾思勰，在《齐民要术》中记载的“粟米作醋法”“作糟糠醋法”，与王村醋、王村黄酒的传统酿造技艺是基本一致的。明朝初期，外地移民迁入王村一带，王村成为人口聚集、手工业发达的市镇。明嘉靖年间（1522—1566），王村集成为淄川县第二大集市。作为酒醋原料的高粱、谷子、小米、红谷米都在此处交易，逢集之日，街上熙熙攘攘、人声鼎沸，有逾万之众。此时，王村出现了一批专业酿酒（醋）的作坊。王村街南隅，酒醋作坊鳞次栉比，人称为“坊子崖”。崇祯十一年（1638），毕自严为子阄产，次子毕际有分单中有“临街坊子三座”的记载。牛氏、毕氏、杨氏都是王村巨族，其富户多半经营酿酒酿醋行业，且世代相传。至清朝末年，胶济铁路通车，王村黄酒、王村醋声名远播。销售区域西起济南、泰安，东迄青州、潍县，南至博山莱芜，北至黄河两岸。济南、博山、周村的名酒馆更是非王村醋不用。“同祥泰”“井泉居”“义盛”“德成”“信成”“庆祥永”等名号各逞其技，酒醋业空前繁荣。民国前期，四乡到王村新入酒醋行的字号有近20家。由于人口繁衍，老字号不断派生新的铺号，牛氏“义盛”又新立“义盛茂”“义盛恒”“义盛信”等号。毕氏家族的“井泉居”，连亘六个院落，黄酒、白酒、米醋同时生产，在外埠信誉极好，通过火车运往济南、青岛，再由外地商人转销天津、东北、上海等地。杨官庄杨氏和大临池村薛氏是传承数代的富绅，且为姻亲。1914年，杨薛两家合资开办“庆祥永”，聘请技艺上乘的工匠管理生产，货真价实，吞吐量大。几年间就超过了有上百年历史的老字号，成为王村街上酒醋行的执牛耳者。1927年，“庆祥永”所产王村黄酒（王村红谷酒）参加胶济铁路沿线土特产品展览会，获二等奖。王村镇解家泉村，世代以做酒醋为业，常年佣于醋店的工匠解家泉占半数以上，几乎达到“无店不有解”的程度。

1937年年底，日军侵占王村，四门各安炮楼，交通阻塞，王村客流量骤然下降，商家富户受敲诈、遭绑架屡有发生。由于原料限制，酒醋行明显萧条，不少酒店歇业。日伪盘踞八年中，由于产量低，王村黄酒、王村醋稀缺，市场信誉持续攀升。周村“玉华鑫”鞋店兼营王村醋，一集仅卖醋200个，一个醋比周村食醋高出2分钱。

解放战争时期，社会动荡，国民党军数次轰炸王村。酒店、醋店时干时歇。此时营业的酒店、醋店有德成、恒聚、德太和、义盛诚、义盛恒、义兴成、隆信、义盛德、庆祥永、同祥泰、永盛号、德和恒、义盛永等十几家，从业人员 300 人左右。

产业壮大 1948 年春王村解放后，王村街成立工商联合会，信丰恒醋店孟海峰当选为工商联会长。政府鼓励工商业主恢复营业，银行给予贷款支持。王村街先后有 30 家醋店（酒店）营业。1953 年，政府对粮食实行统购统销，禁止自由交易，酒店醋店不能公开收购谷子、高粱。翌年，政府对黄酒生产供给一定数量的原料，限量生产。王村各店通过黑市交易，采购山区小米维持生产。1956 年，王村工商业开展合作化运动，各行各业纷纷合营，王村街德聚恒、恒兴永、义盛恒、德庆成、德源昌、义兴恒、同盛号、恒昌号、庆祥永、恒聚号、瑞丰祥、信丰恒 12 家小作坊联合成立王村供销社副食品加工厂，时有员工 96 人。副食品加工厂成立之初即实行公私合营，原料供应由淄川县粮食局下达“酿造用粮”专项指标，从王村粮所调运，每年供应 5 万多千克，且是平价指标。产品价格由上级核定，县商业局安排收购，批发给各基层供销社，除淄川本区外，还供应周村、邹平、章丘等区县。1956 年，王村黄酒被评为山东省地方名特产品。20 世纪 60 年代最初的 3 年，全国灾荒严重，加工厂原料严重不足，黄酒不及正常年景的三分之一。王村醋被列为控制供应商品，限量销售。王村黄酒被列入“高价商品”，提价 30%，帮助国家回笼货币。1963 年粮食形势好转后，王村醋、黄酒恢复敞开供应。王村黄酒恢复原价，但须凭券凭信供应。1964—1973 年间，王村黄酒年产量 90 吨左右。王村醋年产量 100 吨左右。1976 年 5 月，周村区商业局拨款 1 万元，用于食醋、黄酒车间配套改造。1977 年 4 月，王村供销社副食加工厂改名为淄博市王村酿造厂，隶属周村区供销社领导。1977 年，为扩大生产，市供销社拨款 1 万元，建立黏谷仓库，区革委批

王村醋中华老字号牌匾

王村醋山东省著名商标牌匾

王村黄酒酿造车间（2014 年）

准招收 50 名亦工亦农工人。1979 年，为保证黄酒原料供应，在王村附近建立红谷种植基地 1500 亩，并每年拨给补助化肥 6 万千克，红谷经粮食部门收购后供应王村酿造厂。尽管如此，王村黄酒供应仍然紧张，农村人口只有妇女生小孩时，凭公社介绍信到供销社购买一瓶。

1980 年以后，队办副业的限制逐渐放松，当地生产队开始自办醋厂，产品都贴“王村醋”牌子。王村镇政府组织一些退休工人，成立王村镇食品酿造厂，生产醋和黄酒，日产食醋 1000 瓶左右，1985 年前后，王村地区个体小醋厂蜂拥而起，不过二三年时间，小醋厂达 60 余家，部分产品粗制滥造，质量多不达标，而价格争相降低，“王村醋”市场信誉毁于一旦。其时，王村酿造厂进行企业整顿，初步实行标准化生产。产品成本高而价格难降，造成产品积压，企业亏损。为保住王村黄酒、醋品牌，市、区政府派出工作组进行企业整顿。1986 年，酿造厂生产食醋 862 吨，黄酒 35 吨。加上镇酿造厂食醋产量，王村醋年产量 1000 吨左右。1987 年，淄博市委、市政府在王村酿造厂召开现场会，决定在王村南部山区丘陵建立红谷原料基地，市政府拨给酿造厂 100 万千克小麦和 100 吨平价尿素指标，用于兑换红谷，奖励种谷农户；市、区、企业投资 150 万元，对酿造厂黄酒车间进行更新改造；建立王村食醋黄酒生产办公室，开展打假活动，整顿小醋厂，取缔无证经营，保护王村黄酒、王村醋名牌。此后，市场混乱状况得到扭转。到 1990 年，王村地区只有王村酿造厂和王村镇食品酿造厂正常生产。年产食醋 1100 吨，黄酒 100 吨。1992 年王村酿造厂黄酒车间改造后，年生产能力达到 1000 吨。此后，开发出保健醋近 50 个品种，最高年分产保健醋 30 吨。品种有陈醋、香醋、米醋、百合醋、9 度米醋、姜汁米醋、凉拌醋、饺子醋、冰糖醋、白醋、陈香辣醋、清香米醋、山楂醋、葡萄醋、枣汁醋、绞股蓝保健醋、钙质保健醋、脉通醋、腊八醋、大师傅醋、海鲜醋以及饮品醋等。1992 年，淄博市王村酿造厂改制为山东王村酿造股份有限公司，1997 年，改为山东华王酿造有限公司。20 世纪 90 年代中期以后，华王公司调整市场定位，将颇有赢利的酱油、酱菜、冷饮、糕点等非名牌产品停产，集中精力生产名牌产品——王村黄酒、王村醋。进入 21 世纪以后，实施精品战略，一改过去先出黄酒后出醋的工艺，直接用山地小米酿醋。王村醋的营养品质和口感均明显提高。同时停止保健醋生产。华王公司在王村以南纵横百里的丘陵地区建立 1000 余亩原料基地，保证了原料的稳定供应。2002 年，王村镇食品酿造厂停产。至此，域内生产王村醋、王村黄酒的厂家仅有华王公司一家。华王公司对王村醋、王村黄酒的传统工艺进行系统挖掘、整理和传承。将

王村醋酿造老厂房（1978 年）

王村黄酒、王村醋酿造新厂房（2015 年）

一批闲居在乡的老醋工请到厂里，整理总结黄酒、醋酿制的老工艺、老经验，把传统工艺纳入标准化生产，延长产品窖藏时间，食醋成品窖藏不足 6 个月不出厂，既保留天然酿制的精华，又使原料处理、发酵、灭菌、车间操作符合现代行业卫生标准。2005 年，华王公司生产食醋 1300 吨，黄酒 70 吨。2008 年，华王公司与山东省非物质文化遗产保护中心合作，对王村醋传统酿造技艺进行系统的挖掘整理，编写了《非物质文化遗产档案：中华老字号：王村醋传统酿造技艺》一书，并制定了对王村醋传统酿造技艺进行保护、传承的计划。2009 年，王村醋传统酿造技艺被山东省政府列入非物质文化遗产保护名录。2015 年，王村醋、王村黄酒进入淄博、济南等 12 个城市 64 家大型超市，是年，山东华王酿造有限公司有员工 56 人，固定资产 1006 万元，具备食醋 5000 吨、黄酒 1000 吨、酱油 3000 吨的年生产能力。是年生产食醋 1500 吨，生产黄酒 300 吨，实现利税 156 万元。

王村绸

品质性状 又称“王村茧缎”，亦称“茧绸”。原料为山茧，有柞茧、椿茧、樗茧、柘茧、椒茧之分，因蚕食树叶种类而定名。“王村绸”多以槲蚕丝为原料，其丝纤度较粗，微显黄褐色。织出的绸子粗犷、挺括、厚实、分量重。用作男女夏衣，舒适凉爽，色泽呈黄褐如宝珠之色，故称“宝光色”。长江沿岸之城市，有闲阶层夏日以穿“宝光色”为时髦，故“王村绸”盛销一时。

历史记载 王村绸兴盛于清朝后期至民国前期，至20世纪30年代后期衰落。1934年出版的《胶济铁路经济调查报告》记载：“槲绸亦称水丝茧绸，产于王村一带，俗称‘王村绸’。原料为槲茧丝，购自莱芜、肥城、泰安等处。王村绸名驰远近，年来出产日少，颇有衰落趋势。织户约有五十，机亦约此数，年产750匹，由本路（指胶济路）联运包裹，推销于上海、汉口等处。”1935年出版的《中国实业志·淄川县·织绸》载：“淄川绸织品，向来颇负盛誉，名曰‘王村绸’，销路甚广，近以市况不振，销数陡减，因此从事织绸之工人，纷纷失业。是项绸产，集中于王村镇一隅……”1990年山东省政协文史委、周村区政协文史委联合编写的《周村商埠》，1990年淄博市政协编写的《淄博经济史料》两书中，都对“王村绸”始末有专文记述。

原料采购 生丝原料产地为泰安、费县、莱芜、莒州、栖霞等地。王村机坊多用泰安和费县丝，有时还派人直接去泰安、费县购买。

生产工艺 王村绸的生产工艺有分送丝、络丝、牵机、刷机、绕穗、掏缯、织造、煮炼、浆洗、晾晒、整平、烟熏等。槲丝开包以后，根据条分粗细将每块丝分成六七份，散发给附近各村的络丝户，络丝女工再络到木篗子上，交回机坊。牵刷机匠将丝头挂在砸在地里的木橛上，一边牵拉一边刷上面粉糨糊，以防织造中起毛，绕成桯轴，是为经线。同时，小伙计用纺车将较粗的丝绕在穗管上，形成纬线，俗称“打穗子”。掏缯，两人合作，即将桯轴上的经线首端一根根掏入缯扣中间的“鼻眼”中，然后桯轴上机，拴机织造。织造须两名工匠合作，一人在3米高的机楼上，用手拉花，一人在半米深的机坑里，交替踩动连接缯的木板，使两片缯不断上下。同时一手投梭，一手拉档，手脚并用，每动一次就织一根纬丝，根根相连，形成一匹茧绸。绸子织出后，微呈黄色，质地较硬，放入盛有碱水的大锅内蒸煮，使之变白变软，再放入猪胰子水里清洗。清洗晒干后用木轴滚压、整平。最后再用硫黄烟熏，使之进一步变白。熏绸时用砖砌数米长、1米宽、1.5米高的地上槽，用木杆挂上绸子，上蒙棉被，每次熏20匹，约一小时。熏好后剪除疵点，折叠成匹，平放木桌上，上压百余斤重的石块，卖时再取下。

1935年前后，王村绸风靡一时，当时富户人家婚嫁，以穿王村绸为荣耀，许多人家还用以馈赠亲友。有些较大的机坊，去周村定做纸盒，盒内装绸一匹及说明书，有文千余言，封面竖写“王村茧缎”四个大字，左下方写明机坊字号，美观大方。

盛衰过程 清朝初年，王村一带即有织茧绸的习惯。至清代中期，织户渐多。乾隆年间（1736—1795），栗家庄树荆堂毕丰涟农闲季节去郭庄学习织艺，出师后自己安一张木机织茧缎，后生意稍有拓展，道光二十年（1840）已有20台木机。此后，丰涟之孙毕远翱继续经营，更名为“恒州机坊”，有木机72架，雇工100余人，月产茧缎300匹，为王村一带名列前茅的手工工场。恒州机坊后来分为数家，民国前期先后歇业。清朝后期，织茧绸成为不少殷实人家的投资选择。咸丰年间（1851—1861），王洞村即有3户人家开设机坊。同治年间（1862—1874），杨奎东在王洞村开设机坊，有织机30余张，雇工60余人，生意颇为红火。光绪末年，次子杨道尊执掌机坊，曾将绸缎取道满洲里，通过俄罗斯销往欧洲。王村绸兴盛时期为清朝咸丰年间至民国前期，其时织户多集中于王村、栗家、中央、王洞、苏李、东铺、西铺以及邹平县的青庄、柏庄、郑家庄，章丘市的杨官庄、佛塔头等十余村，仅王村村就有织机260余台。机台较多的字号有泰来、天兴、恒盛德、广胜恒、恒盛、义丰厚、义昌厚、昌茂盛、德延广等。义昌厚规模最大，其产品主要销于周村和济南，再转销武汉、上海、伊犁、丹阳等地。一年开工10个月，一年织绸1800匹，可赢利2000余元。日本军队侵占王村后，义昌厚停产关门。民国以后，丝织机坊技术未能及时改进，生产效率低下，产品优势遂被厂丝、人造丝织物取代，日渐衰微，七七事变后纷纷停产，王村绸销声匿迹。

耐火材料产业

耐火黏土开采 王村地区黏土资源处于淄博向斜西翼向北西方向展布的地表出露上，分布于宝山、小口山一带，以高铝矾土和硬质黏土为主，是生产耐火材料的理想原料。1941—1945年间，日本人曾在王村成立高丽公司，收购民间采出的硬质黏土。据

《淄博市志》记载："王村地区：以泉龙庄为中心，东至磁村附近，西至李家疃南山的 G 层铝土矿，日本人虽然做过调查，但尚未来得及开采。"王村镇南部山峦丘陵以及山麓附近的地表之下，矿产资源蕴藏量丰富，范围覆盖十几个村庄，尤其以耐火黏土储量大、品质好，焦宝石质量优良而闻名遐迩。1955 年，王村南部曾以互助组、初级社为主体，进行露天零星开采。1956 年 12 月，成立国营淄博市铝矾土筹备处，1957 年 5 月，筹备处与公私合营信谊工矿原料厂合并，建立淄博铝土矿，翌年 4 月增开王村矿区，开始进行地下采掘。1958 年，山东省生建八三厂、王村公社、李家疃大队均在西宝山开采生黏土。八三厂西宝山黏土矿位于西宝山山腰，初期为露天开采，1961 年改为井下开采。国营山东王村铝土矿是省内最大的铝矾土生产企业，1962 年，王村铝土矿硬质黏土产量 5.9 万吨。20 世纪 60 年代初，黏土采掘和提升基本实现了机械化。60 年代后期逐步实现机械化采掘生产。先后完成了回转窑熟料半成品自动运输线、风动清车、盲井自动排水、钻眼堵水等重大科研成果。1970 年，域内开采黏土 18 万吨。1983 年，王村铝土矿小口山矿区闭坑。1986 年，李家疃村在村西挖掘立井开采黏土。1986 年，王村镇硬质黏土产量 17.36 万吨。1987—1990 年，冶金部投资 620 万元，山东省冶金总公司投资 35 万元，完成东宝山矿区 0~80 米矿井延伸工程。1996 年，王村镇苏李黏土矿投产。1997—1999 年，王村铝土矿投资 1556 万元，完成东宝山二期延伸工程，形成年产铝土

山耐集团厂区一角（2013 年）

矿 24 万吨的生产能力。1999 年 12 月，因矿源枯竭，八三厂西宝山黏土矿闭坑。2000 年，李家疃村在村东建立黏土矿（后更名为天三立黏土矿）。

2001 年 4 月，山东王村铝土矿改制为山东王铝矿业有限公司。2002 年，杨古黏土矿投产。2003 年，璞泰矿业公司投产。是年，域内有黏土开采企业 5 家，年产硬质黏土 26 万吨。2010 年，年产硬质黏土 92 万吨。2014 年，璞泰矿业公司投资 5000 万元扩界扩能，贯通提升大巷，达到年产 30 万吨硬质黏土的生产能力，扩界后储量由 168.6 万吨增加至 1071.71 万吨。到 2015 年年底，镇内矿山开采企业 5 家，探明储量 2315.6 万吨，可开采量 1523.8 万吨，年开采量 86 万吨。矿区面积 4.9057 平方千米，未探明可开采矿区面积约 2 平方千米，预计储量 1000 万吨。

耐火材料生产 “焦宝石”是硬质黏土熟料的别称。黏土是以含水铝硅酸盐为主体的矿物，主要的化学组成是三氧化二铝和二氧化硅，按其可塑性分为软质黏土、硬质黏土。当三氧化二铝含量达到 48% 以上，成为高铝矾土。耐火黏土经手工拣选出废石并进行水洗筛分后，入炉煅烧，去掉矿石的水分、气体产物和有机物，使矿石质地变硬，颜色变白，在烧成制品时体积稳定。矿石出窑后再次通过精选，挑出夹杂物、欠烧料及熔瘤块等，便成为制造硅酸铝质耐火材料原料焦宝石。依托丰富的硬质黏土资源优势，20 世纪 50 年代末，镇域内建起山东王村耐火材料厂、山东王村铝土矿和山东生建八三厂 3 家大型国有企业。1958 年，王村耐火材料厂和八三耐火厂生产耐火砖 2965 吨，供应国家钢铁生产急需。此后，耐火材料生产技术不断进步，生产规模逐渐扩大。70 年代后期，王村镇成立周村特殊耐火材料厂，王村、栾古、杨古等村先后建起耐火材料厂。山东王村耐火材料厂，是当时淄博市规模最大的耐火材料生产厂家，是冶金部 38 家耐材生产重点企业之一。1967 年，王村铝土矿产品打入国际市场，销往 6 个国家和地区，出口 49478 吨。“焦宝石”之名即该厂所产硬质黏土熟料出口时，取其“烧而成焦，价如宝石”之意而定。王村焦宝石具有外观洁白、杂质含量低、体积密度高、理论指标稳定、耐火性能好等优点，特别是王村铝土矿生产的焦宝石，被誉为“焦宝石王”。1985 年，该矿产硬质黏土 15.4 万吨，耐火熟料 12.1 万吨。是年，王村耐火材料厂年产耐火砖 6 万吨，产品分为 3 大类，有 2000 多个品种。产品获多项省级荣誉，并畅销全国，远销亚、欧、非。

改革开放以后，王村镇依托丰富的矿产资源和便利的交通网络，借助三家国有企业技术力量和市场渠道的强力带动，大力发展耐火材料产业，形成从矿石开采、焦宝石煅烧到耐火材料及新材料制造的完整产业链条。1986 年，八三特种耐火材料厂成为全国首

家生产氮化硅结合碳化硅产品的厂家，产品获国家经委技术开发优秀成果奖等奖项。是年，全镇耐火材料企业逾百家，职工 4315 人，生产各种耐火材料 17.9 万吨，工业总产值 3848.4 万元，利润 385 万元。乡镇个体企业主要产品为黏土砖、散装料、炉芯等。王村耐火材料厂已开始生产硅砖、镁铝砖、钢包砖等。此后，镇内耐火产业持续发展，科技水平和生产规模不断提升，形成了以三大国有企业为骨干、民营耐火材料为主体、其生产区域遍布西部 20 个村的耐火材料生产基地，从业人员占域内总人口的五分之一，王村成为全国知名的耐火材料产地和产品集散地。

1990 年，域内有国有耐火材料企业 3 家，产品市场优势十分明显。王村耐火材料厂投产后经过多次技术改造和设备更新，形成年产耐火砖 6 万吨的生产能力，有产品 3 大类 200 多个品种。同时，乡镇办、私营企业技术水平迅速提升。1988 年，周村特殊耐火材料厂（后改为鑫耐达公司）研制成功整体吹氩喷枪。1993 年，王村铝土矿生产的硬质黏土熟料（焦宝石）获得国际欧洲质量奖。1999 年，八三特殊耐火材料厂研制的氮化硅结合碳化硅砖，被中国贸促会列为向欧盟推荐产品。到 2000 年，全镇有市属以上耐火材料生产企业 3 家，职工 3293 人，工业总产值 18465 万元，利润 1032 万元；乡镇及私营企业 225 家，职工 5440 人，销售收入 13 亿元，利税 1.5 亿元。

进入 21 世纪后，王村镇以产业结构调整、产业升级为主攻方向，对耐材企业按照环保、安全、能耗、税收等指标倒逼关停，综合治理，鼓励耐材企业积极转型升级，增加科研投入，淘汰低端落后产能，向中高端迈进。2002 年，鑫耐达公司“纳米陶瓷粉体在耐火材料中的应用”科研项目被列入省级“火炬计划”。2003 年，免烧镁钙炭砖和无水树脂结合剂被列入国家发明专利。2003—2005 年，伯亚、金牛、嘉和等耐材骨干企业新建投产或扩产。2008 年，王村镇有耐火材料企业（业户）674 家，实现销售收入 62.35 亿元，利税 1.22 亿元。

2010 年，山钢集团山东耐火材料有限公司成立，总部位于王村宝山工业园。是年，全镇生产各种耐火材料 100 万吨，其中，优质硅砖 15 万吨，黏土砖 70 万吨，不定形材料 10 万吨，其他制品 5 万吨，为省内著名的耐火材料生产基地。2011—2013 年，八三炭素厂、山耐公司、金璞公司、通达公司等大型骨干企业先后进行技术改造和上新项目，总投资 16.8 亿元。2014 年以后，随着国家产业、环保政策深度调整，耐材行业数次进行环保综合治理，陆续关停一批工艺效率低、能耗高、污染严重的企业。

2015 年，全镇耐材企业 166 家，年产量 286 万吨。耐火材料总销售收入 72 亿元，

山东金璞新材料有限公司生产车间（2013年）

实现税收3.9亿元，实现利润6.5亿元。全镇工商注册企业402家，其中耐火材料及其相关配套企业166家；规模以上企业71家，其中耐火材料企业38家，分别占全镇总数的41%和54%。耐火材料制品分为定形耐材、不定形耐材和功能材料制品三大类。定形耐材制品中烧结砖年产20万吨，铝硅系耐材年产80万吨，氧化锆1万吨，不定形制品年产25万吨，合成莫来石2万吨，骨料30万吨。功能性材料制品主要为连铸三大件，用于炼钢、发电、石油天然气开采。全镇耐材产业从业人数1.02万人，耐材行业上缴税收占全镇税收总数的三分之一。镇内形成了在国内有重要影响的耐材企业集群，有中国耐火材料行业协会理事长单位2家。

企业选介

山东耐火材料有限公司 公司总部位于周村区王村镇高档耐材产业园，是隶属于山东钢铁集团公司的全资子公司，是由原山东耐火材料厂、山东第二耐火材料厂、青岛耐火材料厂、山东镁矿、王村铝土矿等国有企业，以及山东中齐公司、鲁耐窑业公司、恒欣镁业公司，通过资产重组成立的跨地区的大型耐材生产企业，注册资本3亿元。2015年，公司资产净值14.05亿元，占地348.6万平方米，有职工4954人，其中，专业技术人员559人，技术工人3642人。公司下设6个子、分公司，其生产始于1904年，至今已有100多年的历史。公司主要产品有铝硅系耐材、连铸耐材、焦宝石及莫来石料、镁质原料和制品、含碳制品、特耐制品、不定形材料7大类，年生产能力55万吨。产品广泛应用于冶金、建材、化工、有色金属、电子等行业。公司有独特的技术优势，设有专门的技术中心负责产品研发，现有专业技术人员中有高级技术职称的40人，有中级

山东耐火材料有限公司生产车间（2013 年）

技术职称的 212 人，有初级技术职称的 307 人。2015 年，产品销售收入 2.5 亿元，实现利税 3000 万元。

山东嘉和耐火材料有限责任公司 公司成立于 2005 年，是生产黏土质耐火砖、硅砖、黏土砖、浇注料、高铝质耐火砖、焦宝石、不定形耐火材料及碳化硅制品的专业生产厂家。年生产能力达 15 万余吨，主要生产设备有 180 米全煤气自动化硅砖隧道窑两条，100 米全煤气自动化黏土砖隧道窑三条，粉碎、混炼配套设备 65 台，机压设备 45 台，并生产不同材料的不定形浇注料。2013 年，公司新上焦宝石环保竖窑三支，年产各种牌号优质焦宝石料 8 万吨，新增销售收入 5000 余万元，产品广泛应用于钢铁、炭素、焦化、石油化工、电力、机械和电解铝等行业。2015 年，公司有员工 482 人，完成工业总产值 1.29 亿元，产品销售收入 1.55 亿元，固定资产总值 1.98 亿元，工业增加值 4408 万元，实现利税 1505 万元。

通达耐火技术股份有限公司淄博分公司 通达耐火技术股份有限公司是北京金隅股份有限公司控股子公司，成立于 2013 年 1 月。是年，新建年产 3 万吨新型不定形耐火材料项目，占地 39 亩。该企业在山西、河南、贵州、山东等地共拥有 5 个分（子）公司，2011 年在沪市上市，总资产逾 12 亿元。公司系国家火炬计划重点高新技术企业，设有博士后科研工作站、国家级企业技术中心、绿色高温新材料北京市工程研究中心，并建有两个国家认可实验室（CNAS）。公司拥有受理和授权专利 51 项，并先后主持和参与起草了十余项国际、国家行业标准，2 项科技项目被列入国家“十二五”科技支撑计划，在业内率先实施耐材全产业链发展模式，实现了纵向一体化经营。2014 年又建二期工程，占地 12 亩，投资 5200 万元扩产 2 万吨新型不定形耐火材料，新建钢构联合厂房 5500 平方米，购置安装一条细颗粒破粉碎和二条半自动配料线及一套配料系统。2015 年，产量 3 万吨，实现销售收入 0.8 亿元，利税 1500 万元。

山东政泰耐火股份有限公司 位于周村区王村镇宝山工业园，占地面积 20000 平方米，成立于 2008 年 7 月，是一家生产销售高中档耐火材料的专业厂家。公司注册资本 1000 万元，2015 年有员工 55 人，资产总额 2253 万元，销售收入 2560 万元，税收 230 万元。公司装备有先进的耐火材料自动生产线 4 条，主要产品为铝硅系列耐火材料的定形和不定形产品及铝镁炭、铝锆炭产品，年生产能力 5 万吨。公司市场领域覆盖全球 20 余个国家和地区，公司大部分产品出口，应用于冶金行业大型高炉、热风炉、焦炉、钢包、中间包、鱼雷罐等装备，以及建材行业回转窑、玻璃窑、石灰窑和电力行业锅炉、石化行业等高温生产领域。

政泰公司拥有多项发明和外观设计与实用新型专利。在工艺流程设计、建设标准要求、环保治理控制、自动化水平等方面，均达到国内先进水平。采用天然气为燃料，有效解决了传统生产工艺效率低、能耗高、污染大的问题，达到了高效节能，并安装了臭氧脱硫脱硝和在线监测设备，烟气达标稳定排放。同时，企业产品的档次和附加值得到了大幅度提升，出口产品达到国际同类产品先进水平，与日本品川公司、韩国东国公司等名牌企业长期保持供货关系，价格相当于本地耐火材料制品的 3 ~ 5 倍，为耐火材料行业转型升级起到了示范性作用。

中國實業誌(山東省)

織綢

淄川綢織品，向來頗負盛譽，名曰「王村綢」，銷路甚廣，近以市况不振，銷數陡減，因此從事織綢之工人，紛紛失業。是項綢產，集中於王村鎮一隅，廠家僅有一家，即義昌厚是也。該廠創立於民國九年，創辦人爲張敬之。資本總數八千元，內含有固定資本一千元，流動資本七千元。工人五人，均向本地招僱，每月工資總數四十元。廠內置有織綢機三架，全用手工製造，每於春夏之交，工作較忙，秋季停止，冬季照常開工。所用原料爲湖絲，係向泰安採購。每年產綢約五百疋，每疋價格十一元，總值五千餘元，行銷於膠濟沿綫一帶，銷路以夏季爲最佳。

氊帽

淄川龍泉鎮之毡帽，在山東手工業上頗有地位，當民二十年以前銷場甚旺，嗣受時局影響，銷數大減，價格既跌，存積又多，龍泉鎮毡帽業，一蹶不振矣。該地毡帽業，現存者僅有兩家，一爲義興厚，一爲洪增帽莊，義興厚創設於民國六年，係合資組織，資本五千元，職員七名，工人四十人，職員月薪總數七十元，工資總數，每月二百四十元，工人盡係本地招僱，所用原料羊絨五千斤，產於本地及鄰近各縣，每斤約爲五角，每年出產大帽一萬頂，每頂五角，小帽六千頂，每頂二角五分，生產總值六千五百元，銷於江浙兩省及本地。洪增帽莊開辦於民國二十年，亦爲合資組織，資本三千元，職員五名，工人二十五人，職員月薪總數五十元，工資總數每月一百

第四編 都會商埠及重要市鎮 第八章 淄川 二一七(丁)

1934 年《中国实业志》关于王村绸的记载

风土风情

镇域位于淄博、滨州、济南三市交界处，风土民情与鲁中地区大体一致。生活习俗、方言土语也有突出的地域特点。改革开放以后，习俗有了较大变化。

习俗

生育习俗

“坐月子” 产妇生孩子后须待在屋里一个月，其间不得洗衣服、洗头、洗脚、做饭等，需要家人细心照顾，谓之“坐月子”。“坐月子”期间，产妇门口要挂一红布条，提醒外人不得随意闯入，不可大声喧哗。一般，婴儿出生 10 ~ 12 天时，娘家人要带上小米、面、红糖、点上红点的小馒头、鸡蛋等物品前来慰问；亲友赠送营养品、小孩衣物、现金等以示祝贺，俗称“送米”。而主家则应回赠喜蛋（将煮熟的鸡蛋染成红色）表达谢意。随着社会的进步，现如今“坐月子”并不完全遵循旧俗，更提倡产妇保持卫生良好习惯。

做“满月” 婴儿满月，要请近邻女性长辈为其“铰头”，铰头时要同时念念有词：“剪剪嘴会早说话，剪剪眼睛别乱看，剪剪鼻子好闻香，剪剪耳朵别听闲话，剪剪手手灵巧，剪剪脚早走道。”其实，铰头只是一种象征性的仪式，期盼孩子无病无灾，健康成长，并非真的给孩子剪头发。

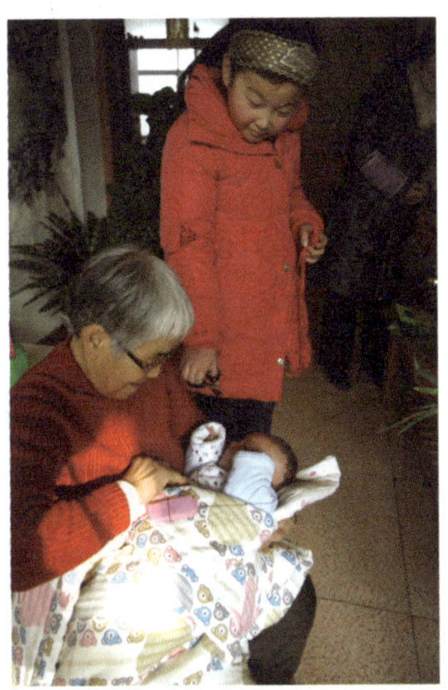

孩子满月铰头仪式（2014 年）

做“百岁” 婴儿出生百天，民间谓之“百岁”。过“百岁”的仪式，一般要提前几天，谓之“抢百岁”。是时，要给孩子戴银手镯、挂“长命锁”。亲朋好友要赠送礼品以示祝贺。姑母、姨母、妗子要亲自把事先做好的服装给孩子穿上。一旁有女性长辈随口吟诵“百岁谣”：“姑

幼儿虎头帽

幼儿虎头鞋

幼儿连脚鞋

幼儿猪头鞋

做裤，姨做袄，妗子做鞋遥道跑。姑穿上，姨提上，孩子活到九十上。”仪式后，主家要设酒宴招待前来祝贺的宾客。

做“生日” 当地民间所说的做“生日”，是特指新生命出生后第一个生日的仪式。有的选择孩子“正”生日这一天举行仪式，也有的有意识拖后一两天，谓之“旺（忘）生日”。过去，亲友来祝贺者多带衣服、虎头鞋等。这一天，要给孩子穿姑姑做的裤。穿裤时，要先在裤筒里放两只烧饼，帮助孩子用脚把烧饼蹬出来，意喻孩子会早点走路。接下来，还要举行“抓周”仪式。方法是在床上或者铺设毯子的地上摆放上书籍、文房四宝、玩具、算盘以及食物等，把孩子放在距离所摆物品稍远一点儿的地方，让其随意爬过去，以孩子所抓的东西来预测其未来的志趣、职业和命运。“抓周”作为一种民间习俗，并没有人十分较真，所表达的只是对孩子健康成长的期盼和祝福。

孩子做“生日”仪式（2007 年）

割“绊脚丝” 当孩子开始蹒跚学步时，要给孩子割“绊脚丝”。其做法是趁小孩子摇摇摆摆走路时，家人事先拿一把刀子站在孩子身后，弯腰在孩子两脚之间象征性地划几下，意思是把孩子走路的“绊脚丝”割断了。此后，孩子就能少摔跤、稳稳当当地走路了。

生日习俗 当地俗话：“孩生日，娘苦日”，中青年人多在自己生日时，为父母送上一份礼品。当地多讲究“父母健在不过生日，不到六十不过生日”。中青年人所谓过生日，一般也就是全家适当改善一下伙食罢了。为老人过生日则相对隆重，谓之“做寿”。“做寿”的日子只能在老人生日的当天或者拖后几天，不能提前，意为不希望老人老得太快。子孙后代一般从老人 60 岁开始为其做寿，若无特殊情况，每年都不例外。以前为老人“做寿”，家境优越的人家要搭喜棚、盘炉灶、请厨师。正屋设寿堂，迎面墙上挂“寿”字，晚辈要对“寿星”行叩首礼。现在，“做寿”礼节已简化，晚辈只需给“寿星”鞠个躬或说些祝愿健康、长寿的吉祥话，随即送上贺礼（或礼金）即可。然后，亲朋好友参加寿宴。

婚嫁习俗

聘媒 旧时的聘媒就是小伙子或男方家里看中了某位姑娘，或男女双方家长早已同意结为亲家，都要请自家亲友为媒人或者聘请专职媒人到女方家提出结亲之事，谓之“提亲”。男方要赠送媒人酒、肉、糕点之类的礼物，经媒人往返沟通，传达男女双方的意愿，议妥之后，择日定亲。

定亲 定亲是婚嫁礼俗中非常重要的一个步骤，虽是民间约定俗成，却包含着一旦定亲，双方均不可反悔之意。定亲时，由男方馈送女方事先约定的聘礼和聘金，同时还要送上红包袱皮一对，意喻“包福”。自此，青年男女均改口称对方父母为“爸、妈”“爹、娘”，并互相按对方的称呼来称呼对方的其他亲人。对方父母及其他近亲长辈要分别给青年男女“改嘴钱”。

“送日子” 商定结婚时间需选择良辰吉日，由男方请人按男女双方的生辰八字及其他讲究择定吉日。然后将择定的吉日以及男女双方的年龄、属相、生辰、禁忌和新娘上下轿的时辰、落轿方向等，用红纸写成“年命帖”，由媒人专程送交女方长辈，谓之“送日子”。

“装箱子” 婚礼的前一天，由女方的长辈女性，带嫁妆送到男方家中装箱子。其中一个包袱装有现金，由男方的兄长把包袱翻过来，谓之“翻包袱”，看包内现金的数目，然后男方加倍包进去，归新娘所有。男方设宴招待“装箱客”。是日，男方家贴喜联，张灯结彩。若男方祖父辈中有去世者而不满 3 年的，不可贴红喜联，改贴雪青色的喜联。

迎娶 在选定的吉日良辰，男方用花轿到女方家迎娶新娘。由旗、锣、伞、扇开道，唢呐等吹打乐器一路奏喜庆曲调。花轿到男方家门口时，要往大门楼子上压用红纸包起来的砖坯，且讲究“虎递龙压”，即属虎的男青年要将砖递给站在高处属龙的男青年手中，属龙的青年将两块红砖置于门楼之上，砖下压上用红线连接的红筷子一双。天长日久，两块砖坯化为泥土，混合在了一起，意喻一对新人永不分离，白头偕老。在新婚期间，可以比较随意地与新娘开玩笑，俗称“三日无大小”。新婚次日，新娘由婆家人带领到本族各家给长辈扫地（象征性的）磕头。新郎、新娘同到祖茔上坟。第三天，新郎陪新娘回娘家俗称“三日回门”。新中国成立后，尤其是改革开放以来，人民政府大力倡导喜事新办，婚嫁礼俗中的陈规陋习逐渐得以根除，那些必不可少的重要程序也得到极大简化，更加喜庆和文明。

丧葬习俗

旧时，当地实行土葬，因丧主经济条件、社会地位等情况不同，丧礼简繁程度不一，以下所述为一般治丧习俗程序。

守灵 人死后，把逝者安放在屋中间的灵床上，由子女等近亲为其擦洗身体、换寿衣、用细麻纰缚住两脚掌。还需往死者嘴里放一枚硬币，意思是不让死者空着嘴离开世间。接下来，要设香案、设灵位、摆供品、点“长明灯”、设“倒头饭”。逝者晚辈穿孝服，白布裱鞋，当晚通宵守灵。

报丧 生者辞世，丧家要把死讯告知至爱亲朋，谓之“报丧”。接到报丧的亲友，要在为逝者出殡前带上香、纸以及点心、水果等“神食”前来拜祭。前来吊唁的女眷一般从刚到丧家大门口就开始哭丧，已出嫁的女儿则要从进村时哭至灵前。若吊唁者为男性，则在面见逝者后，才跪拜哭灵。守灵的逝者晚辈见到前来吊唁的亲朋好友，要跪拜并陪哭。

入殓 死者去世的当天或次日下午，亲属瞻仰逝者遗容。是时，子女和近亲要为逝者“净面”，象征性地擦洗眼圈、耳朵、嘴、鼻子，好让其干干净净地上路。之后，用黄表纸把逝者的脸蒙住。入殓时，由长子或长孙托起逝者头部，其他子孙托举两侧或腿脚，稳稳当当地将逝者放入棺内。然后将逝者生前最喜爱的小物件放入棺中，并在其手中放入银钱、手绢等，其含意是不让逝者空着手离开人世间。

“指路” 逝者去世当日（或次日）傍晚，由长子手持四炷燃香在前，率其他至亲至村口，踏上高杌面向西连喊三遍“爹（娘）上西方大路！”喊毕，全家痛哭致哀，俗称“指路”。随即，引燃纸扎的“倒头马”（女性逝者为“倒头牛”），然后至土地庙设祭。此后，在出殡前丧家要一日三次去土地庙供奉饮食，谓之“送浆水”。

起灵 若逝者配偶已亡，则要孝家迎灵，即迎接逝者先亡配偶的灵位，安灵后有至亲祭奠。祭奠完毕即按查好的时辰起灵。灵棺由长子或长孙披麻戴孝、执幡、拄哀杖引路，其他戴孝送丧亲属随后。灵棺出大门时，在前引领的孝子要将手中的一页瓦片摔碎。送葬路上，女婿、侄女婿要设案路祭。

安葬 墓穴内点长明灯，放置逝者生前喜爱之小件物品。棺材由助丧人合力以绳牵引，稳当当地送入墓穴中。一墓双穴，如果逝者配偶尚健在，还须在空墓穴中放置一块写有“石烂人来”的石头，以祈在世者健康、长寿。然后盖顶封坟，长子将纸幡插在坟头上，随即进行墓祭。

圆坟 殡葬后次日凌晨，逝者的子女及其他至亲要着孝服上坟祭奠，然后绕坟正、反各转三圈，并铲土培坟（多为象征性），俗称“圆坟”。此后，上完“五七坟”“百日坟”，整个葬礼方算结束。解放后，殡葬礼仪逐步趋于简约、文明，当地都已以花圈代替白幡，以臂戴黑纱代替披麻戴孝，葬礼也从旧时的 3 至 5 天，缩短为 1 至 2 天。镇内从 1975 年开始推行火葬，村居设立公墓区，集中埋葬骨灰。

节庆习俗

春节 春节是民众最重视、过得最隆重的一个节日。除夕这天家家户户贴春联，从下午开始忙于供神、祭祖、包饺子。吃过年夜饭后，合家共话，辞旧迎新，彻夜不眠，

春节全家包水饺情景（2007 年）

正月十五玩龙灯表演（2009 年）

俗称“守岁”。子时过后，院中设案祀神，燃放鞭炮，谓之“发钱粮”。此间，禁忌大声喧哗、说不吉利的话、泼污水等。天亮后，晚辈开始给长辈拜年，长辈给孩子“压岁钱”。邻里间，互相串门祝福问好。随后几天就是走亲访友，一般要持续到初七八。

元宵节 即正月十五。城镇挂灯，乡村唱戏，杂耍扮玩，燃放烟火，曰“闹元宵”，俗称“玩十五”。

青龙节 即农历二月初二。民间认为这一天是“龙抬头”的日子。过去，这一天家家户户都要炒“蝎豆子”。其做法是先把细沙土炒热，随即把“水发”过已晾至半干的大豆倒入锅内同炒，待炒熟后用箩筛筛出豆粒落凉即可食用。但是，这一天家人有属相为“龙”者不得炒豆子，说是会烧了龙头，要炒豆须得提前。

一百五 寒食节前一天，日出前为先人坟墓填土，其意为修理房屋。

寒食节 即清明节的前一天，是祭祀祖先的节日。是日下午，带上供品到先人坟墓前进行祭拜。

端午节 端午节除了包粽子、吃粽子外，家家户户须在门楣上插艾草，还要给婴幼儿佩戴香囊、额头抹朱砂印。这一天还是做母亲的看望新近出嫁女儿的日子，俗称“看闺女”。

天贶节 即农历六月初六。是麦后祭天的日子，俗称“上新麦子供”。据说即日晒书、晒衣可避蠹鱼。域内民众还有在这一天吃炒面的习俗。

七夕 即农历七月初七。传说为牛郎织女相会之日。姑娘们在这天晚上遥拜织女，俗称“乞巧”。

中元节 即农历七月十五。旧时，是日傍晚，家人要备好酒食、时令水果等供品在家中祭奠先祖。

中秋节 即农历八月十五，俗称“团圆节”。这一天晚上，全家老少欢聚一堂，赏月、喝酒、吃月饼。此前几天，还要携带礼品，登门看望关系密切的亲友，尤其要看望那些有亲戚关系的老人。

重阳节 即农历九月初九。旧时为文人雅士登高赏秋的日子。域内民众一般不过此节。

十月一 即农历十月初一，又称寒衣节。这一天，后代要带上供品到逝者坟墓前进行祭奠。

腊八节 即农历十二月初八。域内民众喜欢在这一天喝“腊八粥”。

小年 即农历十二月二十三。即日傍晚以糖瓜祭灶神，并将旧灶神像烧掉，俗称“辞灶”。

信奉习俗

镇域民众有着悠久的信奉习俗。主要信奉观音菩萨、佛祖、关帝圣君、土地神、龙王、井王、财神等。但是，也有带有明显地方色彩的民间信仰，如信奉碧霞元君、“石大夫爷爷”等。

1958 年，彭家庄关帝庙、古井与古槐

关帝圣君 关帝圣君，俗称关老爷。三国时代的蜀国大将关羽生前被汉献帝封为“汉寿亭侯”，死后被蜀汉孝怀帝刘禅追封为“壮缪侯”。当地人视关公为神，还把关公与财神同等看待，称其为“武财神”。旧时，几乎每村都建有关帝庙。

土地神 土地神又称“福德正神”“土地公”“土地爷爷”等。旧时，镇域内几乎每个村庄都有土地庙。按迷信说法，人死后的鬼魂要先到土地神那里报到。因此，死者咽气后，其家人首先要去土地庙“报庙”，意即替死者“报到”。报庙后，死者家人须一日三次去土地庙送浆水、烧香焚纸，祈求土地神和鬼卒给予死者多些关照。镇域民间有句俗语，“土地、土地，坐在石头屋里，看不见笑的，光看见哭的”，即谓此景。

观音菩萨 封建时代，镇域民众普遍信奉观音菩萨。有些大村独自建有观音庙，也有多村筹资联合兴建。凡是人间的生老病死、吉凶祸福、大事小事，无不祈求于她。中国人的传统观念是“多子多福”和“多子多寿”，因此“送子观音”成为妇女心目中至亲至爱的神的形象。封建时代每逢过年过节，或是家中有事，民众多到观音庙去烧香求助。即便没有观音庙，也总要请尊观音像供奉于家中，以示虔诚之心。

碧霞元君 碧霞元君全称为“东岳泰山天仙玉女碧霞元君”，民间传说她是泰山神东岳大帝的女儿。镇域民众俗称碧霞元君为“泰安奶奶”或“泰山娘娘”。古来传说泰安奶奶的娘家是镇域以北的长山县，农历三月十五是她的生日。旧时，镇域北邻长山县周村镇有每年三月十五从泰山搬泰安奶奶回娘家的风俗。旧时镇域数村建有泰安奶奶行宫。民间认为泰安奶奶能保佑家中多子，还能保佑儿童平安，信奉者多为女性。由泰安奶奶分化出来令两尊女神，一位是“送子娘娘”，一位是“眼光奶奶”。送子娘娘专司给不生育的妇女送子，眼光奶奶专为民众治疗眼疾。

灶君 又称灶王爷，俗称“一家之主”。旧时家家将灶君神像贴于灶台之旁。腊月二十三傍晚祭祀后将旧像揭下烧毁，除夕下午再贴新像，并于当晚和年五更供祀。

石大夫爷爷 “石大夫爷爷”是被民众神化了的葫芦山上的一块大石头。过去，数株古柏环绕大石头周围，每当太阳夕照，远远望去，霞光普照，紫气氤氲，是镇域内的名胜之地。信奉石大夫爷爷的多为葫芦山周围村庄的民众和周村镇的商人。据说，周村镇上商人有寻花问柳染上梅毒的，得“石大夫”治疗痊愈，所以“石大夫爷爷”专治毒疮之说在当地极为盛行。甚至不少人认为，“石大夫”是包治百病的万能神。七七事变前，每年的农历八月十九夜间为葫芦山会。葫芦山会的独特之处是夜聚昼散。届时，成千上万人乘着夜色赶山会，既烧香拜神，又兼有民间贸易。“石大夫爷爷”于20世纪70年代被毁。

“石大夫爷爷”残迹（2006 年）

财神　也是镇域民众信仰的神祇。旧时，有人在家中悬挂财神轴子，或者设置财神牌位。镇域有除夕之夜接财神的习俗，按财神当年所在方向，出大门走向街口，烧香焚纸，然后不得回头，一路把财神接到家中供奉。正月初五是专门祭拜财神的日子，届时各商号、店铺都是隆重供祀，虔诚十分。

龙王　旧时镇域对龙王的信奉也非常盛行，遇到旱灾时，民众就会祭拜龙王，祈求行云布雨。有不少人逢节还到水井之上祭拜“井龙王”，以保平安。

新中国成立后，随着破除迷信，移风易俗，民众对神祇的信奉逐渐淡化。特别是随着现代科学和文化教育的普及，人们对神灵的崇拜祭祀也逐渐消失。

方言

王村镇方言与淄博方言大同小异，同属于鲁中方言的一个分支。但是，王村方言中的部分语音、词汇和谚语、歇后语，具有比较明显的地域特点。

语音 王村镇方言语音与普通话语音的区别主要表现在以下几个方面。

1. 声母不同

把声母“r”读作“l”，如“人、热、惹、肉、入、如、褥、软、荣、熔、润、扔”等字。

把声母“ch”读作“q”，如“早晨（qin）”；

把声母“n”读作“y”，如“老黄牛（you）”；

把声母“d”读作“z”，如“一堆（zui）沙子”。

2. 韵母不同

把韵母“ai”读作“iai”，如“矮、崖、涯、挨”等字；

把韵母“ai”读作“ei”，如“白、百、掰、柏”等字；

把韵母“ie”读作“iai”，如“街、解、皆、阶、界、介、届”等字；

把韵母“ei”读作“ui”，如“雷、磊、蕾、泪、累”等字；

把韵母“e”读作“ei”，如“德、得、克”等字；

把韵母“ei”读作“u”，如“没、枚”等字；

把韵母“e”读作“uo”，“哥、硌、和、河、贺”等字；

把韵母“ou”读作“u”，如“某、谋”等字；

把韵母“ao”读作“ue”，如“钥、药”等字；

把韵母“ai”读作“ei”，如“麦、迈、脉”等字；

把韵母“e”读作“o”，如“鹅、饿、蛾、讹”等字；

把韵母“ue”读作“iao”，如“学”字；

把韵母“e”读作“uo”，如“棵、渴、咳、磕”等字；

把韵母“e”读作“a”，如“喝、割”等字；

把韵母“iang”读作“ia”，如“娘”（限于对母亲的当面称呼）字；

把韵母“u”读作“i”，如“去”字；

把韵母“ao”读作“a”，如“雹”字；

把韵母“iao”读作“ue”，如“脚”字；

把韵母“ui”读作“ei”，如“谁”字。

把韵母“ai”读作“ei”，如“拆”字。

3. 声母、韵母均不同

把声母“c”读作“ch”，把韵母“e”读作“ei”，如“策、册、测”等字；

把声母“z”读作“zh”，把韵母“e”读作“ei”，如“责、择”等字；

把声母“s”读作“sh”，把韵母“e”读作“ei”，如“色”字。

4. 无儿化音

普通话中具有儿化形式的词语，在王村方言中却并不出现儿化音。当然，没有儿化音也并不是在儿化音的后面直接去掉“er”，比如“小鸡儿”去掉儿化音变成“小鸡”，“没门儿”去掉儿化变成“没门”，“老汉儿”去掉儿化变成“老汉”，等等。在王村方言中省却儿化音主要表现形式，即改变后缀字“儿”前一个字的韵母，如把小鸡儿（jier）读作小鸡（jiei）；把没门（meimer）读作没门“mei”；把老汉（haner）读作老汉“hai”，等等。

5. 虚化后缀“子”的发音

在普通话语音中，由实词虚化而来的“子”字，常用来附着在某些名词后成为后缀，把原来的单音节词变为双音节词。如“钉子、锤子、棍子、盆子、勺子、筷子”等等，其后缀“子”读作“zi”（轻声）。可是在王村方言语音中，上述名词后缀“子”的发音，却虚化成了“a”。如把“钉子”读作“dinga”，“锤子”读作“chuia”，等等。

6. 声调

普通话语音有 4 种声调，即阴平（如 ā），念高平调（调值 55）；阳平（如 á），念高升调（调值 35）；上（shǎng）声（如 ǎ），念低降升调（调值 214）；去声（如 à），念高降调（调值 51）。

在王村方言语音中，却只有 3 个声调，阳平声调与上声声调互为接近，没有根本的区别。

王村镇域部分方言语音与普通话语音对照表

表 8

例字	方言语音	普通话语音	例字	方言语音	普通话语音
踩	chǎi	cǎi	葡萄	pótou	pútao
洒	shǎ	sǎ	钥匙	yuèchi	yàoshi
笔	bēi	bǐ	核桃	huótou	hétao
格 隔	gēi	gé	某	mú	mǒu
渴	kuo	kě	轴	zhú	zhóu
喝	hā	hē	乐	luò	lè
刻 克 客	kēi	kè	色	shēi	sè
润	lùn	rùn	脚	juē	jiǎo
雹	bá	báo	迈 麦	mèi	mài
牛	yóu	níu	农	nú	nóng
刚	jiāng	gāng	拆	chēi	chāi
深	chēn	shēn	白	béi	bái
耕	jīng	gēng	摘	zhēi	zhāi

词汇 词汇部分主要收入镇域有典型意义和特色的方言词语。有的字词以汉语拼音注音；词语一般带有释义，必要的列例句。

1. 表示人和事物名称的

老祖——泛指包括父母在内的直系长辈。

老 Nia（有音无字）——老太太。

连襟、两乔、拉不平——姐夫与妹夫之间的互称或合称。

耳子——不明事理而做事愚钝的人。

犟橛子——个性执拗而遇事不知变通的人。

阴干兔子——指代阴险而又难对付的人。

一把连子——年龄相同或相近又经常交往的人。

耶拉盖——额头。

锨头板子——肩胛骨。

拨拉盖——膝盖。

蚁羊——蚂蚁。

促蛰子——蟋蟀。

蚕妹——家蚕。

地羊子——土拨鼠。

蛇虎溜子——壁虎。

梢钱猴——知了的幼虫。

盐蝙虎儿——蝙蝠。

娘花——棉花。

囊瓜——南瓜。

馉馇汤——面疙瘩汤。

啥哈——稀粥。

糊涂、黏煮——粥。

噜苏明——黎明。

夜来后晌——昨天晚上。

五黄六月——泛指夏季。

搭货——煤与土的混烧燃料。

铺衬——陈旧的碎布。

杭杭——儿童玩具。

裹挠——碎草、烂树叶等。

拄棒——手杖。

箔障墙——篱笆墙。

虚棚——天棚（天花板）。

隅陵子——院墙与房屋后墙之间狭窄的通道。

2. 表示人或事物的动作、行为、变化的

揆（kui）起来——折叠起来。

搡——用巴掌扇耳光。

撮——打人（例：我撮你这小子）。

楔——打人（例：我楔你一顿）。

蒯、撅——抓挠。

踢蹬——小孩子调皮捣蛋。

找算——算后账；挑衅别人。

呲啦——训斥（例：他把我呲啦了一顿）。

圆承——帮人调解矛盾，促使和好。

顾涌——虫子蠕动；动弹。

拥撮——支持；帮助。

搓悠——搓弄物品；从精神上折磨。

提（di）留——提着。

打滴溜——用手抓住东西，双脚离地。

估得（dei）——蹲下。

哈篷——身体向前弯曲。

仰嘎啦悠——仰身而卧。

挓挲——张开，伸展开；也用来形容自我张扬。

戳及——挑逗，招惹。

活得（dei）——松动

嚼舌根子——背后说别人的坏话。

阔唆——咳嗽。

扎裹——修理；打扮；治疗。

藜心——胃里泛酸水。

饲孬——食物发霉、变质。

括头——磕头。

不盹——不懂；不明白。

郭少——舍得。

容过——有时间。

期离——浪费。

支黄瓜架——两人动手撕扯在一起。

揂揂——缩水，起皱（例：这衣服洗了一回就揂揂了）。

盱乎——看；见过。

瞜后——别有用心地偷看。

嚼沫——食草动物反刍。

3. 表示人或事物的性质、状态的

赛——好。

草鸡——形容要赖；作弊。

暄活——松软。

干阔——口渴。

活泛——形容手里钱物宽裕；做事灵活、不死板。

离（去声）把——做事手生、无经验。

二尾（yi）巴——学艺不精、手艺差。

合垚（yao）相——合适、相称。

脏囊不瞎——脏乱不堪。

恣嘎啦悠——心里高兴。

不着头——言行出格、不正常。

烧包——显摆、炫耀。

转葫芦——改变主意。

呜苏——后悔。

二思——形容做事犹豫。

游乎——犹豫不决。

嘚瑟（sei）——形容飞扬跋扈，目中无人。

倒三不着两——说话语无伦次。

捂拢穷——做事不讲究，一味地凑付。

耍光棍——蛮不讲理，耍无赖。

不犯于——不值得；犯不着。

对忌——得罪。

论堆（zui）——无理耍赖。

对撇子——双方脾气相投。

跑孙腿——白跑路，无功而返。

扬风乍毛——喜欢张扬，举止轻浮。

马而胡稀——敷衍，做事不认真。

离溜噜簌——果实长得稠密，一串串下垂着。

贫嘴呱嗒舌——嘴太贫，说话随便。

低溜头耷拉角（jia）——精神萎靡，情绪低落。

裂膀裂拆（chei）——保持距离，不愿意亲近别人。

飞扬浮骚——举止招摇、轻狂。

压茬——形容做事有魄力，能压得住阵脚。

涮精——耍精明，显示比别人能。

摇烧——张扬、炫耀以引人注意。

瓢偏——平整的东西因变形而失去标准。

拉巴涩——味道发涩。

抠（阳平声）——精明。

迂末——行动迟缓，做事拖沓。

邋磨——做事拖拉，总是落在后边。

唆（阳平声）——十分调皮。

胡而麻约——形容做事敷衍，不认真。

虚货——不能承受小伤小病。

人相——形容有礼貌。

老时解——形容时间长。

一盼子——一会儿。

老近远——形容距离远。

4. 常用代词

人称代词。我、俺、咱；你、您、恁；他、（她）、乜（例：乜个人）。

指示代词。基本指示代词：这、乜、那；这昝、那昝。“这”表近指，“那”表远指，“乜”表中指。与“这”相对来看，“乜”可表远指。“这昝”表示现在，“那昝”表示过去。

形容性指示代词。这样、乜样、那样，中间可加“个”，如“乜个样”。

指示代词加“里”。这里、乜里、那里。其中，“里”字读音同名词后缀“子”，也是个含混不清的音节“a”。

疑问代词。镇域疑问代词有：谁、啥、咋、咋样、咋着、哪里、多昝、多少、几个，等等。

语法

常用副词

将（阴平）——才。

将（阴平）才——刚才。

将（阴平）将——刚刚。

现打现——马上、立刻。

冈（近乎上声）——很、挺、实在、的确、确实。

愣——很（例：他愣不讲道理）。

见天——每天。

见回——每回。

较子是——仅仅。

单子是——但凡、只要。

好么声（地）——突然。

猛急凌（地）——猛然、迅速。

得为——故意。

常用词缀

1. 名词后缀

子。镇域“子”的读音较特殊，常随前一音节韵母不同而有不同的读法，但总的说来是个含混不清的音节“a”。有些词是直接在单音节或多音节词后附加“子”构成，例如：画子、沟子、插关子、葱白子、猪蹄子、胡同道子，等等。有些词单音节词重叠后附加“子”构成，重叠的字和“子”均读轻声，例如：尖尖子、芽芽子、末末子、杆杆子、梢梢子，等等。

巴。例如：下巴、嘴巴、泥巴等。

2. 动词后缀

巴。（后缀“巴”的动词可分两类）

A 类（可重叠使用）：捏巴（捏巴捏巴，下同）、绑巴、修巴、包巴、排巴、劈巴、砸巴、擦巴、摘巴、叠巴、捡巴、抬巴，等等。

B 类：这类词后面常用助词类词语配合表达意义。例如：开巴开、关巴煞、治巴好、坐巴下、买巴上、抬巴起来、拾巴起来，等等。

拉。后缀“拉”的动词一般可重叠使用，“拉”字读轻声。例如：拌拉、扒拉、捣拉、投拉、耷拉、搅拉、扯拉、漱拉、拧拉、拽拉、划拉，等等。

悠。后缀“悠”的动词多用来表示圆形和弧形的动作，一般可重叠使用。例如：转悠、串悠、逛悠、钻悠、卷悠、缠悠、荡悠、磨悠，等等。

搭。后缀“搭”的动词，一般也可重叠使用。例如：拍搭、轮搭、捣搭、抽搭、搐搭、锤搭、敲搭、摞搭，等等。

弄（long）。后缀“弄”的动词，多数可重叠使用。例如：翻弄、挑弄、架弄、拨弄、捣弄、掀弄、摩弄、摆弄，等等。

么（me）。后缀“么”的动词，所表动作不具体，多有贬义色彩。例如：捞么、缠么、拧么、找么、寻么、踅么、搅么，等等。

3. 形容词中缀

域内常用的形容词中缀是“巴”字，例如：冰巴凉、甘巴甜、齁巴咸、稀巴烂、干巴净、乌巴黑、精巴瘦，等等。

4. 形容词后缀

常用的形容词后缀，主要是单音节形容词附加重叠后缀。例如：白生生、胖乎乎、黑乎乎、圆悠悠、滑溜溜、傻乎乎、酸溜溜、慢悠悠、烂乎乎、细溜溜、俊俏俏，等等。

常用虚词

着。做时态助词用。例如：等你老了着，我来照顾你。相当于连词作用，表假设关系。例如：你要走着，谁去送你？构成“不着……”较固定句式。例如：要不着有人帮忙，你这回可就惨了。

用于比较句中，表示程度加重。例如：最近这两天的菜价比前一段时间贵着贵了。

来。附在动词后，表过去式。例如：他将才是来来，可过了不多时又走了。附在动词后，表完成式。例如：这种助人为乐的事，他做过好几回来。做语气词，相当于“呢”。例如：谁叫你不讲理来？

的。用在动词后，表动作趋向。例如：你去干活的吧。

短语 镇域方言中短语形式丰富多彩，多以一个基本的形容词为基础，逐步附加成分，增加生动性。例如：脆→脆生→脆生生的。此类短语甚多，诸如：

白生生的、胖乎乎的、壮实实的、暖和和的；平铺踏的、瘦噶丫的、薄乎拉的、滑出溜的、甜麻稀的；半截拉块的、瘦筋拉踏的、油脂麻花的、胡而麻约的；海拜海拜的、浮流浮流的、瘸拉瘸拉的；麻麻烦烦的、娘娘们们的、算算计计的、地地瓜瓜的，等等。

还有一类反向对应的短语，例如：大高高——精矮矮；大厚厚——精薄薄；大长长——精短短；大宽宽——精窄窄；大粗粗——精细细；大发发——小巧巧，等等。

句子

比较句 镇域方言的比较句形式多有不同。

用“起”作介词引入比较。例句：

他高起你。

用“不跟”或“跟不上”表示“不如”或“比不上”的意思。例句：

嘁，他还不跟我呢！

他家不跟你家有钱。

选择问句 镇域方言的选择问句与普通话也有所不同。例句：

你说你傻啊不？

他到你那儿去了没？

你家亲戚来了没？

特殊句式 镇域方言特指问句的否定回答方式均以“知不道”作答。例如：

问：今天是啥日子？答：知不道。

问：他父亲是做什么的？答：知不道。

“知不道”是比较特殊的语序排列方式，在当地方言中却准确地表达了“不知道”的意思。

谚语与歌谣

气象、农事类

白云山戴了帽，短工觅汉都睡觉。

云彩向东，一阵狂风；云彩向北，一阵乌黑；云彩向南，雨水涟涟。

一九二九不出手；三九四九冻煞狗；五九六九沿河看柳；七九六十三，路上行人把衣担；八九七十二耕牛遍地是；九九八十一，家里做饭坡里吃。

太阳倒照，晒得老猫叫。

九尽杨花开。

不怕初一阴，就怕初二下。

立夏东南风，不用问先生。

淋了伏王，一天一场。

冷在三九，热在中伏。

八月十五云遮月，正月十五雪打灯。

一百五，燕子来到济南府；清明日，燕子来到天井里。

枣树发芽种棉花。

清明秫秫谷雨谷。

七宿麦子八宿谷，九天头上看蜀黍。

麦子不怕草，就怕坷垃咬。

蛤蟆打哇哇，六十天吃馉馇。

冷收麦子热收蚕。

蚕老一时，麦熟一晌。

六月六看谷秀，七月七割谷子。

立秋十八天，寸草结顶。

立秋下种处暑栽，过了小雪出白菜。

生活、事理类

骡大马大值钱，人大了不值钱。

吃了人家的嘴短，拿了人家的手短。

撑煞胆大的，饿煞胆小的。

兔子满山跑，早晚回老窝。

狗窝里攒不下窝窝头。

猴子手里掉不了枣。

金腿银膊阔，能挣能哆嗦。

在家敬父母，强起远烧香。

拎拎耳朵腮动弹。

明水暗道黑泥洼。

听不得风就是雨。

醉煞不认那壶酒钱。

贼心眼子会当家。

扔了巴棍打要饭的。

一拃不如四指近。

是灰热起土，是亲三分向。

一个槽上拴不住俩叫驴。

割了蒿子显出狼。

一窝貔虎子不嫌臊。

儿大三分客。

长木匠，短铁匠，瞪了眼的是石匠。

七月半，八月半，蚊子嘴赛过金刚钻。

打了盆说盆，打了碗说碗。

摁下葫芦起来瓢。

鼻子底下就是路。

童谣

斑鸠鹁鸽 斑鸠、鹁鸽，一年十窝。热煞一窝，冻煞一窝，不冷不热地恣煞一窝。（流行于 20 世纪 30—60 年代）

南来的雁 南来的雁，北来的雁，我喂你一筐米，给我嬎一筐蛋。南埝子吃雁，北埝子吃蛋，当中间里仰着脖子看。（流行于 20 世纪 30—60 年代）

烧了小辫 老汉儿，老汉儿，上山拔菜儿。打火吃烟，烧了小辫儿。（流行于 20 世纪 20—60 年代）

拍打燕子窝 拍打拍打燕子窝，燕子给我拾柴火。张（倒）了墙，砸了锅，燕子来家不依我。（流行于 20 世纪 50—60 年代）

夜来后晌做了个梦 夜来后晌做了个梦，两个老鼠抬着个瓮。一个往里钻，一个往外蹦。一个磕着头，一个碰着腚。（流行于 20 世纪 30—60 年代）

动物谜语 上山直勾勾（蛇），下山滚其馏（刺猬），摇头梆子响（啄木鸟），洗脸不梳头（猫）。（流行于 20 世纪 50—60 年代）

扇子有风 扇子有风，拿在手中。谁要来借，不中不中！（流行于 20 世纪 50—70

年代）

小老鼠上灯台 小老鼠，上灯台，偷油吃，下不来，吱吱地，叫奶奶，奶奶没好气，拖着尾巴摔下地。（流行于 20 世纪 30—60 年代）

小叭狗 小叭狗，戴铃铛，钢琅钢琅到集上。待吃桃，嫌有毛；待吃杏，又嫌酸。吃了个栗子面丹丹，撅起尾巴上了天。（流行于 20 世纪 30—60 年代）

小杌扎 小杌扎，一崴块，黍黍面子包韭菜。爹爹吃了赶集的，娘娘吃了编席的，奶奶吃了看孩子，孩子吃了㧬泥的。 小杌扎，拔骨碌，开开楼门看媳妇。谁来了？你姑夫。背的啥？小犸虎。咬人吧？不咬人。啊呜，就一口！（流行于 20 世纪 30—60 年代）

卖豆腐 梆梆梆，卖豆腐，一直卖到山后头。山后头，一窝谷，两个斑鸠在那里哭。斑鸠斑鸠你哭的啥？俺娘不给俺找媳妇。（流行于 20 世纪 30—60 年代）

日本鬼 日本鬼，喝凉水，坐汽车，轧断腿，坐火车，吃枪子，坐轮船，沉了底。（流行于抗日战争时期）

民谣

装枕头 （旧时闺女出嫁前，装枕头的人一边装一边唱）你一把，我一把，不是仨，就是俩。左一把，右一把，也有骡子也有马。装上栗子装上枣，也生闺女也生小。右一把，左一把，不出三年养活俩。填上一把豆秸，生个孩子是秀才。填上一把黄麦穰，生个孩子是状元郎。（流行于清代至 20 世纪 60 年代）

三十亩地一头牛 三十亩地一头牛，老婆孩子热炕头。（流行于 20 世纪 40—50 年代）

八路军 八路军，独立营，谁参加，谁光荣。骑着马，披着红，看你光荣不光荣？（流行于抗日战争时期）

名人与名镇

入选本志“人物”标准为：历代事迹突出，影响较著者；或获得过较高荣誉的王村籍人士；或虽客籍，但与王村有关联者。分贤臣循吏、乡贤俊彦、名师良医、英模人物。生者不录。

贤臣循吏

王教

王教（1540—1604） 字子修，号秋澄，淄川县苏李庄人。明嘉靖四十三年（1564）举人，隆庆五年（1571）进士，赴礼部观政。万历元年（1573）授户部主事，负责京城崇文门税收。万历四年负责浒墅关税收，因妻许氏殁，告归还乡。万历七年复职户部，翌年监督江西征饷事务。旋因母丧丁忧三年，补考功主事，寻转吏部文选司郎中。万历十三年以考功司员外郎主持山西乡试。万历十四年参与官吏大计，二月擢任考功司郎中。告假返乡，逢妻李氏殁，遂无意仕进，赋闲于家。万历十八年夏起补考功司郎中，旋转文选司郎中。万历二十年正月，受阉党陷害，革职斥归。谢绝官吏探访，莳花种竹。万历二十八年岁饥，捐粟施粥，救活灾民数万。应县令之请编修《淄川县志》。万历三十二年病故于家。故后16年，明光宗即位，下旨抚恤，复原职，赠太常寺少卿，赐谕葬。山东巡抚令淄川县祀于学宫，入乡贤祠供祀，又于县城通衢建专祠供祀。著有《铨部王先生文集》《秋澄诗集》。

王教入仕之初，掌管故称“利薮”的崇文门税收，权显中贵往往掣肘，官商勾结。王教冰操凛然，锐意除弊，摒绝请托，依律而行，致请托者咋舌却步，奸商洗手奉法完税，王教廉声起于京城。三年考核优等，被派往苏州主持浒墅关税收。浒墅关地属三吴要冲，号称“十四省通衢之地”，商贾骈集，货舳鳞次，贪官喜为脔鼎，税收糜烂。王教上任痛革弊政，商民分流，薄征堵漏。往年一年税额才三万两，而王教上任十个月税收就达到四万两，商旅称快，当地人把他比作上古能臣庚桑楚。万历八年（1580），王教改任监江西兑，其职责是监督军队运输漕粮。他裁撤额外收费，杜绝私用，并带头践行，属下折服，称赞其“神明公清”[①]。任职吏部之后，他的职责是负责文职官员的考授、拣选、处分及品级开列。王教如履薄冰，公私分明，唯以德才选人论官，清介之声隆起，“部中称真冰鉴”[②]。万历十三年，王教以吏部考功司员外郎主持山西乡试，山西共得举人 65 名，名次确定后，拆开卷头，方知今科解元王浚初，乃当时东阁大学士王家屏之子。有同考官建议将王浚初改为第二名以避嫌，王教坚持按原来名次张榜公示，举子皆不以王教为私，更加服其公。乡试结束返京之际，山西官署欲将剩余银两赠予王教，王教艴然拒绝，分文不取。补任考功司郎中后，选贤任能，激浊扬清，“覆议诸劾疏二百，贪污不职者虽原奏轻必正之，而负冤者随亦洗雪，不柔茹，不刚吐也”[③]，成为吏部尚书陆光祖的左右手。王教杜绝请托，抑斥奔竞，因而权阉衔恨。时有吏科给事中胡汝宁，身居言路，却是“权门鹰犬”，投机钻营，才德不称其位，王教要从年例予以处分。有人把消息透漏给胡汝宁，胡先上疏诬告王教。权阉借故庇胡撼王，故意触怒皇帝，致使“一司尽黜”[④]。王教行李萧条，怡然就道。罢官回乡之后，隐居豹山之下，闭门谢客，不谒公门。“浚野千旄相望于道，独以不得一见颜色为恨。”[⑤]万历二十五年，紫禁城因雷击起火，万历皇帝下罪己诏，宣布大赦天下，声称将起用往昔被黜官员，以期中兴朝纲。吏部闻风上奏，起用王教等忠信能臣，内外官员也“累疏交荐”[⑥]，但终石沉大海。王教闻风，处之漠然。王教居住在乡下，居室不华丽，仅能遮风避雨而已，“日

① 毕自严《奉政大夫吏部文选司郎中秋澄王公行状》，见《石隐园藏稿》，中国文联出版社 2010 年版，第 186 页。

② 同上注。

③ 毕自严《奉政大夫吏部文选司郎中秋澄王公行状》，见《石隐园藏稿》，中国文联出版社 2010 年版，第 187 页。

④ 毕自严《奉政大夫吏部文选司郎中秋澄王公行状》，见《石隐园藏稿》，中国文联出版社 2010 年版，第 188 页。

⑤ 高举《秋澄王公传》，见王教《铨部王先生文集》。

⑥ 毕自严《奉政大夫吏部文选司郎中秋澄王公行状》，见《石隐园藏稿》，中国文联出版社 2010 年版，第 188 页。

饭脱粟，非宴会不兼味”[①]，“衣浣濯萧然儒素”[②]。万历二十八年大荒之时，灾民很多，王教捐粟作粥赈济乡民，且给散有法，救活了数万人。地方官要将其善行上报请功，他制止说，“我非为名者，我仅以继先志耳”[③]。他还捐出俸银，营建王氏宗祠，每月朔望，率子侄入拜，风雨从不间断。

王教回乡后致力于教育子弟，崇祯年间的户部尚书毕自严、礼部尚书张至发、兵部尚书孙之獬、工部尚书张延登都曾从学于王教，得其言传身教。万历二十九年（1601），淄川县知县朱万春登门拜访王教，恳请他主持县志续修。王教慨然承担，于万历三十一年完成并撰序言。世评此书：“故凡地方利病，风俗异同，无不洞本原，中肯綮，而人品优劣，据事直书，几于鲁春秋矣。”[④] 居乡期间，王教与诸兄两次捐资修建豹山圣母殿、地藏王殿，并建“时思堂”纪念其父，同时建王氏塾学。

王教前后为官仅十余年，官阶不高，任理财之职，他能不畏权贵，剔弊剪蠹，宽商薄征，裁撤浮费，得古贤臣庚桑楚之誉，又得“神明公清”的称赞。吏部七年，清廉自守，“登进真才，杜请托，抑奔竞，不惮强御”，“天下翕然以为得人”[⑤]，做到了“虚衷广询，精核不爽”[⑥]，推荐良才。朝中权贵，禁内巨珰，他全然不惧。审核二百多件弹劾奏疏，都能实事求是，分清是非，各得其所。

王教一身正气，政绩卓著，在当时政坛影响很大。与他同时代的张延登曾作如是记载：“公一秉廉洁，禔身为本，课门门治，榷关关治，督赋赋治，所至有声。”及吏部任职，被人构陷，罢官斥归，则“一日而声名振天下，莫不曰真选君，其司铨之公有如此者”[⑦]。王教任文选司郎中，奋力兴革，制订了一套选人制度。《明史·列传》中记

---

① 毕自严《奉政大夫吏部文选司郎中秋澄王公行状》，见《石隐园藏稿》，中国文联出版社2010年版，第189页。

② 高举《秋澄王公传》，见王教《铨部王先生文集》。

③ 毕自严《奉政大夫吏部文选司郎中秋澄王公行状》，见《石隐园藏稿》，中国文联出版社2010年版，第188页。

④ 同上注。

⑤ 毕自严《奉政大夫吏部文选司郎中秋澄王公行状》，见《石隐园藏稿》，中国文联出版社2010年版，第187页。

⑥ 毕自严《奉政大夫吏部文选司郎中秋澄王公行状》，见《石隐园藏稿》，中国文联出版社2010年版，第186页。

⑦ 张延登《赠太常寺少卿秋澄王公祠记》，乾隆四十一年《淄川县志》卷七《艺文志》，见陈连元、白相房主编《淄川县志汇编》，第765页。

载："王教，淄川人。佐光祖澄清吏治。"毕自严评论道："公归而继公为郎者，皆以公规为随，即相继报罢不悔者，公风之也。"王士禛在《池北偶谈》中记载更详："王秋澄先生，万历中，官吏部文选郎中，力持公法，政府权珰，无所措手。继者为顾泾阳、孟云浦、冯思豸，皆效之，遂相继黜逐。"可见王教秉持公正的气节影响了几茬官员。后来官至户部尚书的毕自严，认为王教是经纬天地之才，他说："以公之才，弗尼于位，而能究公之用，酌元气登泰阶，功业不在伊周下矣。乃长才短驭，途半而归，遂使公三十年弹天地压山川之手，仅时溢于芒毫片楮间。"[①] 对于王教的人品，时人视为楷模。毕自严认为，任职吏部正直执法尤难，"近代典铨推正直不阿者，必以吾邑王公为首，嗣是后起之俊影附音和，犹百川之归巨海，鳞介之宗龟龙也"[②]。

王教故后，赐谕葬，建专祠，祀乡贤馆，在县、府、省志中皆有传。王教专祠建于淄川城内，祠前立石牌坊，高大宏伟，为淄川24座牌坊之冠。著名书法家张中发在祠堂大门撰写对联："清风垂百世，正气著千秋。"

王教博览群书，工诗能文，被称为"淄西文学第一人"。有《铨部王先生文集》《秋澄诗集》行世。其文学作品独具特色。毕自严评其文才："公少有雕龙绣虎才，于书无所不读，解剥经传妙得玄旨，纵横千古，骏发奇思，文词非先秦两汉语不道，而诗歌出少陵、昌黎间，刻致独标，不袭唾馥，高者凌太虚，秀者夺方色。"[③]《淄川县志》称其"文章高自位置，不屑一凡近语"。

毕自严（1569—1638） 字景曾，号白阳，淄川县西铺村人。明万历二十年（1592）进士，授松江府推官。万历二十六年，擢升刑部河南司主事。万历三十一年，补刑部主事，不久改工部主事，管军器局。万历三十二年，督修都城，以"功捷费省"而著称。万历三十四年，升淮扬河道郎中，次年秋升淮徐兵备道。万历三十八年，以业绩显著举"卓异"，任用为山西分守冀宁道。万历四十年，升任山西参政副使，分守河东道。万历四十一年，再举"卓异"。万历四十四年，补为陕西参政、洮岷兵备道。万历四十七年，第三次举为"卓异"，升任靖边兵备道，不久晋陕西右布政使，授阶中大夫资治尹。泰昌元年（1620）八月，召为太仆卿，管京营少卿事。天启元年

① 毕自严《铨部王先生集序》，见王教《铨部王先生文集》。

② 毕自严《奉政大夫吏部文选司郎中秋澄王公行状》，见《石隐园藏稿》，中国文联出版社2010年版，第185页。

③ 毕自严《铨部王先生集序》，见王教《铨部王先生文集》。

毕自严

（1621），毕自严以右佥都御史巡抚天津，专饬海防，津门固若长城。天启五年，以右都御史掌南京都察院。次年正月，改任南京户部尚书。崇祯元年（1628），召拜户部尚书，毕自严施展“善治赋”的才智，殚心竭虑，兴利除弊，多有建树。崇祯七年革职还乡，崇祯八年，复官致仕。崇祯十一年腊月卒于家。毕自严官至户部尚书、太子太保、光禄大夫，著有《石隐园藏稿》《度支奏议堂稿》等。

毕自严出生于一个乡绅之家，23岁初登仕途，清廉勤勉，断案审慎，严惩恶霸，积案一空，百姓称其“毕青天”。《松江府志》载：“用法平允，庭无留狱。性狷洁，常菜羹粝食，家人至啖麦屑。”前礼部尚书陆树声到江南各府巡视，称赞他说，“新司理恭慎如书生，综核如老吏，博大凝重，如名世大臣”[①]。毕自严从松江离任时，百姓倾城而出，哭泣相送，士民镌《攀舆图》记载送别情景。

万历三十八年（1610）起，两次在西北任职，轻徭薄赋，为民请命，深受民众爱戴。任陕西参政、洮岷兵备道后，到任伊始，问疾苦，修险隘，练戎马，整器械，葺学宫，著禁约，兢兢业业，有条不紊。加强军事防范，一旦得知警报，就先期出巡，处处设伏，敌知有备，拔营以去，大兵不敢入临洮。

天启元年（1621），辽阳失陷，京师大震。朝廷决定设天津巡抚，专饬海防，毕自严受命赴津门创设开府。他增设镇海诸营，置水军，缮战船，募陆兵，市战马，备戎衣，造战器，修墩台，建营房。招募水、陆兵六万人，安排客兵万人，置战马千匹，用戚继光遗法，水军先习陆战。军队由是可用，津门固若长城。

崇祯元年（1628），毕自严任户部尚书。此时的大明王朝已是千疮百孔，国库空虚，财政赤字每年高达130余万两白银。履任之初，毕自严建议“清汰节省”[②]。他以度支大绌，请核逋赋，督屯田，严考成，汰冗卒，停蓟州、密州、昌州、永州四镇新增盐菜银22万两，都得到了皇帝批准。崇祯二年，他又提出十二条解决财政困难的措施，“为增

① 毕盛鉴编《淄川毕少保公年谱》，见《石隐园藏稿》，中国文联出版社2010年版，第373页。
② 毕盛鉴编《淄川毕少保公年谱》，见《石隐园藏稿》，中国文联出版社2010年版，第381页。

盐引，议鼓铸，括杂税，核隐田，税寺产，核牙行，停修仓廒，止葺公署，南马协济，崇文铺税，京运拨兑，板木折价”。不久，复列举上陈十二事，为“增关税，捐公费，鬻生祠，酌市税，汰冗役，核虚冒，加抵赎，班军折银，吏胥纳班，河滨滩荡，京东水田，殿工冠带”。这些举措，并非取之民间，亦非增之额外，不过挪缓济急，裒多益寡。他亲自到九边督抚镇所清查兵马数量，堵塞军饷漏洞。同时，他还尽力完善财经制度，制定了《清赋八式》:“钱粮规则宜明，总撒确数宜核，新旧粮额宜晰，起存琐细宜备，杂项开列宜详，驿站增派宜减，民屯出纳宜清，裁定册式宜简。”[①] 皇帝立刻令颁布于天下。在他任内，冗兵冗费得以减少，虚报冒领、贪污侵吞得以控制，赋税收入增加，财政趋向复苏。

崇祯三年（1630），兵部尚书梁廷栋请增天下田赋，毕自严不能制止此事，于是在已增520万两赋税之外，又增征165万两有余，引起人们非议。崇祯四年二月，以吏治更始，毕自严提出了十项针对官吏的禁令，如禁止加征耗羡、添搭贻累、滥收词讼、滥科罪赎、罪外苛罚、官价买物、淹禁犯人、差役骚扰、趋承上司、滥用夫马等，帝命饬行。

当时朝廷内门派纷争，毕自严唯以中正公义为准则，从不参与任何派别，故遭权相忌恨欲除之。崇祯皇帝又开始重用太监，宦官高起潜、张彝宪等对毕自严多所掣肘，恶语中伤。这时毕自严已年过花甲，积劳成疾，连续上疏四次乞求归养，最后以眼疾难愈而上《朦目万难疏》，崇祯皇帝不批准，于是君臣交恶。此时“郑友元事件”发生了。

崇祯四年（1631）吏部考选，要求参加考选的官员必须先将各官钱粮完成。当时，毕自严就上疏陈述华亭知县郑友元的前任青浦知县尚欠金花银2900两，崇祯皇帝下旨：郑友元降一级，调外任。本来此事已经解决。但是，崇祯六年正月，温体仁等旧事重提，故意挑唆，激怒皇帝，指斥郑友元金花银代输一项显系虚捏，户部故意偏袒，于是下旨毕自严革职入狱。各科道九人交章论救，不被皇帝采纳。又有内外大臣八十多人上疏论救，才允许移押真如寺。出狱后，毕自严开始整理自己的著作。崇祯七年四月，法司四谳，才谕遵前旨革职。回家后，毕自严课子侄读书，出粟200石在王村建立义仓，捐修淄川城墙数百尺，在西铺修建毕氏先祠。崇祯八年，复官致仕。崇祯十一年腊月卒于家，赐谕葬。

毕自严为官42年，履职21任，赐封四世一品，诰命33道，高珩在《〈石隐园藏稿〉序》说，“树德以立其本，经方以达其用，大人之事备矣”。万历四十四年（1616），淄川大饥，人相食。毕自严著《灾祲款议》上书淄川县令，详陈灾民苦楚、拯救措施及善后事宜。西

① 毕盛鉴编《淄川毕少保公年谱》，见《石隐园藏稿》，中国文联出版社2010年版，第384页。

征备边时，他严加清汰，岁省数千金，一切赎锾不循例入私橐，全部入官仓，边用因而富裕。即使寻常节令，一切馈赠饮食皆峻拒之。身为户部尚书，经手万千银两，从未将一两装入腰包，也从未有一个政敌以贪墨之名中伤他。兵部尚书李邦华在为毕自严所作《〈抚津疏草〉序》中赞誉其道："时所称天下第一廉平，则无若今少司徒毕公。"毕自严任职南京户部时，魏忠贤欲卖掉南太仆牧马草场，朝廷上下无一人反对，独毕自严坚持不可，不惜引疾辞归。客魏用事，朝政日乱，毕自严借地震之由而上疏极谏，要"慎内批，节恩泽，惜人才，罢内操"。[①] 朝廷内门派林立，崇祯皇帝责问其属于何党，毕自严回答："臣知筹国计，尽职守耳，不知党为何事。"[②] "盖以持正不阿，虽莫为推援，而操履皎洁，无可摘疵。"[③]

毕自严担任户部尚书近六年，以"善治赋"而著称，特别是在当时国库空虚、财政崩溃的局势下，毕自严深知"国计民瘼，难分二视"。[④] 面对薪饷日增，毕自严忧心忡忡，"长此安穷，民力奚堪"，于是上《八镇经制疏》，请节民力。面对久旱不雨，民生日困，他上《因旱陈言疏》，提出十条救急之策。骄兵悍将索饷无度，他认为必将"日凿生民之元气，竭万姓之膏血"。[⑤] 竭力补苴，珍惜民力，以纾民困，是他一贯的理财方针。

"任事勤敏"[⑥]，是崇祯皇帝对毕自严的评价。崇祯二年（1629）冬，清兵入关，京师戒严，天下勤王兵马四十万云集京师四周，粮草军饷供应成了严重问题。"中旨一日夜数十下，削奏章亦数十上。面肿手裂，两月身未贴席，援兵守兵皆得宿饱。"[⑦] 兵部尚书张坤安评价毕自严："公精敏娴熟，天下大计，朗朗于胸，屈指兵食款目，如观掌果。时军兴旁午，中旨日数十下，公即刻奏成手中，一一当上旨。不似后来者，止署字纸尾，令司属具稿，专以子部为左右手也。"[⑧] 一日，崇祯皇帝召集毕自严和兵部尚书，问

① 参见孙廷铨《故明太子太保户部尚书白阳毕公墓碑》，见《石隐园藏稿》，中国文联出版社2010年版，第366页。

② 孙廷铨《故明太子太保户部尚书白阳毕公墓碑》，见《石隐园藏稿》，中国文联出版社2010年版，第367页。

③ 乾隆四十一年《淄川县志》卷六《人物志》，见陈连元、白相房主编《淄川县志汇编》，第629页。

④ 参见毕自严《再议收买疏》，见《石隐园藏稿》，中国文联出版社2010年版，第9页。

⑤ 参见毕自严《兵饷日增疏》，见《石隐园藏稿》，中国文联出版社2010年版，第57页。

⑥ 毕自严《七恳休致疏》，见《石隐园藏稿》，中国文联出版社2010年版，第250页。

⑦ 乾隆四十一年《淄川县志》卷六《人物志》，见陈连元、白相房主编《淄川县志汇编》，第629页。

⑧ 高珩《〈石隐园藏稿〉序》，见《石隐园藏稿》，中国文联出版社2010年版，第8页。

以兵饷之数，兵部尚书无言以对。毕自严代为条奏边兵数量、军饷数目及支付数额，条理粲然如指掌，无一二挂漏，以“勤敏”赢得了皇帝的信任和朝臣的折服。

毕自严著有《石隐园藏稿》8 卷,《抚津》《督饷》《饷抚》《留宪》《留计》共疏草 19 卷,《度支奏议堂稿》20 卷,《各司》98 卷，均刻印于世。还有《选定古文尚友编》100 卷、《古今四时绝句》100 卷，藏于家。《四库全书总目提要》称其“以经济兼文章，则自严要不愧也”。高珩认为，他的诗歌“金石之声铿锵”[①]，可与著名文学家边贡、李攀龙相媲美。毕自严的《石隐园藏稿》《度支奏议堂稿》等著作，是研究当时政治、经济、军事、社会等方面的重要资料，具有独特价值。

乡贤俊彦

毕恪　男，字志俨，明朝中期淄川县忠信乡西铺村人，为淄西毕氏五世祖。以曾孙毕自严贵，诰赠光禄大夫、太子太保、户部尚书。毕恪幼年习文不广，读书无多，但古今兴衰治乱，及圣贤名节、忠义处世都能举其大端。《石隐园藏稿》载其：“言有物、行有恒，人莫不信且悦焉，曰：志俨翁长者、长者。”淄川知县闻其廉仁之名，将其推举为忠信乡保正，时乡辖一百余村，地广人众，民事纷纭，毕恪公正而治，致乡风淳厚，民居德而知耻，绅、农、工、商各安本分。由此而赢得本乡和邻县交界民众的爱戴和拥护，百里之中，宴会、婚嫁、礼典以毕恪主座为荣，毕恪不到，

毕恪

① 高珩《〈石隐园藏稿〉序》，见《石隐园藏稿》，中国文联出版社 2010 年版，第 8 页。

老少皆不欢。其威望之隆可见一斑。西铺村南村北各有巨壑，秋冬雨雪，沟深流急，往来行人大有不便。毕恪竭力捐资，南北各建桥梁，行旅、商贾、百姓大为称便，其轻财好义为全县称道。其曾孙毕自严曾评价说：“虽没齿布衣，举迹不逾里门，而百里颂义，令问施身，古所称‘居三年而畏垒大穰，众思尸祝者’，信不诬也！”

毕忠臣（1497—1575） 男，字廷佐，王村镇万家庄人。为淄西毕氏六世祖，以孙毕自严贵诰赠为光禄大夫、太子太保、户部尚书。毕忠臣天性友爱，于兄弟亲密无间，于族人里党熙熙爱睦，以至或商旅，或故人，有难不能解者，蒙冤归于狱者，必施于援手，使其归于里，保有家，申其冤，解其难，其扶老怜贫、恤孤、怜寡闻名于四乡。后由县中耆硕推举为司市官，调商贸纠纷于市，解争斗释讼情于民，公正处事而无偏私。府县闻其德行声望，又聘其入县衙为吏员，后以年老归家。淄川知县以其“德行于乡，善行于里，孝行于家”将其列名于“旌善亭”，而树为行善积德、教化于民的典型。

毕忠臣

毕忠臣年老归田后，致力于督导子孙读书。七子之中，檠、架、丛、林、树，皆为省祭官，亦分别为布政司、按察司、府、县衙门之属吏；六子毕木为儒官，七子毕本为冠带武生，27 个孙子中，出进士二人，举人一人，贡生一人，生员八人，吏员三人。曾制家堂一轴，年节祭祀必为子孙讲说世系，释解祖宗创业之艰难，而督导其勤俭上进。又在万家庄南辟地建普提庵，捐巨资请名僧于江南，印藏经于南京，终其一世，香火盛于是乡。

王宣化（1535—1590） 男，字用贤，号云石。淄川县李家疃村人。王宣化少小聪敏好学，14 岁入邑庠为生员，明隆庆元年（1567）举人，翌年中进士。授直隶阜平县知县，以处事公允得士民爱戴。调遵化县知县，县当要冲，驻军亦多，历年军民时相冲突。王宣化赴任，以国事为重，区划曲直，调处两方，军民得以相安。几年之间，清吏胥，减民徭，全县商农大受其益，乡绅庶民大相敬佩，颂誉之声不绝。遵化任满，以政绩卓越擢南京都察院浙江道监察御史，以敢言直谏称颂一时。有一权贵之父收受囚犯贿赂，为囚犯买情减刑，王宣化查清后，上疏罢免权贵之职。有一任指挥犯重罪当处死，王宣化依法上报。其人送礼于其家，名曰十坛肴品，实为十坛珠宝，价值百万之巨，王宣化坚却不受，而移文将其明正典刑。在任数年一心国事，上朝廷奏疏多次，而无不一一报可。宦官贵介交通于他，无不一一婉拒之。其正色立朝，凛凛然“名御史”之名远播。

明万历年间，迁汉阳府知府。汉阳为楚地之枢纽，王宣化到任即留心民情，谢绝权贵交际。时权相张居正其势正炽，王宣化处事“只知有楚民，不知有楚相”，故得罪张居正之子，至唆使言官罗列罪名谤诬，降王宣化为深州判官。万历十年（1582），王宣化以判官升顺德府推官，又升刑部主事、刑部员外郎，以廉政有为擢任陕西按察司佥事。赴任途中患病，继而精神错乱，病中之清正之态不减，直斥别人过失隐私，每每使人不堪而逃。

王宣化为官 22 年，历五任地方官，三任京堂官，其廉洁自持、刚正不阿为朝野所重。一生只知有国，不知有家，为官多年而不治产业，终其一生仅有田地 10 顷，居室器物不异常人。

毕木（1537—1601） 男，字子近，号舜石，晚年自号黄发翁，淄川县万家庄人。毕木出身于耕读之家，家境殷实。幼年从学于大儒张敬，与同窗王教深得其师嘉许，“亟称二俊，无所轩轾”[①]。补增生，屡试不第。年甫三旬辍学回家孝亲力田，学使深憾，“给冠带命为儒官”[②]。

毕木

毕木“事父母竭力承志，务得欢心”。[③] 每有病作，药必尝，祷必虔。父母去世后，在白业堂西建立祠堂，塑父母遗像，奉始祖以下列祖牌位，朔望率诸子拜奠，至老不废。毕木友爱兄弟，兄弟七人，其序为六。撑持家族，创修族谱，调解纠纷，析产恤孤，毕木勇以自任，公正无偏。父亲为其兄弟析产时，毕木分得一片膏腴之田，三兄欲得，毕木主动与兄调换。后来三兄被怨家陷害，逮治下狱，室毁产荡。毕木跋涉千里救援，面官力辩其冤，

① 张鸣铎鉴修《淄川县志·人物》。

② 张鸣铎鉴修《淄川县志·人物》。

③ 参见毕自严《先君黄发翁传》，见《石隐园藏稿》，中国文联出版社 2010 年版，第 82 页。

三兄终得获释。事后，毕木绝口不提救兄一事。毕木义方教子，累年不懈。他生有八子，延名师教诲。在祠堂置责善、惩恶二簿，朔望日分别登记，以示劝惩。八子中有进士二人，举人一人，明经一人，廪生一人，三人为庠生。毕自严初仕松江，以“清、慎、勤”相勉励。毕自严官至户部尚书、八子毕自肃为辽东巡抚。时人有论，“居为良士，出为名臣，庭训力也”。毕木恤孤怜贫，乐于助人。里人借粟，又值荒年，焚券达数百缗。对经济治世，每见卓识。淄川县令均田之策，缮城之役，都登门问计，毕木为之筹划，曲尽利弊。家中人口众多，柴米油盐，人情诸事，处分得当。自奉节俭，终身不经商、不渔猎，立不居间、不放债、不攻煤井为家训，有怀契投献者，百说不受。对黄白、星相、方技、轮回之说，目之惑世误民，斥而远之。他厌恶苛礼俗套，谢远贵介。好友好游，附近名胜尽为游览。喜好营屋建舍，度地规划独具匠心。度材量费，胸中了然。书法善行草，好为诗歌，有感而发，直抒胸臆，有五柳诗风。为文率真颇有旨趣，有讽世俚曲数篇。毕木去世后，毕自严、毕自寅收集其父旧作，编成《黄发翁集》，刻印行世。

毕自寅（1579—？） 男，字畏甫，号旭阳。明末淄川县万家庄人，13 岁中秀才，万历四十三年（1615）乡试中举人。此后连续五次参加会试都铩羽而归。后经吏部谒选任吴桥县知县。三年后升任南京兵马司指挥，再升南京户部广东司主事。后来朝廷因为追究吴桥兵变责任，时任吴桥县知县的毕自寅受到牵连，被削职为民。毕自寅回乡闲居，修建拱玉园，诗酒自娱，自称“淡隐”。有著作《拱玉园诗集》《志隐集》《选石斋诗》刊行于世。

毕自肃（1580—1628） 男，字范九，号冲阳，淄川县万家庄人，毕自严八弟。自幼聪敏好学，性豁达耿直，沉毅果决，有大略。明万历三十一年（1603）举人，明万历四十四年中进士。初授定兴知县，地当交通要道，过往官吏军兵往往逾例横索，百姓苦之。毕自肃到任后概峻拒绝，依法裁减过往公差接待费用，减少驿站开支。以雇役代替佥报，以官输代替吏解，改墩夫为健丁，改坐铺为巡路，兴利除弊，减轻百姓负担，循声大著，民众有“神君慈母”之誉。天启二年（1622）本来可以通过行取担任京官，因胞兄毕自严任户部侍郎，例须回避，迁任礼部主事。离任之日，士民攀辕。后于

毕自肃

城东建生祠焚香祝拜。天启六年，补任宁前兵备道，当时战事紧急，群官一听说要出关作战，都噤若寒蝉，毕自肃受命毅然单车赴任。时值淫雨连绵，宁远前线五城城垣都已倒坍，为守城御敌，毕自肃上任即抢修城垣，数月之间，须发皆白。翌年金兵进犯宁远、锦州，“协同辽东巡抚袁崇焕，竭蹶捍御。”[①] 援功加太仆寺少卿衔。

崇祯元年（1628），升任都察院右佥都御史、巡抚辽东。其时，金兵屡犯，形势严峻，毕自肃选将练兵，以辽人守辽土，以辽将统辽兵，坚壁清野，固守待敌。乘敌退之机，重砌锦州城垣，石筑杏山城垣，分兵驻守。遣师出击三岔一带，屡有捷获，将降丁安插在大兴堡、沙河堡，异城而守，以防有变。此时国力空虚，军前百需，呼号不应，各地边饷，有迟至十余月者。毕自肃连上九疏，催饷不至。此时的宁远前线，“以乌合蚁聚之人，当米珠薪桂之地，枕戈以待大敌，从来如奉骄子。四月无饷，人何以堪？……匿帖屡传，兵心大变。”[②] 湖广、四川籍士兵哗变，13座营寨立即响应，乱兵把毕自肃等四名军政官员绑到城楼上。毕自肃性格刚烈，责斥乱卒，没有一句怯弱的语言，后乘机夺刀自杀，被人制止，毕自肃愤而晕厥。抚院衙门文卷被毁，乱兵只搜得散碎银二三百两，才感到后悔。后由兵备副使郭广筹措两万两白银，又向当地商民借银三万两交付乱兵，毕自肃等获释，授意草疏请罪，绝食而死。事后朝廷廷臣会议，削其生前官阶，同时以违制稽饷致乱辱国之罪将户部侍郎革职，夺其恩荫。后毕自严上疏申诉兵变由缺饷所致，请求为其复职，未准，又请将其功绩记入史册，得到允许。毕自严把他巡抚辽东的文章奏疏，编成《抚辽茶语》。

王所须

王所须　男，生卒年不详，字衡吾，号斡宇，王村镇苏李庄人。明朝万历三十一年（1603）中举，以举人身份选为直隶河间府南皮知县，再调任交河县知县。因政绩突出，升任山西应州知州，授奉训大夫衔。积劳成疾，殉职官署。王所须生活俭朴，体恤百姓疾苦，办事效率高。《南皮县志》记载：“公起家勤俭，治邑亦然。而抚恤贫民，礼贤下士尤切切焉。时征调多端，顷刻立办。邑人为立生祠，春秋尸祝。”

① 毕自严《宁远兵变待罪疏》，见《石隐园藏稿》，中国文联出版社2010年版，第151页。
② 同上注。

在他的影响下，其十个儿子均刻苦攻读，取得功名。其中，王鼎荫、王昌荫为进士，官至五品；王新荫为武进士，官至大同府怀来卫守备，武威将军衔。

沈润 男，字静澜，生活在明朝末年至清朝初年。祖籍淄川县沈家古城。其七世祖沈文刚，自沈古城迁居沈家河村。明崇祯十六年（1643），沈润中进士，授潞安府推官。第二年，明王朝覆亡。他顺应潮流，归顺清朝。不久，升职为礼部典制，典试河南正主考官，再升分守宁绍台道参议。他管辖的宁波舟山群岛一带，清初尚有南明王朝残余军队占据岛屿，数届前任久攻不下。沈润受齐田单火牛阵法启发，收购数千只山羊，身被棉絮，尽浸桐油，以舟船运抵岛岸。夜趁西北风，令军士一起点火，羊群被烧灼，一起蹿上岛屿，火借风势，燎原全岛，势不可挡，南明守岛残军皆被烧死或逃窜，舟山岛屿尽被收复。沈润受到朝廷表彰，其事迹载入《平心录》。沈润有《越州赈史》刊世。

毕际竑（1615—1687） 男，字孟议，晚年自号讷庵。淄川县万家庄人，毕自肃长子。童年随父亲在任所读书，父亲死于辽东后扶柩回乡，其时毕际竑方 13 岁，即执掌家庭。曾 13 次赴乡试皆未中，后以食饩资满为贡生，曾被推举为乡饮大宾，死后次月选为郯城训导。

毕际竑青少年时期处于兵荒马乱中。明崇祯十年（1637）清兵一部攻掠山东，毕际竑环宅筑堡（后人称“堡子城”），后清兵逼近，全家去南山避难。明朝灭亡前，曾被官军征去淄川守城。顺治初年，他从清兵手中买来一位年轻姑娘做婢女，二年后家人寻上门来，恳求赎人。毕际竑一文不收，遣送其回家，使母女团聚。清军剿灭谢迁起义后，有婆、媳、孙三人被清军执于淄川，将作为战利品卖掉，家中无力赎回。毕际竑萍水相逢，知其境遇后即设法营救，谎称与老妇人是中表姊弟，与清军军官同吃住三天，软缠硬磨，终于将三人救了出来。

清康熙年间（1662—1722），吴三桂率部在云南造反，朝廷下令州县所存火炮全部运往金陵，迟到者军法处置。淄川县有火炮七百余门，知县派三千余人运送，并饬各乡朝令夕不办者处死。乡里长被杖者甚多，一时间金陵运炮成为官急民难的苦差。毕际竑毅然写信给县尉，建议改为派牲畜运送，并详为筹划。知县正在为难之际，立即采纳了他的建议。三天后就集合牲口出发，十天后即运到金陵，淄川是全省运炮最快的县。乡里长们说，这一策节省几千两银子。如果是人力运炮，不知几人死于杖下，不知几人要死于路途！毕际竑著有《讷庵痴说》，高珩作序。但他晚景凄怆，72 岁时，子、孙、长曾孙半年内相继病死，其孙殁后半月他因哀毁辞世。

邱璐（1620—1682）男，字荆石，祖籍王村镇尹家庄，其祖父迁居豹山南麓巩家坞。邱璐辞官后，返回原籍，定居尹家庄。邱璐于清顺治十五年（1658）考中进士，先后任山西沁水县、北直隶大兴县知县，秩满后升任扬州府江防同知管瓜洲押口。任沁水知县时，捐出俸禄代穷苦之家完税。老弱者不能到县衙交粮，他就安排役夫到村里去收粮。调任大兴知县后，严厉追缴富户历年欠缴的税赋。在扬州府江防同知任上时，居官瓜洲鱼米之乡，不收不贪，体恤民情，"岁饥则赈贫，疫作则施药"，获得百姓赞誉。鉴于其爱民廉政声誉，康熙皇帝奖赏其"半副銮驾"。在瓜州押口任上，由于邱璐默许商贾负背肩挑货物过江，逃避车船税捐导致税银流失，被追责罢官归里。

毕际有（1623—1693）男，字载积，号存吾，淄川县西铺村人，毕自严之子。毕际有幼年受荫为官生。16 岁入淄川县学，入清后于顺治二年（1645）拔贡，顺治四年考入国子监，顺治八年毕业，十三年授山西稷山县知县。上任伊始，走访乡绅，征求施政方略，继而肃清吏治，使贪、怠、惰大为收敛；严保甲，致民知廉耻，匪盗绝迹；缓征徭，大减贫民负担；清积案，监狱一空。属下各司其职各尽其责，衙署风气一新。上任数月，百业俱兴，阖县军民欢呼，才卓之名晋省具闻。省抚台、布按两司对其大加赞誉；府中外县有疑难案件，府台批交毕际有审理，无不立雪其冤。平阳知府将其立为平阳府 36 州县之楷模。顺治十八年升江南通州知州。通州三年，延续稷山之政，大得民众拥戴。豁免鳓鱼折价，解除渔民之困。办学校，士子以延崇学之风。施政之余，同江南诸名士赋诗联对，由是毕际有亲民饱学之声充于里巷。康熙二年（1663），以属下千总解运漕粮亏欠，以家产赔补不足数，追责于毕际有，致罢官归田。毕际有回籍之时，万人送别，江南名士送至江边，握手不忍别，绘《江干系马图》相赠，且争作诗歌以咏其事，大江南北传为佳话。

毕际有

毕际有归乡后，孝养母亲。又整修石隐园，聘请蒲松龄教授 8 个孙子。蒲松龄在毕家坐馆，8 个学生无一人中举，毕际有并不介意，对蒲松龄仍以礼相待。蒲松龄在毕家执教期间逢三次大灾，树皮、草根吃光，至有"人相食"，毕际有对蒲松龄束脩外，另赠以粮食。蒲松龄在毕府期间数次赴省乡试，亦全力支持。

毕际有不仅官声显著，亦有文名。罢官归家后的 30 年间，文人名士接踵而至，诗词唱和自是年年盈册。晚年参加纂修《济南府志》《淄川县志》。著有《淄乘征》《存吾诗草》《泉史》等。曾在王村大集捐市税解商困，捐资重修炳灵王庙、大兴教寺、青云寺、豹岩观等。续修《淄西毕氏世谱》，承担毕氏家族族内公共事务等。

袁藩（1627—1685） 男，字宣四，号松篱，清初淄川县明水乡人。清康熙二年（1663）中举，以后屡试不第。康熙十二年，赴吏部铨选，得候补知县。康熙初年，受毕际有邀请，与毕际有、唐梦赉一同撰修《淄川县志》。康熙二十四年，再受毕际有之邀，进石隐园帮助毕氏整理、校勘《石隐园藏稿》。其间，与蒲松龄结为挚友。康熙二十四年秋，范阳河洪水泛滥，其家被淹，在贫病交加中去世。死后，毕际有为其整理、刊印《敦好堂集》，收入诗词1500余首。

毕际孚（1632—1699） 男，原名际兑，字信涉，号拙隐，明末淄川县西铺村人，毕自严第三子。天性英敏，年纪尚轻即考入京师国子监，又以监生考授州同知，因母老弃官不就，以大部精力督责诸子读书上进，犹不忘精研诸子百家。居家勤俭，父亲遗留一皮衣，穿用60余年亦不忍弃去。天性喜爱花木，以园宅列树布石，陶然自适。晚年将田园分于诸子，自己建别墅于东庄（即现在商家镇西阿村），取名安乐窝，日间常与老农量雨较晴，不理外事。东庄南山景致斐然，山腰有石，方广逾丈，平整又极光亮，石旁又有一泉，色味清冽，取以酿酒，酒味醇香。毕际孚流连徘徊于其间。为其石取名曰“阿石”，泉曰“阿泉”。文人墨客来访，尝于石、泉之旁赋诗联对，蒲松龄时相过从，同游于阿石、阿泉，诗酒共娱。晚岁自号拙隐，邀请蒲松龄代作《逸老园记（代毕信涉）》，优游林下生活十数年，足迹不履城市，片纸未入衙署。常吟诗自乐，自联曰：“留不尽以还天地，留有余以遗子孙。”有古君子之风。毕际孚生10子，7子考取功名，孙15人，多以文章行谊闻于世。

毕世持（1649—1687） 男，字公权，幼号圣童，清初淄川县万家庄人，9岁能作文，11岁就童子试夺冠。毕世持身材高大，面目俊朗。读书过目不忘，吟诗作赋，出口成章。清康熙十七年（1678），参加乡试，夺得山东解元，闻名遐迩。但其后屡试屡败，未能得中进士，遂忧愤成疾，于康熙二十六年六月病殁。毕世持与蒲松龄交情甚笃，蒲松龄有多首诗词是写给毕世持的。其死后蒲松龄一连写了八首七言律诗哀悼他。其中有句“空花幻梦三生约，荒草斜阳六尺坟。铩羽东归人不见，一声邻笛泪纷纷”，哀叹毕世持多舛命运。毕世持还与蒲松龄合作写作《马介甫》一文。王士禛与赵执信也称道毕世持的文才，赵执信《怀旧集》中说：“淄川毕世持公权，少有隽才。康熙戊午乡试，山左之文冠天下，公权为举首，余次之，齐名相善。后三上春官不见取。其文清深幽异，俗流浅识莫能窥也。由是愤郁遂卒，年不满四十。”王士禛曾为他写过传记，称“四十年来文章之盛，倾动四方如君者，未之有也”。毕世持有《困佣诗草》存于家中。

王鼎荫 男，生卒年不详，字公鼐，号六符，原名鼎胤。明末淄川县苏李庄人，王所须第四子。清顺治二年（1645）中举人，顺治三年中进士。初任直隶东安县知县，调江南溧水知县。丁内艰，服阕，补河南桐柏知县，后调任宜阳知县。王鼎荫性情耿直，是非分明，勇于自任，体恤百姓。在宜阳任上，查得有悬地2000余顷（悬地是历届前任虚报土地的空缺数），但已经户部核准，其田赋由种地农户分担，百姓苦不堪言。王鼎荫为民代言，向上级反复申述实情，恳请上司豁除悬地田赋，但未获批准。王鼎荫冒险上疏，直接向朝廷建议，获准免除“悬地”税赋。但因违犯知县不得给皇帝上疏的规定，降职为县丞。宜阳民众感激敬重，建“甘棠遗爱祠”以示纪念。《宜阳县志》为其立传。《淄川县志》亦载事迹。

王鼎荫

王新荫 男，生卒年不详，号九皋，明末淄川县苏李庄人，原名新胤，王所须第九子。清顺治五年（1648）中武举，顺治六年中武进士。初授明威将军，莱州卫守备，擢升山西大同府怀来卫守备，授武威将军。王新荫果敢刚毅，武艺超群，又礼贤下士，每战必身先士卒，屡立战功，深得士兵拥戴。敌军曾以重金买其项上人头。后战死沙场，尸骨被戮。

王新荫

毕盛钜 男，生卒年不详。字韦仲，一字耳豫，号豫园，淄川县西铺村人，毕际有次子，拔贡生，授黄县教谕，因母老而辞职居家。寿74岁。

毕盛钜幼小即天性英敏，读书善解，通晓诸子百家，又精于翰墨，文辞隽逸书法刚劲，画工逼真。几十年间，淄川阖县公认其为博物君子。毕盛钜治家严谨，克勤克俭，克绍先业，居乡里和蔼又乐于助人，居家事父母以孝闻于全县，入县志《孝友传》。因母老多病而读方书，攻医著，遂精于岐黄而成一方名医。四乡求诊望疾者接踵而至，毕盛钜按症授方，药攻灸治，多奏奇效。蒲松龄在毕家教授毕盛钜 8 子，30 年时间，无馆东之傲气，二人以同学兼兄弟之谊亲密无间，资助蒲松龄创作及治举子业。康熙五十四年（1715），镌《毕自严传》于碑石，嵌于先祠墙上以示后人。书法、撰文均其一人所为，至今完存。有著作《石隐园唱和集》行于世。

毕盛钜

毕世济（1696—1782） 男，字仲未，号巨川，淄川县西铺村人，毕自严曾孙。清雍正七年（1729）举人。自幼聪慧，应童子试下笔不停，一气呵成。中举后参加会试，于号舍中赤身答卷，被逐出号舍，从此绝意仕进，教授生徒。他常说，“才高者易自弃，迟钝者多成就”，虽中才以下亦循循不倦，故出其门者往往得功名以去。毕世济读书甚广，对易学尤精。所读史书皆有批注，小楷尤工整。

毕世济性格孤僻，见俗人直视却不言语。乡人谓其疯，自谓“不疯不能避俗”。参加乡试前饱食一顿，量比平时大五六倍，考试三天不进食，唯饮水。恪守“男女授受不亲”之礼，虽嫂、妻亦不例外。身强壮，或赤身夜雪，或曝背烈日，寒暑不侵。喜游山水，古稀之后仍蹑险阻如平地。一生著书甚多，有《古本〈大学〉释注》《项氏齐物论》《大学衍义》《政治三篇》等。乡人称为“疯举人”。

李毕氏（约 1755—约 1850） 女，彭家庄李显业之妻，为毕道远之姑母。李显业早卒，寡居，无后。李家乃全村富户，家有良田 40 大亩，毕氏深明大义，全部捐献出来为全村办义学。清道光十三年（1833）在村西修建学校，名为“乐静园”，聘请廪生胡延祚任教。淄川知县龚廷煌为表彰毕氏义举，于道光十六年为其赠匾，题曰“绩继宣文”。自此以后的 100 余年间，彭家庄子弟读书均受益于毕氏义学，直至 20 世纪 40 年代前，从不用交任何费用。乐静园于 1939 年被日军拆毁。毕氏事迹载入《淄川县志》和《济南府志》。

王悦衡 男，字汝平，淄川县李家疃村人，大约生活于清道光至光绪年间。授从九品衔。王悦衡弟兄五人，行五。父母年老多病，悦衡 15 岁分家单过。他年轻持重，虑事周全，乡亲皆信任于他。咸丰十一年（1861），淄川一带遭遇战乱，他背负老母亲避难南山石口峪，在山上垒砌石屋，安顿老母。战乱平息后，他被辛庄、王洞、青野、矾硫、张庄、台头等 6 个村庄百姓推举为团练首领，训练团练。并鸠工庀材，修筑起李家疃圩子墙，数村民众到李家疃避难，百姓有口皆碑。其事迹被淄川县报于朝廷，而授予钦加五品衔、候补县丞。《王氏世谱》赞誉他“并行聪敏，立心仁厚，孝义兼全”。

毕远翱（1798—1881） 男，又名远芩，字凤辉，淄川县王村镇栗家村人，清道光丁酉科拔贡，候选教谕，未仕。

毕远翱生于耕读之家，其祖父毕丰涟，和睦乡里，为一村之望。毕远翱幼承祖教，且聪慧好学，早年入泮为生员，以后又与族弟毕道远同窗共读，二人学业同为优等，互为冠军。毕远翱拔贡，即被学政选为淄川县学主讲，教授全县生员。后设帐于西铺村，教授族间子弟。道光二十年（1840）祖、父亡故，毕远翱撤帐回家执掌家务，在他治理下，家业日益兴隆。

毕远翱兄弟五人，未分家，称树荆堂。远翱居长，主家政几十年，诸弟唯长兄之命是从，全家男女老幼百余口，加仆人佣工二百余人，土地近千亩。家中设有家塾、机房、钱庄、仓库，城市内有商铺，家大业隆，所织茧缎畅销江北。兄弟子侄都由远翱一人调度，上下和睦各司其职，各尽本分，实赖远翱一人秉公管理且率先垂范。为人急公好义，咸丰年间联络众乡邻筑圩墙以保平安，又组织村众建村东大庙，联络族人建毕氏四支家祠，得乡亲族人赞誉。

毕道远（1810—1889） 男，字仲任，号东河。祖籍淄川县万家庄，为明末辽东巡抚毕自肃第九世孙。毕道远幼承家学，聪敏上进，读书过目不忘，对书中章句，远众俗而独有见解，塾师曾评价“此子志高，吾不能窥及一二也”。清道光十九年（1839）毕道远中举人，道光二十一年中进士。选翰林院庶吉士，散馆授检讨。

毕道远仕宦生涯47年，历任山西乡试主考官、侍讲学士、日讲起居注官，咸安宫总裁，国史馆纂修，内阁学士兼礼部侍郎衔，兵部左侍郎兼礼部右侍郎、户部右侍郎、兼管钱法堂事务，署户部左侍郎兼管三库事务、钦命总督仓场、都察院左都御史、兵部尚书、礼部尚书，钦命管理户部三库事务大臣，经筵讲官，武英殿总裁，玉牒馆副总裁兼管顺天府府尹等职。恩赐紫禁城骑马，殊旨毋庸带领引见，随带加二十二级，记录二十六次，诰授光禄大夫。他始终秉承清、慎、勤、学四字箴言，谨言慎行，在复杂的人事漩涡中，进退超然，保持一世清名。毕道远任总督仓场，三任不改其官，深得朝廷信任。他严于律己，严督属下，革除陋规积弊。他奏请漕粮由官运改为自运，既节省时间，提高效率，又杜绝了贪污自肥，可谓一举多得，直到毕道远离任多年，北京民谣“毕公督仓场，不吃发霉粮”仍在传诵。毕道远一生两袖清风，家中不建府第，不置田产，继室邵氏勤俭持家，穿粗布衣衫，吃粗茶淡饭，亲操臼浣。

毕道远亲民之性情终生不变。丁忧期间在家乡路上碰到一花甲老翁推车，其力不支，毕道远见状，挽袍掖襟，躬身拉车。“青袍尚书”之名不胫而走，一时传为佳话。毕道远的文章、书法也颇有成就，尤其是书法名震京华，时称清末“四小书法家”之一。

杨学峻（1840—1913） 男，字嵩斋，淄川县王村人。自幼习儒业，兼习武术。读书刻苦，不事章句，亦不加意科举，以严气正性为旨。年十五六岁，恂恂有儒生之貌，力敌七八人，不喜自我表现，外人不知有武功。平生不观戏剧，不好嬉戏，塾侧演戏旬日，同学争相往观，杨学峻诵读自若，放学过台前则低首疾行。壮岁，赴县学为生员，父殁，丁忧三年，戒食酒肉，不入妻房，三年如一日。奉事庶母沈氏如生母，某年瘟疫流行，沈卧病数月，他人惧传染，逡巡不前，杨学峻与妻毕氏晨昏陪侍，进药奉膳，浣濯便溺，无微不至，终臻大愈。庶母沈氏常对乡亲赞其孝行，乡人称其为孝子。

杨学峻成年后经营醋坊，家境殷实。其为人敦伦力行，急公好义。曾与数人合伙经营商号，后破产停业，亏空甚巨。他人皆负气不偿债务，将致诉讼。杨学峻独自承担八百两银债务，止讼解纷。有一年王村一带遭受风灾，群氓误毁禹王庙，被章丘县衙系捕十余人，议处死刑。杨学峻竭力营救，卒以保释。赎金数百两当事者贫不能支付，杨代为交纳。此类济困扶危之事甚多，乡里有“善人”之号。咸丰末年，捐巨资为全村倡议筑圩，谋划保卫事宜。后被淄川知县程梦良聘任淄川乡勇总董。负责全县乡勇训练布防事务，致使全县未罹大难。济东泰武临道道台赠匾“保卫乡梓”。辛亥革命以后，杜门家居，不问世事，徜徉山水，参读经史。县府数番邀请，杨学峻坚辞不与。殁后葬日，吊者盈门，缙绅名流，不远百里吊唁执绋。里中妇孺佣竖，无不感激泣下。

彭广兰（1908—1985） 男，出生于淄川县彭家庄一个地主兼商人家庭。18 岁投奔其叔父到青岛从商。20 世纪 20 年代，创办齐鲁针钉厂，生产的“三星”牌针钉蜚声全国。30 年代，创立蓬莱阁大饭店，是当时青岛市最著名的饭店之一。抗日战争爆发后，积极为抗战捐款捐物。青岛解放后，积极组织恢复生产，照章纳税。1956 年，拥护对民族资本主义的社会主义改造，把自己的全部资产献出，成立国营青岛针厂，任副厂长。作为无党派爱国民主人士，当选为青岛市第一届人民政府参议员。“文化大革命”中受到冲击，1968 年曾一度被遣返回到彭家庄，不久，复回青岛，后退职修养。1985 年病逝于青岛，归葬故里东山公墓。

名师良医

胡延祚 男，生卒年不详，字繇堂，淄川县彭家庄人。岁贡生。大约生于清乾隆末期，卒于清咸丰初期。据口碑相传，胡延祚一生以教书为业，多次参加乡试总是名落孙山，在本地小有名气。曾执教乐静园，清光绪年间（1875—1908）毕道远曾从师于他。道光十三年（1833）修建乐静园，碑记为胡延祚所撰。

丁进生（1881—1961） 男，名晋隆，字进生，淄川县东道开村人。幼入塾读儒书。20岁立志济世活人，攻读《内经》《难经》《本草纲目》《伤寒论》《脉诀大全》《药性赋》等，深得其旨，遂行医于乡。丁进生诊病细心，处方精当，多有奇效。新中国成立前后在彭家庄设店坐诊，前后近20年。对病人热情相待，不分老幼、贫富、贵贱，一视同仁。有延请出诊者，不用车马代步，求之则应。对重症或疑难症者，主动登门复诊。当地有口皆碑，交口赞誉。对儿科、内科、妇科犹有造诣，不少病人忍痛而来，释担而归。花甲之后，总结临床经验，写成《验方集》稿本。1955年，淄博市卫生局聘请丁进生为顾问。

郭玉英（1885—1946） 男，字乐三。淄川县辛庄人。自幼聪慧，读书勤奋。15岁时祖母病重，延医不至，数日后去世。郭玉英从此立志学医，诵读医书80余部，在自己身上试针试药，数年后应诊治病。自制成药，每每见效，无论病者多远，有求必去，无论有钱无钱，先予治病，因此名声大著。后在磁村坐堂行医，足迹东起淄川，西至济南，南到莱芜，北达章丘以北，以中医大剂量败毒攻克若干疑难病症。治愈若干麻风病人和癫痫病人，受惠患者数以万计。有“济南到淄川，神医郭乐

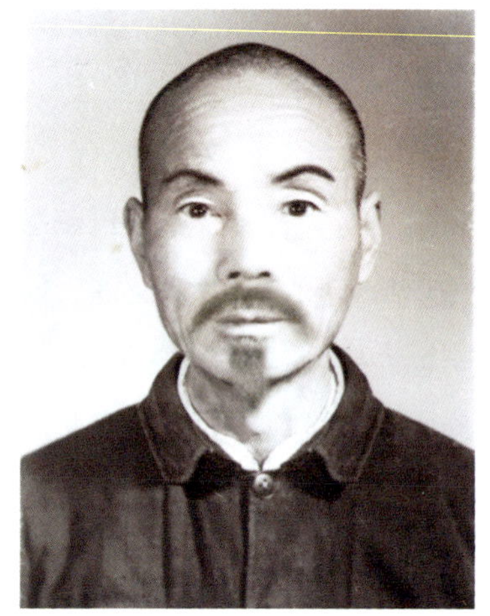
郭玉英

三”之称。曾自著医书数卷，书法亦佳。

王焕奎（1889—1966） 男，绰号王妮子，艺名自来喜。淄川县李家疃人。自幼爱好看戏唱戏。少年时期跟随历城人邓九星（“鲜樱桃”邓洪山之父）演唱章丘梆子，在章丘南部、淄川西部一带走村串乡演出谋生。民国初年，邓九星戏班改唱五音戏（“肘鼓子”戏），少年王焕奎成为主要演员，最擅长旦角，主演《王小赶脚》中的二姑娘。1915 年前后，王焕奎自立门户，牵头成立五音戏班，唱红章丘、历城、淄川西部一带农村。1920 年前后，在济南南岗子一带搭班演出，名声大噪。五音戏有西路、北路、东路之分，王焕奎是西路五音戏的主要创始人之一。新中国成立后剧团解散，王焕奎返乡务农，1966 年病逝。

邱淑筠（1897—1975） 男，字竹村，淄川县尹家庄人。少入私塾，及长考入淄川师范讲习所学习，修业期满教学。在教学之余，朝夕研读“岐黄”之术，以备晚年之不济。数年苦功，虽初入医门，而登门求治者甚众。尔后私塾停办，1935 年王村天一堂药店聘邱淑筠为坐堂医生，七七事变后，王村沦陷，药店倒闭，乃躬耕于田，兼为乡里亲友义务治病，求医者填门，终日应接不暇。对家事无暇料理，家人偶有非议，邱淑筠常与人说：“患者病魔缠身，嗷嗷待医，弃而不顾，枉为其人，治病救人，吾之任也！”

1948 年，邱淑筠应聘到王村韩益三药店诊病，1954 年入王村联合诊所，1955 年调淄博二院中医科，1957 年担任市政协委员。邱淑筠秉性忠厚、正直、不畏强暴而拯人之危，曾多次路见不平，挺身相助。勤奋好学，从师受经，皆能背诵，对医门群经，反复通读，对各时期之名医论著，无不认真阅读，即使在晚年病重时，仍手不释卷。邱淑筠素常行医，一丝不苟，望、闻、问、切，对症投药。对药之剂量，反复检查，唯恐有误，煎药之法，详细叮嘱。间有远者来就医，饥则与之食，晚则留之宿，毫无嫌弃之处，其常语人曰，“身染疾病，倍感痛苦，若弃而不顾，增加精神压力，犹若抱薪救火。不亦伤害人乎”！邱淑筠毕生想病人之所想，急病人之所急，一次其身患重病，有病者求诊，得知后抱病诊治，病者目睹邱之病容，深受感动。 邱淑筠以忠诚厚道闻名于乡里，不攀高，不结贵，不受礼，为人治病一视同仁，闻有求诊延医者，无不应声而去；其曾为出诊跌伤数次，概无怨声，视之如常。

邱淑筠业医 50 余年，济人甚众。积累了丰富经验，对妇科、儿科、眼科、外科、针灸等，皆对症疗治；尤精于张仲景“经方”应用，随手辄效。其毕生集存之病案、验方，于“文化大革命”期间丢失。

崔馥堂（1897—1977） 男，原名芳华，字馥堂。长山县古城村人。清宣统三年（1911）出嗣去淄川县张家古城村，为同族崔雨田嗣子。自幼读书于私塾，1916 年应本村乡亲之请开馆授徒，后到周村设馆。青年时期即立先忧后乐之志，追慕古圣贤，以济世救民为己任。1919 年入青云寺灵泉精舍，拜理学家孙仲玉为师，自是总发古装，言行必遵程朱理学。

20 年代后期，倾慕理学家夏震武的学说，两次去浙江富阳求学，入夏震武灵峰学舍，探求孔孟之道和程朱理学，前后 4 年时间。1930 年夏震武逝世后，千里奔丧，尽弟子之礼。后回乡设立“求仁学舍”教授生徒。1942 年避乱周村，创建“人和学社”，并一反理学界鄙视妇女的传统，开设女生班，名曰“颜仉女子学舍”。后在王村办正蒙学舍。

崔馥堂潜心办学，但深有爱国情怀和民族气节。1938 年 6 月，八路军廖容标部进军鲁南，路过淄川县马棚一带，国民党武装翟超部据山拦截，两军对峙，一触即发。崔馥堂闻讯立即偕同当地知名人士前往调解，面见廖、翟，以抗日大义相励，终于促使翟超撤兵让路。1939 年日寇到张古村扫荡，因发现枪支，将数十名村民押至大场，架起机枪准备屠杀。崔馥堂闻讯立即束装冠带，闯进村公所面见敌酋，力辩众乡亲并非游击队，敢以全家性命担保，终使乡亲获释。日商在冲山开矿，崔馥堂组织丁壮夜间撬铁轨，破坏日方运输矿石。

1941 年、1943 年旱荒严重，张古村半数人家断炊，嗷嗷待哺。崔馥堂卖出仅有的 15 亩土地，得款 3300 元悉数捐出，又向村内殷实富户募捐 4000 元、谷子 6000 千克。组织学生和数名村民煮粥赈灾，历时 4 个月，用米 20000 千克，救活饥民 350 余口。乡民感激称颂，时有“千金散尽无矜色，满道听来尽颂声”之誉。

中年以后，崔馥堂发愤学医，深得岐黄经典之妙，不数年即临床应诊。1950 年，应聘去王村万聚堂药店任坐堂医生。1954 年去周村挂牌应诊。1955 年参加淄博市第一期中医进修班，结业后应聘去五〇一厂医院开设中医科。诊病细察脉状，详询病情，精心辩症，方才下药。对内科、妇科尤为擅长，治愈不少疑难沉疴。他践行儒家“亲亲、仁民、爱物”理念，对病家不论贫富尊卑、华陋秽洁，一视同仁，热情相待。他打破“医不叩门”的积习，登门诊病。严冬酷暑，半夜闻叩门即起床出诊，有时且守候病员，经常为病人代交药费。对路远病人留饭留宿，甚至与病人同榻而眠。有一老而鳏者求医，极其贫困艰难，崔馥堂将心爱的滩羊皮轻裘相赠，让他换钱治病。退休后仍服务乡里，至八十高龄犹诊病不辍。后一秋雨之日送病者出门，失足倒地一病不起。卧病在床闻病人登门，仍延入室内问病，口述药方，可谓鞠躬尽瘁。

张笃甫（1902—1981） 男，名学纯，字伯文，号笃甫，章丘县台头村人。自幼寄养王村外祖父家。外祖父杨学峻为当地士绅，乐善向义，有“善人”“孝子”之称。张笃甫自幼聪慧，四岁能识壁间字。五岁诵朱柏庐《治家格言》及忠孝诗，六岁入塾读书，十一岁可诵《诗经》、《尚书》、四书等。外祖父一生笃行儒家思想，督其修身学业甚严。外祖父殁后，剪发入新式学校读书。

1917年弃学从商，入杨记店铺记账。夜间秉烛读《资治通鉴》。翌年，入灵泉精舍借读，师从淄川孙仲玉研读儒学。开始接触浙江夏震武著述，大为倾慕。因拙于家计，不得赴富阳求学。五四运动以后的五年中，在商务之暇，攻读《夏灵峰文集》《纲鉴易知录》《古文辞类纂》《唐诗别裁集》。1925年，弃商办学，在王村创办弘义学舍，潜心授课。1928年周村灵峰分舍成立后，常去分舍与李笃生、石乐亭、班质斋等切磋学问，研判时事。1930年去富阳拜谒夏震武，受夏赏识，遂留灵峰精舍读书。

1932年，去湖南国民革命军陈桂山部担任幕宾，为其治军出谋划策。翌年入邵阳弘文学校任教，1938年陈桂山获罪，张笃甫上书蒋介石为陈桂山辩白。翌年转道香港乘船北上返乡。1940年，在王村重新设立弘义学舍。1944年，应王耀武聘请，任山东省政府秘书，至1948年夏返乡探亲，两月后济南解放，遂居家闭门读书，自学中医。

1952年开始行医，在王村、周村开办药店。1954年入联合诊所，不久即去淄博矿务局医院工作，后去双山职工医院工作，1964年退休回到王村，应聘到王村医院中医科坐诊。1967年后回家闲居，义务行医。著有《嚣嚣庐存稿》，于1940年出版。晚年辑诗文一卷藏于家。

彭少卿（1913—1986） 男，淄川区彭家庄人。原名彭绪秦，以字少卿行世。受其父影响，自小热爱音乐。1926年考入淄川县高等学校，1928年考入济南受美中学，1931年考入济南师范艺术科。其间一边读书一边自学音乐知识，为学校乐队队员。1932年师从民乐大师杨春园学习琵琶。1933年考入北平京华美术学院。1936年毕业。曾先后师从著名音乐大师刘天华、向绍棠、朱荇菁学习二胡和琵琶。应邀参加京城各种音乐会，并在北平广播电台演奏琵琶独奏曲《十面埋伏》《阳春白雪》《塞上曲》《平沙落雁》《月儿高》《汉宫秋月》，二胡独奏曲《病中吟》《空山鸟语》《良宵》《月夜》《汉宫秋月》，广东乐曲《小桃红》《昭君怨》《连环扣》《三潭印月》《娱乐生平》《三六版》《双飞蝴蝶》《走马英雄》等，连得数次金奖，由此受到音乐界重视。1936年冬，受德籍教授洪涛生邀请，与娄树华、王绍先、韩子和等组成中国音乐代表团，赴维也纳进行中国民乐专场演出，为南胡、琵琶演奏员。1937 年回国，在北平任教，并组织五人音乐团体，定期在北平广播电台演奏乐曲。

1942 年任济南省立中学音乐教师。1945 年冬回乡参加革命工作，先后任民兵、区小队战士、淄川县文教科干事、淄川县委宣传部干事，乐队指挥。1949 年任淄川县冶头中心学校校长，1950 年任博山第二小学教师，1951 年任淄博联合师范学校音乐教师。1953 年任淄博煤矿职工子弟中学（即淄博七中）音乐教师。

1958 年 11 月因历史问题被判刑二年。1960 年遣返回家，戴“反革命分子”帽子管制劳动。1979 年根据中共十一届三中全会精神“摘帽”。1980 年后多次提出申诉，要求澄清历史问题，落实政策，未果。1986 年冬，因火灾去世。

王宗珊

王宗珊（1916—1970） 男，淄博市周村区王村镇苏李庄人。新中国成立后，在淄博第八中学、第七中学任教师，潜心钻研数学教学。其教学法深入浅出，条理分明，易学易懂，被称为“王宗珊教学法”。20 世纪五六十年代，王宗珊是淄博市中学数学教师集中培训的主讲人，受教者数以千计。“文化大革命”期间遭迫害，仍带病坚持上课。1970 年去世。

英模人物

石祚福（？—1946） 男，长山县第七区山旺庄人，出生于一个贫苦农民家庭，1940 年参加八路军山东人民抗日游击队第三支队，在团部募集队当战士。1943 年春，受命潜入土匪武装“二十八组”内部，伺机消灭敌人，筹集武器弹药。

“二十八组”是一股由地方游杂、泼皮无赖组成的百余人的武装，他们利用人熟地熟的条件，常常分散在淄川县第六区彭家庄、沙沟、冶头、太师等数十个村庄内，昼伏夜出，打家劫舍，强奸民女，杀人越货。与八路军为敌，破坏抗战，百姓恨之入骨。石祚福利用在该部任分队长的表弟高立贵的关系，潜入该部驻彭家庄的大队部当兵。敌人为了考验他，派他带人到他家乡山旺庄抢劫财物。石祚福随机应变，到一户有民愤的地主家征集了百十块大洋，交给头目，赢得了敌人信任，不久被任命为班长。石祚福当班长后，被逼回家将妻子接来该部作为人质一起居住。

石祚福潜入该部 4 个月，日日目睹匪徒将百姓吊于树上被逼粮、逼款、逼婚，惨叫之声不绝于耳。他忍无可忍，决定消灭敌酋，夺取武器返回部队。1943 年 8 月某夜，雷雨交加，他趁查哨的机会，先把村头哨兵杀死，把裹足妻子背至村北一园屋内，再返回打死一个头目和四个作恶多端的土匪。他身背四支三八大盖枪，脖子上挂两支驳壳枪，到园屋里背上其妻，一手握着一支驳壳枪，冒雨回到部队。他深入虎穴歼敌夺枪的事迹在当地引起震动，被部队记大功。1946 年，在淄川六区吕家庄遭遇战中，不幸牺牲。

丁慎英（1902—1953） 女，王村镇朱家庄人，自幼家贫，未读书。成人后嫁于后坡庄张元盛为妻。1945 年参加革命工作，1946 年加入中国共产党，为冲山区农村第一个女共产党员。先后任冲山区地下交通员、村妇救会会长、后坡庄村长、中共淄川县委委员。1945 年其丈夫病故，她上有公婆，下有子女，全由她一人操劳。在极其艰难的困境中，仍积极参加土地改革斗争，带领群众斗地主、分田地。1947 年，送女儿张克英参加解放军，1950 年再送儿子张克宝参加志愿军，赴朝作战。被淄川县委和第六区委树立为典型，号召全县、全区共产党员学习其革命精神，其事迹在第六区产生广泛影响。由于其自幼缠脚，以一双“三寸金莲”为革命奔波操劳，行动不便。淄川县委特为她配备毛驴一头，作为交通工具。她和广大农村劳苦妇女一样，解放前没有名字，参加革命后，社会各界皆呼之“张大娘”。第六区区委书记为她起名“丁慎英”。后被选为中共淄川县第一次党代表大会代表，1949 年 11 月参加县第一次党代会，被选为县委委员。1953 年，去淄川开会时，于山路坠驴致重伤牺牲。

许建法（1921—1987） 男，淄川区双沟乡藏梓窝村人，出生于一个贫苦农民家庭。初小文化，自十几岁以务农、扛长工、下煤井为生。1943 年参加革命工作，1945 年加入中国共产党。曾受党组织派遣打入淄川三里沟火车站日伪军内部，负责传送情报。新中国成立后，任乡干部。1963 年 3 月任彭阳公社社长、党委副书记。彭阳公社时方初创，除了9名工作人员和几张旧办公桌椅，一无所有。9个人挤在租借的彭家庄一所小农家院里办公。晚上点灯的煤油都无法保障。

1964年年底，公社党委会批准了他自力更生办电的建议，许建法开始东奔西忙办电。他自带干粮，日间安步当车，夜宿候车室，筹措资金，购买电线、变压器等材料、设备。电线杆由各村伐木凑集，下绑水泥腿，自己制造而成。他率领十几人的土电工队伍，苦干8个月，于1965年秋天通电。1965年9月，他创办公社铁木业修配厂。从彭家大队借来130元钱，从王村公社要来分家时经费1000元，选拔朱首湾大队党支部书记张子孝任厂长，调来三个铁匠、四个木匠，租借彭家庄村民一所旧宅院，办起彭阳公社铁木业修配厂。从修理农具开始，至20世纪80年代将修配厂发展为周村区第三纺织机械厂，成为乡办骨干企业。1966年，双沟大队在打大口井时，发现了古代一处煤井遗址。许建法凭他多年挖煤的经验，认定此处煤炭有开采价值，建议开挖双沟煤井。他亲自跑手续，跑材料，指导从农村选拔来的20多名矿工凿井、打洞，翌年投产出煤。在当年煤炭严重缺乏的境况下，缓解了社员烧煤困难。

1965年冬，发动全社力量，自力更生，土法上马，亲自率领6个村社员数千人上阵，用黄土和石灰筑起4000米长的北灌渠，修建扬水站两座。使北河东、宁家庄、南河东、东阳夕、西阳夕、彭家庄1000余亩旱田成为水浇地。又开工修建朱首湾水库南灌渠和扬水站，使彭阳南部三个大队数百亩干旱田受益。朱首湾、前坡村成为全区农业学大寨典型。彭阳公社成立后的三年，生产条件逐步改善，粮食产量显著增长。

“文化大革命”中，许建法被错误当作叛徒批斗，下放伙房做挑水劳役工三年。后经甄别恢复名誉，任公社革委会副主任、主任。1980年退休，1987年7月病逝。

贾桂芬

贾桂芬（1933—2007） 女，王村镇王村村人。自年轻时积极上进，50年代在王村从事妇女工作，热心于集体事务及排解群众纠纷，1959—1969年，任淄川西关居委会主任。1969年，响应国家号召，回到王村。1971年，任村党总支副书记、妇代会主任。1989年，任镇敬老院院长，直至2007年去世。敬老院初创之时，只有48间空房和满院土石瓦块，她带领4名工作人员垒院墙、清垃圾、建花池、整院子，还种植蔬菜。资金缺乏，她拿出了自己大半辈子的积蓄 15000 元，为敬老院购买床铺、被褥及厨具等，夜以继日地忙碌了一个月，迎来第一批 16 位孤寡老人住进敬老院。为了改善老人的生活，贾桂芬带领工作人员养鸡养猪、种棉花、腌咸菜，还对院落进行美化绿化。她对孤寡老人像亲人一般奉养，吃、喝、拉、撒、住、行、娱考虑得十分周全。建院后的 10 年中，有 9 个春节她是在院中陪老人一块度过的。正式入院和寄养的老人没有一位因照顾不周而中途回家。10 年中她送走了 23 位孤寡老人，每次都亲自为去世老人洗脸、梳头、擦身、穿衣，再护送到火化场。死而复生的王秀珍老人的事例至今流传：驻院老人王秀珍 91 岁那年，因肝癌于正月十四去世，5 小时后贾桂芬戴着老花镜，为其整理遗容时，老人又睁开了眼睛，在场人员都吓坏了，但贾桂芬没有害怕，一声一声唤醒了老人。老人当时头脑清醒，嘴里念叨："贾院长，俺想您，想敬老院啊！"贾桂芬又伺候了两天以后，老人才真正去世。贾桂芬年逾古稀时得了重病，她忍着病痛的折磨，坚持工作，绝不耽误工作。

贾桂芬 1980 年当选山东省三八红旗手；1989 年淄博市委、市政府授予其敬老爱老先进个人称号；1998 年山东省民政厅授予其"乡镇模范敬老院院长"称号；1999 年山东省政府授予其"模范老人"，山东省三八红旗手称号；2006 年获淄博市十佳文明市民提名奖；连续 17 年当选镇、区、市"优秀共产党员"。其事迹被山东省委党校录制为党员电教教材《晚情》。

柳文湖（1936—2011） 男，王村镇苏李村人。1952 年考入济南铁路中学读书，1955 年毕业后，分配到徐州铁路局连云港机务段任实习火车司机。1958 年取得火车司机证书，同年调入青岛铁路分局淄博机务段开火车。1985 年加入中国共产党。1991 年办理退休手续后，被原单位返聘，继续任火车司机，至 1995 年。在近 40 年的火车司机生涯中，踏实工作，任劳任怨，刻苦学习，技术精湛。及时发现、消除和防止各类行车事故 300 余起，安全行车 85 万千米，为国家挽回经济损失数百万元。从 1983 年起，直至退休，年年被青岛铁路分局、济南铁路局评为"安全标兵"或"先进工作者"，两次获济南铁路局"劳动模范"称号，先后获山东省"富民兴鲁"劳动奖章、铁道部"火车头"奖，在"建设淄博立志立

柳文湖

功竞赛活动”中立一等功、二等功各一次。1989 年 2 月，铁道部授予其“安全司机标兵”称号。1989 年 4 月，获山东省政府“劳动模范”称号。1990 年 4 月，中华全国总工会授予其“全国优秀火车司机”称号和全国“五一劳动奖章”。1991 年 6 月，铁道部政治部授予其“全国铁路系统优秀共产党员”称号。《人民日报》《铁道报》《大众日报》《淄博日报》等媒体，多次报道其事迹。名载《齐鲁劳模风采》。

毕悦德（1938—1998） 男，王村镇王村村人。50 年代参加教育工作。因工作成绩突出，一次被省人委、两次被市人委授予“优秀教师”称号，1960 年受团中央表彰。1966 年，王村村 8 个大队合为一个大队，共有 4400 余人，毕悦德受群众和公社推举，离开教育岗位，担任王村大队大队长，1971 年，担任大队党总支书记，一干就是 20 年。其间有数次机会转为国家干部，每次都因百姓的信任和挽留而留下来。

毕悦德

王村旱田过半，粮食增产又是当时的头等大事，1970—1980 年，毕悦德带领群众苦干实干，先后建成四大水利工程，即：南水北调工程、村东村北一号和二号小型水利工程、西大井水利工程、北大池水利工程，扩大和改善水浇面积千余亩。最著者为北大池工程。1978 年秋胶济铁路复线工程需要大量土方，请求王村村帮助，且是有偿用土。毕悦德建议“卖土方建大池”。村班子议定方案：选定村北一处荒坡，卖土挖成大池，以大池蓄水浇地，事半功倍。以铁路之力、以铁路之资，大池几个月而竣工。

毕悦德常说，“以副养农，无工不富”。毕悦德率领两委班子，为村里建起了翻砂厂、面粉厂和板纸厂。毕悦德近 40 年的教师和村干部生涯，得到了王村几千百姓的认可，其节俭理财，处事热情，无一不深深印于民众心中，王村村民、外村百姓，遇婚丧嫁娶、开业典礼，无一不以毕悦德到场为荣耀。毕悦德连续多年被选为区人大代表、党代表，并且连续当选淄博市第七、八、九届人大代表。

杂记拾遗

镇域内有些逸闻传说、人文掌故、山川风物，流传已久，值得一记。

白南八景

毕木《黄发翁集·杂著》记载："五岳泰山为长，盖生物之府，而长白（山）为副岳，举泰山之派，无甲于此山者，故名。白岳之下，东有凤凰、少华；南有玉清、豹山；西有东陵岩；北有会仙、黄山……余疃（万家庄）正当其阳，前后左右有八景焉……"八景为：

豹峰龙祠 豹山之顶古时有座龙王庙，来历颇为有趣。相传，淄川一地古来种地靠天吃饭，日久无雨禾苗即枯槁。当地有一个名叫刘眼赛的人，雇了一个长工佣耕，后来长工入赘于刘家，而他正是真龙下凡。有一天，长工妻子在河中浣衣，他化作一条小蛇，在一旁游戏。妻子用木槌捣衣时误击了蛇尾，龙大怒，现出原形拉着妻子飞走了。刘家即在此处建了一座小小的龙王庙。每当天旱，长工的妻弟就在庙前斥詈一番，顷刻即降下雨来。渐渐淄川全县都在此庙祈雨，十分灵验。后来，豹山一带人们决定另选一开阔地带立祠，以使祷神更为方便。选址时，众人抬着肩舆走到豹山顶上、醴泉之侧，忽然就不能自主了。众人都说，走的时候，不能停止，队伍忽然停下来，又不能再行。于是，人们就在那里建立龙王庙，每当天旱，祷则有应。后来历代重修，民国年间坍圮。

白岳云观 白云山顶的云彩，自古以来当地人便观之以预测雨晴，有"白云山戴了帽，短工觅汉睡大觉"之谚。《黄发翁集·杂著》记载："乡邑望雨，每瞻白岳，云笼峰首，幻化万状，如冠如盖，如狮如马，则抵掌欢呼，举觞称贺，不日而雨矣。"

巉岩花雪 白云山之西有一片巉岩，奇石异状，森立迭出，上有白色花纹，古代有试刀枪之说，有种金仙人之像。《黄发翁集·杂著》记载："云雾半出，望之如群仙罗列，万马奔腾，山气郁葱，花绣石上，白光如雪，六出稜稜，每携友登临蹲踞传觞，乐而忘归。”

青嶂石泉 白云山南有一座玉青山，山的南麓，有一独石奇峻雄伟，兀然而立。《黄发翁集·杂著》记载：“蠋旋蛙窦，中有醴泉湧出，久旱不减，积雨不增，如冰如雪，四时皆然，盖钟白岳之精脉而注泻于此。野人傍泉而居，汲水而饮，皆颜色冲异，有冥鸿野鹤之状。”

幽谷神医 白云山西麓，东陵山背面，有一块巨石当道而立，大如楼阁。《黄发翁集·杂著》记载：“古人上镌‘大夫’二字，乡人称为‘石医’。淄川县令刘凤池有宿疾，梦一神人遗药丸一枚，吞服竟愈，神人称姓石，居于东陵。刘县令遂邀太学生李惠卿登山叩拜，留诗石上。乡人建两座祠堂，指南山巨石为嫡室，指负儿石为如夫人。”

万安流觞 万家村内有一条小河。古时候是一景观。《黄发翁集·杂著》记载：“东陵山下有清流焉，珠涎涌出，不舍昼夜，径绕吾村而东。村名万家，亦以万安名溪。余凿池养鱼，汲井灌蔬，皆是赖焉。曲曲潺潺，何异兰亭胜概？每招诗朋词客，慕羲之修禊之事，流觞河际，歌舞欢呼。醉则枕石籍草，仰卧黄堤，令童子诵右军序，上友东晋安元辈，恍然当日兴况，诚居乡之雅趣，太平之乐事也。”到清代时，每当春夏，仍有一些文人雅士在河边集会吟咏。

白河瀑布 栗家村南有一河湾，其上有瀑布，高三米许，声响巨大，人称“响水湾”。《黄发翁集·杂著》记载：“余疃之东有白泥河，九曲三湾，泥白如粉。第一湾上有巨石平铺周围百步，悬崖丈余。青嶂石泉会众水而来，倾泻直下，状如白练，声如鼍鼓沸腾，远播八九里间，如出足下。”到 20 世纪 50 年代，因筑坝截流，瀑布消失。

华岫牛笛 毕木性散淡，好游历，往往醉情乡野，他非常喜欢雪山的景色。《黄发翁集·杂著》记载：“临池庄余别墅也，一峰耸出，有历下华不注状，旧名雪山，余易今名，独岩百丈，巉石嵯峨。村落八九环山而居。山巅俯视，洞见厨灶。山巅一语，杳若云霄，少华之麓，土肥草茂，牛羊布满，龁饮得所。余或招挚友，或携妻奴，春秋登眺，见牧竖纾闲，或牛背而笛，或盘石而讴，或席地而斗草，或逐坡而击球，亦乡村太平之景象哉！”

毕木西园十景

毕木喜欢营造园林，自得其乐。在万家庄建有一片园林，名为“西园”。内有十景，为毕木赏心悦目之景。《黄发翁集 · 杂著》特意记之：“黄楼爱暑，槐帘春昼，方亭皂盖，湖山十丈，狮屏翔跃，对沼鱼莲，藤棚缀锦，进领斜阳，及泉抱瓮，松池玩月。”

毕木又有跋于后：“西园之乐，岂止此十景哉？外此而悦乐堂之课子篝灯；九思堂之垂帘清昼。白玉堂之觞宾雅集；东水堂之藤葡避暑；咏月轩之凉夜吟风；爱日轩之曝背兀坐；雪洞之围炉谈元，乐未减于十景也……”进入清朝后，西园被破坏。

毕自严与董其昌

王培荀《乡园忆旧录》卷一载：“董公与吾邑毕大司农白阳公自严平昔交善，毕氏藏其书画手迹最多。”“董公”即董其昌，字玄宰，号思白，又号香光居士，松江华亭人，明万历十七年（1589）进士，官至南京礼部尚书，为著名书画家，倡导“画南北宗论”，为华亭画派杰出代表。毕自严在松江任上初识董其昌，董对毕德才感佩有加，毕对董之识才尤为推崇，遂为挚友。后二人时有鸿雁往来。万历四十二年，毕自严自山西引疾告归，有书《与董玄宰》，文中对董其昌十分敬慕，称董其昌是李贺、李白、东方朔一类“天上人”，并向董倾诉苦闷怅惘，期盼董能帮其涤濯心胸，可见二人交情之深。天启年间，毕自严在天津有书《与董思白》，其时董其昌褫职闲居16年之后，又回京城任太常寺卿，撰修《神宗实录》。毕自严在《与董思白》中，为董担当重任施展抱负而高兴。董其昌与邹平张延登、新城王象乾亦为好友，毕自严与张、王同为至交，董其昌赋闲期间，数次到山东游历，石隐园、豹山、长白山、乌河、马踏湖畔，都留下了他们的足迹。到1966年，毕府仍存有明朝圣旨33轴，其中一轴为董其昌所书，毕家世代尤为珍贵。

孙廷铨与玉皇阁

张家古城村，明清时期地处博山通往济南的官道旁。路边原有一处宏伟的道教建筑——玉皇阁，为清康熙十七年（1678）修建。据传，玉皇阁的修建与博山孙廷铨有关。

玉皇阁的倡修者是张古城人王之凡。王之凡字振负，原籍李家疃，其祖父于明朝末年迁居张古城，至王之凡辈以教书为业。张古城村紧临博山通往济南的大道，大道旁有数家店铺。明崇祯十三年（1640），博山孙廷铨去济南参加乡试，日落时辰走到张古城，便准备在此住宿，停下骡子打问之际，恰遇王之凡正在路边漫步观景，见到孙廷铨气宇轩昂，谈吐不凡，便上前搭话，邀请他到家中吃住。孙廷铨见先生文质彬彬，书生意气，便随之到家。二人把酒言欢，相谈投机，大有相见恨晚之感，自此结下友谊。后来孙廷铨中进士，累官至兵部、户部、吏部尚书，拜秘书院大学士，为康熙帝师，时称“孙阁老”。

孙廷铨每自京城返家，路过张古城必到王之凡家中小住，看望老朋友。皇帝便特许在王家大门前安放上马石一块，供孙廷铨上下马用。此上马石一直到20世纪50年代尚存。王之凡一生崇尚道学，晚年，萌生修建一处道观以作修炼之所的想法，便说与孙廷铨。孙廷铨赞赏老朋友的善心，慷慨割俸相助。

在王之凡的主持下，从康熙初年动工，至康熙十七年（1678）山门和玉皇阁竣工。遗憾的是，孙廷铨在康熙十三年病逝，并未见到玉皇阁告竣。王之凡去世后，后人不断

孙廷铨助修的张家古城玉皇阁（2010 年）

在玉皇阁四周增修其他神殿，到清末形成占地2万平方米，由数个院落组成的道教群落。成为山东庙宇一大胜景。蒲松龄曾数次到玉皇阁游览，有诗《登玉皇阁》。玉皇阁前原有一通青石硕碑，记述修庙经过，碑文为唐梦赉撰写。

1941 年，侵华日军为掠夺煤炭和铝矿石资源，修建王村车站通向王村东南部的康山子矿山、煤井的铁路支线，斜经玉皇阁庙群，强行毁庙修路。

陆游石砚流落西铺村

清康熙年间（1662—1722），毕际有任通州知州，与孙枝蔚为挚友。孙为陕西三原人，字豹人，号溉堂，后官至内阁中书。一日，孙枝蔚遇一渔夫持一石砚求售，说是刚从江中捞得，孙仔细把看，只见石砚上镌“心太平菴”四字，知为陆游用砚，即买下赠予毕际有。毕际有宝藏之，时孙枝蔚作《陆放翁砚歌为毕载积题》记此事。后毕际有去职还乡，遂将石砚带回家中，代代相传。村人传为“鱼腹砚”，传说此砚曾经被大鱼吞

陆游鱼腹砚反面，刻有陆游题款："心太平菴"

陆游鱼腹砚正面

食，实为传讹。今石砚存于西铺村毕于起家。

孙枝蔚作《陆放翁砚歌为毕载积题》，诗云："道士洑边日将落，渔人网重心最乐。不闻拨剌转堪疑，到手且看石厚薄。相逢未少读书人，得钱胜卖三尺鳞。携砚归来赠毕卓，瓮头大叫惊四邻。老友如从剑南至，上镌'心太平菴'字。放翁不只是诗人，酒罢凄凉南宋事。挥毫意气凌千秋，冬天不惧寒无裘。《晓叹》一篇情具见，后人展诵泪长流。此石相随到西蜀，洗涤坐临江水绿。只今湮没几百年，却与渔家换斗粟。古来得失何事无，金铜仙人来魏都。塞马楚弓哪足问，船中书画聊自娱。世间正贵丰城剑，笑君癖爱江底砚。可怜情性与时违，夜夜名流满高宴。何人把玩最歔欷，白发西京老布衣。"

毕盛育兴园艺

毕盛育（1633—1687），字子万，毕自肃之孙。《淄西毕氏世谱》记载："公性倜傥，质直好义，果毅有为，居常勤稼穑，广树畜，辟栗泉引为陂池，栽莲种稻如江乡，环溪种树不止万株云。"王培荀《乡园忆旧录》有一篇文章题曰《黄埠》，记载的是毕盛育兴园艺之事。文中说毕盛育在黄埠村建有一处别墅，他在别墅周围亲手栽植榆树、柳树、桑树、柘树等好几千株，蔚然成林。王士禛曾经到黄埠拜访毕盛育，参观其别墅和园林。

毕盛育除了栽植树木，还试种植水稻、菱芡等江南作物。栗家村南有一处泉眼，名

“栗泉”，泉水从平地冒出，四处漫溢。毕盛育把自己的十几亩土地整理成水田，将泉水引入，在四周栽植各种树木数千棵，种植荷花、水稻、菱角、芡实等江南水生作物十余亩。四周绿树婆娑，水面波光潋滟，盛夏菡萏盛开，鸟语花香，稻浪翻滚，俨然江南风光。《淄川县志》记载了毕盛育栗泉植树造林、开发水田的事迹。

毕盛育54岁病逝。王士禛前来吊唁并为其撰写墓志铭，可看出毕盛育当年在社会上的巨大影响。其死后数年，栗泉的水田、黄埠园林逐渐损毁，了无踪迹。

“仙人床”和“采和石”

西豹山有一块黄褐色巨石，大如五六张炕面。过去上面有一凹痕，极像一个人仰躺在上面，现在风蚀雨淋，只留有一脚印尚清晰可见。周围数村民众历代传说，当年“八仙过海”时从此路过，在豹山小憩，铁拐李见此石平整如炕，便躺在巨石上睡了一觉，留下印痕。而在“仙人床”的旁边，有一块方形巨石，叫作“采和石”，是蓝采和小坐休憩之处。豹山周围数村百姓，敬之如神，顶礼膜拜。千百年来，无人敢凿此石，故原貌如初。

豹山“仙人床”巨石（2014年）

“二五”梯队为害一方

1938年农历正月十六日，周村人李国麟、杜心斋带领数十人，在凤凰山顶玉皇庙建立“抗日游击队”。旋投靠马耀南领导的山东抗日救国军第五军，编入第七支队第二十五中队，李国麟、杜心斋为正、副队长，不数月人数达500余。李、杜率部到沂水受训期间，又拉出队伍投靠了国民党秦启荣部，被编为国民政府军事委员会别动总队第五纵队第二十五梯队，故百姓称其为“二五子”。活动范围在淄川西部王村、彭家庄一带。

不久，为争权，李、杜分裂，各领一部。李国麟部被日军消灭，李只身投降日军。杜心斋收编其残部，扩充实力，并在王村地区强征民夫，横征暴敛，绑票杀人，勒索钱财。彭家庄北葫芦山下大荒沟，庄东的红土沟子成为杜部杀人的刑场。1939年9月，杜心斋、吕凤岗一伙，从白云山下抓来7名老百姓，以他们是共产党嫌疑分子为由，施以严刑以逼饷，因未达目的，铡死1人，活埋6人。1940年，杜部投降周村日军，其后残杀百姓更加肆无忌惮。八路军为消灭杜部，利用离间计，引日军忌恨之。1943年农历六月初一，杜心斋率头目十余人，赶赴淄川三里沟参加伪淄川县政府大楼落成典礼。悉被日军擒获，杜心斋被杀。余部数百人被押送东北老虎台下煤井。

艺文

艺文，选录古今王村镇或客籍作者有关王村地区的代表性散文、诗歌、楹联、序、碑记等文学作品与杂著。

散文

候仙园记

〔清〕唐梦赉

萌水西，簸山东麓，是为候仙园。园北旧第弘丽，园南为溪。道开村诸泉，由琐石岭东注。溪南为山，东西延亘数里。入园门高桧扶立，缭迎春花蔓为壁，循桧南行，花林绿天，出连翘棚下，一夜合树离立松间。西出见候仙轩，崇台四级，短垣绮窗，如处士居。轩北一石如叠云对峙，湖石参立，葡萄老蔓成株，蟠石上松间，短长下缀。轩西径为桧林，虬藤蜿蜒，重云密布，竟日为荫。北一石屹立，仿佛似海上蓬莱割来一片地，但不闻流水淙淙耳。近西杂花，外女墙临深涧，因涧为沼，危桥横渡，往往凭籍而过，犹恐坠也。桥上南望，小亭出园外，桥北青桐扶疏萌水台。台北修竹葱蒨，别起重楼。从他径入，度桥北折，芙蓉亭岿然浓阴中。南起竹台，溪光入座，西立一石，与桧林石伯仲。小山出墙外龙爪槐下，石几列坐，凤凰、长白诸峰，朝霞夕霭，扑人衣袖。山下老柳数围，欹倚撼风。石内芙蓉一株，凌空起亭上。西北编为柏墙，为芍药径，径外牡丹五十余本，是为沼之。西北一门临竹开，石级入门，高楼对壑。楼西径折为南轩，与芙蓉亭对，楼西甬道转素壁，列楹以十数。穿涧而南，一亭当溪，心临石闸，霍然园外，如鸟开笼，村落峰峦，徙倚可数，是桥上所南望小亭也。亭西为溪，水入沼处，遵亭而东，垣外为南溪，老树参天，长风披野。垣内为东西渠，渠南古柳盘郁，一平桥偃渠上，甓阶数级，是为薜荔门，乃候仙轩南门也。门内松柯从地起，萝蔓扶云，与轩前三石相周旋。轩东为蔷薇篱，稍北为藏花窟，是为园之东际，南渠水出园，而东汇为广池。忆当道口诸泉盛时，北满沼，东满渠，南满溪，主人一叶系柳根，亦飞来慢亭九曲之一也。癸丑夏，来与汾滨导师紫霞先生习静者，凡再阅月，跏趺之余，日有游焉。未几，复与存吾松蒿有亦乘之邑，遂得此其崖略如此。

候仙园

〔清〕王培荀[①]

仙州园在吾村北十余里。别有候仙园，去吾村西北二十余里，引河水环园四周，以闸蓄泄。园方二十余亩，藤架花篱，掩映曲折；凉亭燠室，布置随宜；有牡丹二百余本，他花称是。蓄水既深，有怪潜藏。仆人子浴其中，为其害。竭水取视，忽黑风起，滚滚向西北去。高念东先生来游，有句云："野人礼数寒暄减，名士风流几砚香。"后，园为先生所得，尝捡纸团展现，乃园丁次第报花单也，怅然有作。富贵人置园亭，或不得身履，惟于长安担上看花，甚而与纸上看花，可叹！先生不久又转鬻他人，亲友知其疏财，不数日借贷一空，先生笑谓客曰："前日穷儿暴富，今日富儿暴穷矣！"其诗最有味，"垂柳阴中花几树，尽是飞觞行乐处。栽花不是看花人，花村西北长安路。岁岁春风岁岁花，主人匏系在天涯。园丁莫报花未开，花正开时人忆家。"又《候仙园消夏》云："日荡树心光掩冉，楼横水面影高低。"亦可见其风景。

石隐园

〔清〕王培荀

毕司农白阳公石隐园，园中积石为小山，磊落嶙峋，众石参差散布，奇态怪状，象形命名，不可胜记。有丈人石，秀俏高耸，济南龙石之亚也，足为一园领袖。念东先生过之，留题有云："启户风棂惊簌簌，移床霜簟喜休休。老饕不俟新莲子，摘取荷花当酒瓯。"今园无竹无荷，或疑之曰："园非旧地，移石来耳。"耿希尹有诗云："我游石隐园，怪石嶙峋峙。处处曲径通，到眼皆可喜。孤立锥倒悬，束笋连峰起。豁然洞壑开，潺湲来活水。伛偻石丈人，年与太古始。瞥见双石鹰，恍闻风掠耳。虽非大力负，一夜安得徙。疑假秦皇鞭，都来供驱使。此园辟何年？少保归老矣！人拟米元章，地入平泉里。招隐石作友，露坐时脱屣。高蹈足风流，过客空仰止。"

---

① 王培荀，清道光五年（1825）举人。选授四川荣县知县。做官之余勤于文事，有《乡园忆旧录》《听雨楼随笔》等存世。

诗歌

〔明〕毕木三首

继游燕窠寺

寺废僧栖少，山深鸟乱啼。
云迷巅树杪，水绕断桥西。
采药寻荒径，吟诗忆旧题。
何妨拼一醉，身世总醯鸡。

元宵登青龙山

（一）

元宵合伴望青龙，直入莲花最上峰。
烟柳一钩舒画日，木蝉百尺状春荣。
清泉微泻堪涤罣，老衲适逢且废春。
脚跟高处尘寰隔，尽洗平生垒块胸。

（二）

游人杂沓骑连翩，结伙同登兜率天。
蔼蔼香烟迷梵刹，浓浓因果说神仙。
寒温不叙传春酌，长幼忘年共笑筵。
拍手高歌须尽醉，明朝俗务各相牵。

两儿慎、严入泮承济上牛斗枉贺

寂寞山村好客稀，携将鸡酒过渔矶。
赠章灿烂珠玑落，展拜殷勤蓬荜辉。
怜君华发英雄老，愧我儒冠心志违。
无限故人期望意，尔曹莫自负春晖。

〔明〕王教四首

看豹山铸钟

赋铁连千社，范型依石根。
液流金哲沸，冶跃火云翻。
倏忽山灵合，苍茫野色昏。
晚知成铸后，铿发震乾坤。

滴水泉

谁窍明河一派通，垂天百丈泻穹窿。
水花渐结苔痕老，山色低衔练影空。
看罢石林晴送雨，坐来龙窟昼呼风。
未须论到贪泉歃，自在清流矩壑中。

辞朝

一出春明外，君恩万里余。
竹光浮几乱，檐影动帘虚。
斜日繁行李，寒云暗绮疏。
清朝鼓枻去，随意狎樵渔。

无事坐清晓，微茫日影分。
莺花新世态，麋鹿故吾群。
海色高飞鸟，晴空卷片云。
无庸称怪事，人世自纷纷。

壬辰生日

西风晓色野云参，数齿俄看五十三。
满颊衰毛白胜雪，一生苦味多于甜。
关心日有熊罴梦，去国常怀犬马惭。
且喜尔曹称上寿，黄花樽酒照颜酣。

〔明〕毕自严四首

丁卯三月望前一日，邀于鼒先登冲山分赋

嘉容遥临暂启关，相将别墅眺春山。
溪流似鉴宜供漱，村酒如渑解驻颜。
霭霭峰峦形倏幻，鳞鳞墟落望中斑。
不缘衰足妨游兴，藉草盘旋薄暮还。

四月朔，石隐园小酌，用鼒先韵

夏届春归花尚红，披襟更喜故人同。
烟霞秀色山堪饱，松竹浓阴圃可宫。
盘荐畦蔬无异味，堂开瓮牖有薰风。
栖迟自笑真疏放，惭负清时奏最功。

途次和张年翁咏桃花

绿杨春树荫芳邻，中有夭桃别样新。
马上不烦频指点，好花应笑白头人。

戊寅夏日题泌水园

曩辞藩臬守衡门，卜筑先开泌水园。
名缰牵人苦不解，荏苒念载托空言。
羲爻倏踰亲鱼鸟，此地初构亭与沼。
亭对青山绕翠微，沼涵碧水通深窈。
乘风坐月景偏奇，柳色莲香竞陆离。

有时独步或揖客，一觞一咏足栖迟。
更忆孔门各言志，惟有点也契圣意。
兹园可浴亦可风，依稀似得狂客至。
老态龙钟厌世纷，何殊野鹤与闲云。
科头跣足聊自适，门外阴晴付罔闻。

〔明〕王象春[①] 一首

游毕旭阳拱玉园归

于生鼒先以记见示赋此并怀白阳毕公大司徒

岂是华胥入梦回，华朝新到蕊宫来。
玉清下瞰千童月，石隐东连万壑雷。
欲赋笔尖香作雾，谁贻卷上锦成堆。
从今高卧游名胜，为有梁园客似枚。

〔明〕毕自寅二首

石隐园题咏

司农园中何不有，问园何以石隐名。
曾佐圣朝执大象，故邀玄象作主盟。
朴茂古风振颓俗，灵心妙手抉玄精。
关西鹰隼门庭列，江左魁元月旦评。
馈饷航樯云俱进，捐输心事月同明。
豸冠迭握两都宪，凤诰频颁三代荣。
茂叔池开香欲远，晋公堂关韵弥清。
神交麋至为朋侣，道契行联作弟兄。
爱石欲将石俱隐，岂同曲士守硁硁。
擎天砥柱暂庥沐，终日闭关介石贞。

① 王象春（1578—1632），明末诗人。新城（今山东淄博市桓台县新城镇）人，官至南京吏部考功司郎中，诗文结集为《齐音》。

共道东山谢安石，他时廊庙作璜琮。
阿谁为君记石隐，琅琅掷地有金声。

清明同友人游虎头石

风雨清明景倍新，鸣鸠花里唤友人。
虎威仿佛生奇石，塔影依移转法轮。
兴剧溪山泥不滑，盟坚诗酒味逾真。
夭桃若为催芳节，可信依行乐极春。

〔清〕王朝麟[①] 一首

九日登凤山遇雨

赏罢东篱菊，又来跨凤巅。
吟诗惊野鸟，酌酒对流泉。
山雨偏觞急，林风坠帽偏。
登高时极目，遥望紫云天。

〔清〕徐夜[②] 一首

寿毕孟议仲友母夫人

西南界两邑，山一大都会。
高阀纳万甍，毕氏实始大。
我尝登其堂，俯仰再三拜。
是物写铭箴，中有阿母在。
衣声戒晨昏，丰俭各有界。
即其所设施，殆与形势配。
能使世业隆，不随气运败。

---

① 王朝麟，清初淄川县诗人。

② 徐夜（1611—1683），字东痴，更字嵇庵，山东新城人（今桓台县）。入清不仕，纵游山水间。清康熙十八年（1679）举博学鸿儒，力辞不就。著有《东痴诗钞》。

廿年兼父母，岂但荻灰尽。
楚楚手执荆，花萼香成队。
兰玉照阶庭，丛枝及于外。
遂有乘龙人，门阑喜可对。
令可气类通，姜被无所爱。
仕非慕显交，客来多是戴。
客敬母威仪，不敢专进退。
我爱此门风，天人相交快。
因羡此人生，母年方未艾。

〔清〕高珩五首

韩燕翼邀饮候仙园

自嫌乘兴径登堂，一揖开筵旋命觞。
松栝已惊皆玉树，芙蓉何吝种金塘。
野人礼数寒暄简，名士风流几砚香。
倒载方归无不可，吾徒随处是高阳。

毕司农白阳公石隐园

启户风棂惊簌簌，移床霜簟喜休休。
老饕不俟新莲子，摘取荷花当酒筹。

西过道开庄穷水源

淡荡闲情鹤不如，晚晴载酒历郊墟。
寻源小试张骞手，注水新添郦子书。
有树随村堪驻马，无溪注壑不藏鱼。
鸣泉百道穷难遍，改日重来更杖藜。

对盆水忆道开泉上坐

瓦盆风动浪痕圆，梧形萧萧挂远天。

忽忆山村临水坐，科头竟日对寒泉。

候仙园二绝

一

细雨遂人不厌多，爱他沾湿脱重蓑。
预期高枕闻雷后，明日诸溪涨绿波。

二

蜻蜓风定抱花痴，茅屋无人燕子知，
两月不来花满径，新篁争送隔墙枝。

〔清〕高之騱[①] 一首

题候仙园

息机鸥乌白忘情，何事丝心萝未成。
不但松风清入骨，银休轻泻辘轳声。
红飞夜合缀苍苔，山接空亭四面开。
笑问虬松黄乌伴，几人载酒月明来。

〔清〕孙蕙[②] 一首

题石隐园竹

刺史藏书处，修篁绕一林。
势连清嶂合，荫抱碧云深。
直比忠臣节，清留处士心。
似闻风雨急，夜夜学龙吟。

① 高之騱，淄川人，清康熙朝增生。工诗，有《强恕堂集》传世。

② 孙蕙，淄川县昆仑镇西笠山村人。清顺治十八年（1661）进士，授江苏宝应知县，转任户科掌印给事中。曾聘请蒲松龄到宝应县为幕僚。著有《笠山诗选》等。

〔清〕唐梦赉二首

候仙园消夏同毕公载积袁兄宣四

习静闲园入夏时，长林支枕正相宜。
酒因试药开封早，棋为侵边落子迟。
肘后禁方传海藏，囊中丹诀授仙师。
园丁雨歇欣然报，水涨南溪已满陂。

坐渚头湾桥上

山下泉清漱石根，每来酌水恋苔痕。
幢幢晴树莺声啭，猎猎风蒲剑影翻。
尽日无归挑菜侣，经时不过饮牛村。
闲花开落年年事，渔父多言莫与论。

〔清〕王樛[①] 四首

题候仙园亭壁

一

几年胜迹变沧桑，拱玉石倾环碧荒。
唯有候仙仍似旧，后生犹及见灵光。

二

胡床如对浣花溪，桐露初零晓景低。
几劫飘蓬归未得，子规空作五更啼。

三

长虹天矫跨石梁，苔满平地绿一方。
闻说双鬟吹玉笛，研光舞罢落山香。

四

茅亭临水绿参天，草软沙明纵鹭眠，

---

① 王樛，字子下，号息轩，清初淄川县大窎桥村人，毕自严之婿。官至通政使司右通政。有《息轩草》传世。

犹有鹿门处士在，好同携酒看箕山。

〔清〕袁藩二首

石隐园修邑志成，赋别载积先生

此夕忽成别，秋风满座凉。
论文山吐月，对酒树生香。
不减杯中绿，愁看陌上黄。
明朝长白道，夜色暗河梁。

又

经时陪杖屦，高谊古人同。
旧砚磨朝雨，名花度晚风。
交情远更合，逸兴杳难穷。
回首清樽夜，徵歌入碧空。

〔清〕毕际廉二首

清明集饮白泥河

白泥河畔杏花开，佳节同登水上台。
泄石奔雷春涧下，逐人飞雨趁风来。
谁能作赋题苍壁，我自传觞籍绿苔。
向晚云霞粉野色，春光留滞复徘徊。

青嶂石泉

石涧碧流深，日暮淙淙响。
坐久欲忘归，不作尘凡想。

〔清〕毕世持二首

清明日独上长白有怀

清明无伴却登高，惭愧东风到杏桃。

我爱此山欲埋骨，不知何日取为陶。

书见

高山绿叠山腰麦，远水红衣夹岸桃。
去去看我人渐小，飞飞风趁燕全高。
窗前杨柳小垂手，畸畔兰荃欲反骚。
耳目有知偏触恨，风尘无伴解持螯。

〔清〕毕海[illegible]二首

清明山游

路折村桥一径赊，绿杨轻飏酒帘斜。
暖风细雨催寒食，开遍青山郁李花。

修河叹

古人有良策，工修救荒旱。
今也胡不然，闾阖遭涂炭。
昨朝公令教修河，按籍追呼无敢慢。
急呼妇子裹梁来，荷钟兼舆釜甑爨。
有田未暇事耕耘，一任茅草生汗漫。
耳闻鞭朴不停声，怒吏如虎常据案。
一人日支几文钱，鸠行鹄面税忍看。
九重恩膏应有加，波及黎庶宁馀半。
安得土工计日成，迢迢直达东海岸。
人人敢怒不敢言，君门万里同云汉。
他年利赖未可知，先令蔀屋多逃窜。
但愿年来大有秋，吾侪努力输公干。

〔清〕髯痴[①] 一首

石隐园有感

石隐园林妙，聊斋在此传。
奇观多志异，大笔显柳仙。
毕宅开筵第，蒲公脱稿年。
至今般水上，称道主人贤。

〔清〕毕道远一首

赋得师直为壮

壮犹操胜券，直道著先声。
按部才师出，盈寰伫泰平。
人欣时雨降，敌定望风惊。
作气凭开阵，攻心不仗兵。
貔貅皆大队，鹅鹳自干营。
但使明威伏，何须诡计行。
奏肤勋已茂，舞羽化同赓。
震叠钦昭代，丰功薄海瀛。

楹联

毕木题白业堂联

积善修白业

① 髯痴，清人，生平不详。

读书养道心

毕木题说乐堂书舍

肯耐苦心寻好味

自将巉石取平途

毕木题西圃草堂联

嘉客贶临方案所陈唯果菜

俗尘不到闲庭相伴是松桐

毕木题玉清堂联

君子禔躬重于山 直北岩岩仰止

大夫比德清如玉 此心翼翼思齐

毕木题场门二联

富下履田竭力耕田应致富

贫先有分安心守分不为贫

寻鸟迹以观书上友千万百年人物

趁牛蹄而向暖虚度五十九岁春秋

毕木题投豆亭联

检点身心　投豆亭中无黑子

怡愉性情　护花篱外赏黄英

十亩卜居　四种菜三栽花三筑茅庐　恬淡个中逸老

八男孝养　六攻书一干国一堪提抱　嬉怡膝下承欢

毕木撰族谱家训联

守前谟　不居间　不放债　不攻煤井

愿后世　学吃亏　学认错　学好读书

徐日升题西铺毕府振衣阁联

万卷书当南面富

一帘风快北窗凉

蒲松龄励志联

有志者　事竟成　破釜沉舟　百二秦关终属楚

苦心人　天不负　卧薪尝胆　三千越甲可吞吴

西铺毕府万卷楼联

万卷藏书宜子弟

十年树木起风云

毕道远题西铺狮子大门联

十七世诗礼门第

五百年孝友家风

西铺石牌坊联（一坊两面）

南面

豸冠迭持　凤诰频颁民部第

门风可范　诗礼祚胤尚书家

北面

鬼狐精神　渊出石隐潇碧下

奇书丘壑　梦回振衣檐庑中

序

《聊斋志异》序言（一）

志而曰异，明其不同于常也。然而圣人曰："君子以同而异。"何耶？其义广矣、大矣。夫圣人之言，虽多主于人事；而吾谓三才之理，六经之文，诸圣之义，可一以贯之。则谓异之为义，即易之冒道，无不可也。夫人但知居仁由义，克己复礼，足为善人君子矣；而陟降而在帝左右，祷祝而感召风雷，乃近于巫祝之说者，何耶？神禹创铸九鼎，而山海一经，复垂万世，岂上古圣人而喜语怪乎？抑争"子虚""乌有"之赋，以预为分道扬镳者地乎？后世拘墟之士，双瞳如豆，一叶迷山，目所不见，率以仲尼"不语"为辞，不知鹢飞石陨，是何人载笔尔尔也？倘概以左氏之诬蔽之，无异掩耳者高语无雷矣。引而伸之，即"阊阖九天，衣冠万国"之句，深山穷谷中人，亦以为欺我无疑也。余谓：欲读天下之奇书，须明天下之大道。盖以人伦大道淑世者，圣人之所为木铎也。然而天下有解人，则虽言孔子之所"不语"者，皆足补功令教化之所不及。而诺皋、夷坚，亦可与六经同功。苟非其人，则虽日述孔子之所常言，而皆足以佐慝。如读南子之见，则以为淫辟皆可周旋；泥佛肸之往，则以为叛逆不妨共事；不止诗书发冢，周官资篡已也。彼拘墟之士多疑者，其言则未尝不近于正也。一则疑曰：政教自堪治世，因果无乃渺茫乎？曰：是也。然而阴骘上帝，幽有鬼神，亦圣人之言否乎？彼彭生豕面，申生语巫，武曌宫中，田蚡枕畔，九幽斧钺，严于王章多矣。而世人往往多疑者，以报应之或爽，诚有可疑。即如圣门之士，贤隽无多，德行四人，二者夭亡；一厄继母，几乎同于伯奇。天道憒憒，一至此乎！是非远洞三世，不足消释群憾。释迦马麦，袁盎人疮，世亦安能知之？故非天道愦愦，人自愦愦故也。或再疑曰：报应示戒可矣，妖邪不宜黜乎？曰：是也。然而天地大矣，无所不有；古今变矣，未可舟胶。人世不皆君子，阴曹反皆正人乎？岂夏姬谢世，便侪共姜；荣公撤瑟，可参孤竹乎？有以知其必不然矣。且江河日下，人鬼颇同，不则幽冥之中，反是圣贤道场，日日唐虞三代，有是理乎？或又疑而且规之曰：异事，世固间有之，或亦不妨抵掌，而竟驰想天外，幻迹人区，无乃为齐谐滥觞乎？曰：是也。然子长列传，不厌滑稽；卮言寓意，蒙庄嚆矢。且二十一史果皆实录乎？仙人之议李郭也，固有遗憾久矣，而况勃窣文心，笔补造化，不止生花，且同炼石。佳狐佳鬼之奇俊也，降福既以孔皆，敦伦更复无斁，人中大贤，犹有愧焉。是在解人不为法缚，不死句下可也。夫中郎帐底，应饶子家之异味；邺候架上，何须鬼册之常诠？余愿为婆娑艺林者，职调人之役焉。古人著书，其正也则以天常民彝为则，使天下之人，听一事如闻雷霆，奉一言如亲日月。外此而书或奇也，则新鬼故鬼，鲁庙依稀；内蛇外蛇，郑门踯躅，非尽矫诬也。倘尽以“不语”二字奉为金科，则萍实、商羊、羵羊、楛矢，但当摇首闭目而谢之足矣。然乎否耶？吾愿读书之士，览此奇文，须深慧业，眼光如电，墙壁皆通，能知作者之意，并能知圣人或雅言、或罕言、或不语之故，则六经之义，三才之统，诸圣之衡，一以贯之。异而同者，忘其异焉可矣。不然，痴人每苦情深，入耳便多濡首。一字魂飞，心月之精灵冉冉；三生梦渺，牡丹之亭下依依。檀板动而忽来，桃茢遗而不去，君将为魍魉曹丘生，仆何辞齐谐鲁仲连乎？

康熙己未春日谷旦，紫霞道人高珩题

《聊斋志异》序言（二）

谚有之云：“见橐驼谓马肿背。”此言虽小，可以喻大矣。夫人于目所见者为有，所不见者为无。曰，此其常也；倏有而倏无则怪之。至于草木之荣落，昆虫之变化，倏有倏无，又不之怪；而独于神龙则怪之。彼万窍之刁刁，百川之活活，无所持之而动，无所激之而鸣，岂非怪乎？又习而安焉。独至于鬼狐则怪之，至于人则又不怪。夫人，则亦谁持之而动，谁激之而鸣者乎？莫不曰：“我实为之。”夫我之所以为我者，目能视而不能视其所以视，耳能闻而不能闻其所以闻，而况于见闻所不能及者乎？夫见闻所及以为有，所不及以为无，其为见闻也几何矣。人之言曰：“有形形者，有物物者。”而不知有以无形为形，无物为物者。夫无形无物，则耳目穷矣，而不可谓之无也。有见蚊睫者，有不见泰山者；有闻蚁斗者，有不闻雷鸣者。闻见之不同者，聋瞽未可妄论也。自小儒为“人死如风火散”之说，而原始要终之道，不明于天下；于是所见者愈少，所怪者愈多，而“马肿背”之说昌行于天下。无可如何，辄以“孔子不语”之辞了之，而齐谐志怪，虞初记异之编，疑信之者参半矣。不知孔子所不语者，乃中人以下不可得而闻者耳，而谓春秋尽删神怪哉！留仙蒲子，幼而颖异，长而特达。下笔风起云涌。能为记载之言。于制艺举业之暇，凡所见闻，辄为笔记，大约皆鬼狐怪异之事。向得其一卷，辄为同人取去，今再得其一卷阅之。凡为余所习知者十之三四，最足以破小儒拘墟之见，而与夏虫语冰也。余谓事无论常怪，但以有害于人者为妖。故日蚀星陨，鹢飞鹆巢，石言龙斗，不可谓异；惟土木甲兵之不时，与乱臣贼子，乃为妖异耳。今观留仙所著，其论断大义，皆本于赏善罚淫与安义命之旨，足以开物而成务，正如杨云法言，桓谭谓其必传矣。

康熙壬戌仲秋既望，豹岩樵史唐梦赉题

碑记

炳灵公庙八不砂大王令旨

皇帝福荫里八不砂大王令旨：这秃忽赤李总管等奏，有咱每般阳路淄川县王村，有一座炳灵王庙。有恁般阳路达鲁花赤总管府官人每，司县官人每，往来的宣使每，本地面官人每，蒙古探马赤每：这炳灵王庙里，随处诸来烧香送供呵，今后都不得常骚扰者，庙里军器官粮休顿放者，休断公事者，庙里应有的不拣甚么稀罕物等，休强使气力夺要者，但有的献之休得损坏者。上头这刘伯源庙主，根底令旨与了也。但有别了的人每，奏将上来呵。他每大扎撒射里不怕那甚么令旨。俺的蛇儿年十一月十八日也。鲁古那有时分写来。（按：《元史》大德十一年封八不砂为齐王。其令旨辞虽不文，然一代之制不可泯也。）

（原碑不存，选自清乾隆《淄川县志·寺观》）

孝廉世济募

淄川县旧尝为郡，为州，为路，一都会也。其西鄙尽处为王村镇，镇西有大兴教寺。盖寺之名兴教者二，其一在县治北郭，亦古名刹，相去五十里，故此称“大”以别之。地势高厂，殿宇宏阔，上踞平原，旁临巨陂，北望长白，南面鸡宝，故山水之胜概，禅林之大观也。上官按部于镇内，为委积寺，前严祇候，送往迎来，最关重要。今虽废郡与州路之名，自治一县，而往昔之遗踪犹存，省会之孔道如故。且寺西平野寥阔，一望无际，赖寺门高启，佛光灯焰，观察远迩，炯若峰堠，又非事之等闲者者矣。考其碑记，五代残唐之文字，犹有存者。历宋金元明，代有修缮。国朝于康熙丁巳重修，迄今百载，风雨剥蚀，栋宇摧坏，墙垣攲侧，殿庭将芜，何以壮一镇之观瞻，维一邑之边城也哉！邑候虞山赵公莅宰是邦，信而后劳，百废俱举，况兴教寺为一镇之伟迹，而居人祷赛诚欸？自昔徂今，未之有射，夫礼从其俗，昔太公之治齐者然也。今镇人好善无穷，倡议重修，内自大佛正殿关帝阎君，左右伽蓝，旁及护法韦陀孤石子孙一切别祠；外则石台山门天王神将，对峙两廊，彻底经营，直如新建。此岂累千巨万？所能集其事者，幸牛邻藻，毕海模等锐意领袖，而毕之阁、牛滋范等随喜乐从，共化善缘，以成盛事，是非大雄氏之弟子，而能为其难者欤？邑人毕世济募疏序。

（选自清乾隆《淄川县志·重续寺观》）

万家庄菩提庵碑记

万家庄菩提庵重修于雍正五年，历百年有余哉，复议重修宜也。惟计积赀不敷用，萃升叔来京师商与余，则割俸入稍相助，工乃兴。不数月而工峻，凡神宇僧舍山门围墙罔不完洵，善举哉！萃升叔命作记，记其大略如此。虽然犹有说夫庵之修将以妥神而祈福也，而书曰：明德惟馨，诗曰：自求多福，传又曰：民和而神降之。福民各有心而鬼神乏主，是神仍依人而行也。是乡皆吾族，族之人果相兴务本业，重廉耻，化争竞，尊卑长幼各安其分，而联以情式和且睦，无贻外人诮者，则神之福，吾族也将独厚而无穷矣。不宁是庵之西侧，廷佐公之墓在焉。北侧廷佐公及黄发公遗像在焉。再西侧新修八支家祠以奉我支祖冲阳公也，岁时报赛，因而徘徊四顾，其亦怦怦然动奉先率祖之深思乎？则又余助修是庵之微意也夫。岁在乙卯十一月，户部总督仓场侍郎毕道远记并书。

（此碑尚镶嵌于万家庄菩提庵正殿前廊西墙。卧式，高60厘米，宽95厘米，寸楷357字，原文无标点）

淄川县衙保护大史家庄虎头石碑记

钦加运同衔即补同直隶州署济南府淄川县正堂加十级记录十次徐为示。示严禁事，据正西路史家庄监生毕丰潍、生员毕聿城等称切：生等庄西南有塔子山一座，山巅有玉皇庙，迤南有山石突起俗名“石虎”。系塔山来脉，直冲生等庄村，因系风脉攸关莫敢损伤。相传乾隆年间有附近居民在此“石虎”处凿石使用，以致生等庄中老幼疾病死亡居多，曾恳示封禁并未刊碑。迨至同治年间，附近居民又在此偷行开凿石块，生庄居民亦复因此疾病死亡，生等邀会庄民理阻时止。生等窃思，“石虎”系生庄来脉有关民生，一经开凿合庄不安，屡试屡验。忽于今年十月间，又有在此开凿石块使用，庄民惊慌，虽经生等劝阻，诚恐日后互相效尤，庄众受害无底。为此，公恳施恩格外赏准出示禁止，则生等合庄无即叩乞之情到县据此。除此除呈批示外，合行出示严禁。为此示仰：附近居民人等知悉，自示之后，尔等务各遵照，不许赴该山“石虎”开凿石块有伤风脉。尚有无知之徒偷行开凿，许该绅耆人等，指名呈究决不宽贷，各宜禀遵，毋违特示。

光绪元年十二月初四日　示

（此碑于清光绪年间立于大史家庄大庙院内，一碑两面。一面镌刻淄川县知县关于保护大史家庄村南塔山虎头石风脉的文告，一面是关于整顿义坡改良村俗的文字。庙宇拆毁后，此碑流落村民家中，2013 年，村庄整体搬迁时丢失。1981 年，毕坤德将碑文抄录保存）

大史家庄改良风俗碑记

来人之心向善，风俗之改良皆有其所以然之。故特时不过棨，彰人咸忽焉，而不尽知也。吾乡自整理义坡之后，人心激发，期于大同，而耻于苟异，风气和厚，较昔为胜。故居他乡择居而来者，源源不绝。虽团体不结不足以成事，虑患不早，尤不足以弥忧。我乡户多贫寒，地处冲途，尚有过客穷乞猝病钺倒死路侧，其根寻户主报官掩埋等事启，设意委诸一人其何以堪？胡不尊义坡□偷从众妥办，花费多少，均出公项，并记诸石示法来兹乎？闻者称快，咸怂恿焉。及验刊石，无论土著客户，皆踊跃捐输，唯恐此事之不就。是则吾乡之人之向，喜风俗之改良，观于斯而益信，故叙其缘起而记之。捐输俱列于后。

光绪十二年八月初一日

彭家庄泰安祠碑记

盖闻聪明正直之谓神，非有私于一人，有私于一乡，而降之福也。然一乡之人果能竭诚致敬，以昭事乎？神明则有不求福而福自至者，此神之所以灵也，此神之所以聪明正直，而无私也。是乡之人每年春季必进香于泰山，诚有见于碧霞元君，在所当敬之而已矣。初，不止为一乡求福，亦不料神之降福于一乡也。乃于咸丰十一年春，南匪突至，势若蜂旋，彭君怀孟避寇于西南山中，烽烟逼近，计出无聊，虔祷于元君行宫以祈保佑，既而已远去。仓皇归来，则邻村半为灰烬，独是乡依然无恙。非神灵之呵护何以有此乎？彭君感神之恩，欲有一报，价买旧宅一区，将为元君行宫。既恐独立不支，而又耻于独为君子，思与乡人共成此举。适有周君官泰者，香会中首事人也，倡议于前，阖乡踊跃洎乎。壬午之岁，其功告成，嘱余为文，以记之。予谓是举也，非彭君好善不足于获福于神；非是乡莫不好善，亦不足于获福于神也。夫好善而自获福，则人之勉于善者必多矣。予故述其始末，为劝善之一助云。

廪生孙席珍撰

首事人　乡饮周官让　监生彭思诚　乡饮周官泰　监生彭立庄　监生彭怀孟　监生周继虞　庠生王海涵　监生彭泽恩 等

邑庠生彭汝玉书丹

石匠于世耕

泥水匠亓在修

大清光绪九年岁次癸未荷月　谷旦

（原碑镶嵌于彭家庄泰安行宫山门南墙壁内，竖式三通，记载修祠原委、经过与捐资者姓名。新中国成立后，泰安祠改作村民住宅，现在此碑尚藏于该村民家中。作者孙席珍，廪膳生，有文名，王村镇西道开村人，清宣统《淄川县志·三续文学》有载）

李家疃村酒店胡同（2015年）

大事纪略

修建大兴教寺

大兴教寺位于王村西门外。王村民谚：唐朝建庙，元朝修道。“修庙”即指修建兴教寺。为与淄川城南兴教寺区别，乾隆《淄川县志》谓之“大兴教寺”。清乾隆四十二年（1777），重修大兴教寺时，西铺举人毕世济在《大兴教寺募序》中记载：“考其碑记，五代残唐之文字，犹有存者。历宋金元明，代有修缮，国朝于康熙丁巳重修，迄今百载。”可知大兴教寺初修于唐。乾隆四十二年这次大规模修缮，为牛邻藻、毕海模等牵头组织。大兴教寺为明清时期淄川县著名寺院，当年为抬高寺院地基，在寺旁挖出一个2000余平方米大坑，形成一巨大水塘，乡民呼之曰“大寺湾”。岸柳依依，菡萏怒放，诚为镇域一景。

修建炳灵公庙

炳灵公庙位于王村东门里大街路北，为古时淄川县重要道教建筑。初修建于元朝，明清两代都有重修。庙群坐北面南，占地3000余平方米，二进院落。主殿五楹，供奉炳灵公神像。殿前东西廊各四间，塑有十八罗汉，七十二地煞。东南角为三宫阁楼。西与关帝庙相邻。王村地处长白山南麓，长白山被誉为泰山“副岳”，即为泰山神的领地。传说炳灵公是东岳大帝的第三子，又称为“炳灵太子”，为道教重要神仙之一。故当地人于此

建于元代的炳灵公庙大殿（2010 年）

为炳灵公修建了行宫，请他护佑当地乡民。

明崇祯年间，毕自严以文职统兵作战取得胜利，其认为自己文职率兵出征而取得胜利，全凭神灵相助，为谢神恩，捐资重修殿宇，为炳灵公重塑金身。并于炳灵公庙西侧增修关帝祠，并亲书“关帝祠”匾牌，至今刻石犹存。

修建堡子城

辽东巡抚毕自肃，因“辽东兵变”激愤自杀，其夫人王氏携子毕际竑、毕际竩、毕际端扶灵柩回乡。此时，社会动荡，民不聊生。明崇祯十年（1637）清兵一部进入山东，民众人心惶惶。王夫人跟随丈夫在军营多年，耳濡目染学会很多筑城防御军事常

堡子城遗址上的明代古井（2011 年）

识。兵荒马乱之际，她决定构筑一座城堡以保卫家人、财产。在王夫人的主持下，毕际竑率家人齐心协力，雇佣民工用时半年，在万家庄西北环宅筑堡，后称“堡子城”。堡子城面积 1 万余平方米，圩子墙全部以石灰掺和黄土夯筑而成，并在城内建起楼房屋宇，置备一应生活设施，囤积粮食柴火。一家十几口人可在城堡内闭门不出生活一年之久，危急时刻还可容纳各村人等到堡中临时避难。明清易代之际，万家庄和附近村庄百姓，曾经有 1800 余人到堡子城避难，为保护毕氏家族和百姓的生命财产发挥过作用。堡子城一时名声大噪，闻名遐迩。清朝历次撰修《淄川县志》均有记载。

王焕奎唱红“肘鼓子”戏

“肘鼓子”戏，又叫“周姑子”戏，大约形成于清朝光绪初年。流行于章丘、王村、历城一带。20 世纪初，又在历城、章丘、长山、淄川一带流行开来。据说，初期演员在演唱时，手臂摇鼓，边扭边唱，故称为“肘鼓子”戏。王村镇李家疃村的王焕奎，自幼跟着后来成为五音泰斗的“鲜樱桃”（邓洪山）之父邓九星，走村串巷演出为生，见“肘鼓子”戏走红，也改唱“肘鼓子”戏。1915 年前后，王焕奎牵头成立“肘鼓子”戏班，在周村、章丘东南部及王村、淄川西部一带走村串户，为打场子、赶庙会、唱堂会、庆宴会、红白公事演出挣饭吃，逐渐在这一带唱出名气。由于他长一张娃娃脸，嘴角上挑，笑容自显，观众誉其“自来喜”，遂成为其艺名。“肘鼓子”戏吸收柳琴戏、茂腔、柳腔、京剧、昆腔等剧种的唱腔，慢慢形成了较为完整的板式和锣鼓伴奏体系，该戏的板腔主要有悠板、二不应、鸡刨爪、散板 。主要剧目有《王小赶脚》《拐磨子》《借髢髢》《亲家婆顶嘴》《墙头记》等。1933 年，民间艺人邓洪山等，经北京马延祥介绍到上海百代公司灌制唱片，该公司赠给邓洪山一面锦旗，上书“五音泰斗”四字，自此“肘鼓子”戏正式定名为“五音戏”。

五音戏有东路、西路之分。王焕奎为西路五音戏主要奠基人之一。五音戏内容大都是反映普通百姓乡里乡村的民间凡事，戏文中的追求爱情、打情骂俏、家长里短的内容，捧场逗哏、诙谐幽默的表现手法，通俗易懂，很接地气，因而深受农村观众欢迎，尤其是备受农村妇女观众青睐。

王村的新文化运动

1916 年，王村在大兴教寺办起了新式学校，称为“淄川县正西路忠信乡第三国民小学校”。有教师 2 人，学生 30 余名，复式班教学。五四运动以后，民智渐开，学校成为传播新思想新文化的中心。

1929 年，王村的开明士绅联合附近 20 个村庄扩建学校。推选 7 人为学董，建立了学董会。议定将王村 5 处庙产地共计 70 亩作为校田，并将王村集市称、斗、席、牙行收费作为教育捐，用于王村小学办学，王村周围 20 个村庄的学生都来此就读，设初小、高小 7 个班级，学生 250 余名，其中有一部分是女学生。教职员十余人，多是师范或中学毕业的进步青年，学校设三民主义、公民等政治课，每周一举行“总理纪念会”，每逢“五卅”“五四”，孙中山诞辰、逝世纪念日都举行纪念活动，开展反帝、反封建爱国教育，学校还组织了童子军，进行军事训练，开展以开发民智为中心的“新生活运动”。

在进步青年教师的组织下，学校师生走出校园，改造社会，破除迷信，发动贫苦村民成立农民协会，与土豪劣绅开展斗争，村内公务由农会决断。配合县“剪辫放足委员会”开展剪辫子、放足运动，学校成立剧团，编演话剧，破除迷信，宣传鸦片的危害性，王村小学成为推广新文化，反对旧文化的一面旗帜。

大尚村惨案

1938 年 1 月 22 日，驻章丘日伪军一部到王村镇大尚村抢掠财物，被大尚村等 3 个村庄的联庄队员设伏袭击。两名日军和数名矿警被打死，被抢的财物如数截回。1938 年 2 月 3 日拂晓，日伪军队 500 余人包围大尚村，在村东高地“火石岭”，向大尚村扫射。全村老小 700 余人惊慌向村外逃命，有 37 人被打死在村头，30 人受重伤。接着，日伪军冲进村里逢人便杀，见房就烧。全村大部化为灰烬。其后，日伪军队把活着的村民驱至村头场院里，以杀光全村人相要挟，逼索“八路”，又有两人被杀。是日，苏李庄某家发丧，西铺村青年毕德辐等 6 人受雇推车去周村买菜，至大尚村村头恰遇日军，即被绳缚带到大尚村南，逐人刀劈，六人中仅一人逃脱。

是日，45 名村民被杀，40 余人重伤，轻伤者百人以上；民房 400 余间烧毁，粮食、衣物、家具损毁者不计其数。

1980 年、1984 年，中共中央、国务院、中央军委两次给山东生建八三厂发来贺电

1980—1984 年，山东生建八三厂先后 7 次为国家发射人造卫星和运载火箭提供元件。国家向太平洋海域发射运载火箭成功后，1980 年 5 月 21 日，中共中央、国务院、中央军委给八三厂发来贺电。1984 年，国家发射试验通信卫星运载火箭成功后，4 月 18 日，八三厂又接到中共中央、国务院、中央军委的贺电和赠送的火箭模型。

1993 年王村铝土矿焦宝石获“国际欧洲质量奖”

王村铝土矿生产的硬质黏土熟料（焦宝石），具有体积密度高、耐火温度高、理化性能稳定、外观洁白、质量稳定等优点，是制造优质耐火材料、工业与民用陶瓷、黏土质坩埚等产品的理想原料，在国内外有“焦宝石之王”称号。该矿 YNS45 和 YNS44 两个牌号产品，分别于 1985 年、1987 年获山东省和冶金部优质产品称号。所产各品类成品 70% 以上出口，畅销德国、日本、意大利、土耳其、美国、英国、澳大利亚、韩国等十多个国家和地区。

1993 年，王村铝土矿生产的硬质黏土熟料获得了国际欧洲质量奖。王村铝土矿是中国矿山企业第一家获得该奖的企业。

王村镇集体企业产权改革

1988 年，王村镇被列入周村区股份制企业改革试点乡镇。经过试点，对镇办集体企业实行“三七”量化模式改革：将企业净资产的 30% 量化给职工个人，70% 留作集体股。

1992年，成立王村企业集团（控股）总公司，对集体股份进行管理。1994—2010年，镇办集体企业集体股份分三批陆续出售给个人。村办集体企业于 1995—1999 年陆续拍卖给个人。1994 年，根据周村区委统一部署，彭阳乡对 9 家乡办集体企业进行资产评估后，将产权出售给个人，应收回资金 218 万元，实际收回资金 108 万元，剩余 110 万元作为借款暂由改制企业使用。1997 年后，彭阳乡又对 4 家改制不彻底的企业产权全部出售，收回资金 92 万元。1998 年，该乡 8 家村办集体企业也进行了产权出售。

2008 年胶济铁路“4 · 28”特别重大交通事故救援

2008 年 4 月 28 日凌晨 4 时 38 分，北京开往青岛的 T195 次旅客列车运行至胶济铁路下行线王村镇和家村与前坡村之间路段，列车因超速致机后第 9 至 17 节车厢脱轨，侵入上行线。4 时 41 分，由烟台开往徐州的 5034 次旅客列车运行至此，与侵

胶济铁路“4·28”特别重大交通事故现场。村民为受伤旅客送饭送水（2008年）

入限界的T195次列车第15、17节车厢发生冲突，造成5034次列车机车及机后第1至5节车厢脱轨。事故造成72人死亡，416人受伤，中断胶济线行车21小时22分。济南、青岛车站均出现大批旅客滞留。经紧急抢修，胶济铁路于2008年4月29日凌晨2时16分恢复运行。

事故发生后，中共中央政治局委员、国务院副总理张德江到现场指挥救援工作，铁道部、国家安监局、济南铁路局、山东省委省政府、淄博市委市政府主要领导赶到现场参加救援。邻近村庄王村镇前坡村、和家村村民100余人，主动参加旅客抢救。淄博市政府启动突发事件应急处置机制，调集武警、公安、消防、卫生、交通等系统及市、区、镇三级机关干部2000余人紧急救援。附近医院全力以赴抢救、收治伤员，近千名机关干部抽调到各医院护理重伤员，使伤员在最短时间内得到有效救治。

2010 年李家疃被命名为中国历史文化名村

2010 年 7 月 22 日，李家疃村被住建部、国家文物局公布为第五批“中国历史文化名村”。李家疃村位于镇域西南，因李姓最早定居故名李家疃，后又有唐、曹、王等姓氏相继迁入，其中以明洪武年间（1368—1398）迁入的王氏家族最为兴盛。李家疃古建筑群开始建设于明朝末年，于清嘉庆六年（1801）就已形成如是规模，是山东保存较为完整的明清古建筑群。该建筑群以王氏大庄园为主体，占地面积约 4 万平方米，核心区建筑面积 2.1 万平方米，现存明清古建筑 400 余间，主要包括“九门一庄”、亚元府、解元府等。传统街巷主要有南北大街、酒店胡同、盐店胡同、牌坊街等。古村落建筑布局严整、规模宏大、风貌独特，文化内涵丰富，具有极高的清朝建筑艺术研究价值。

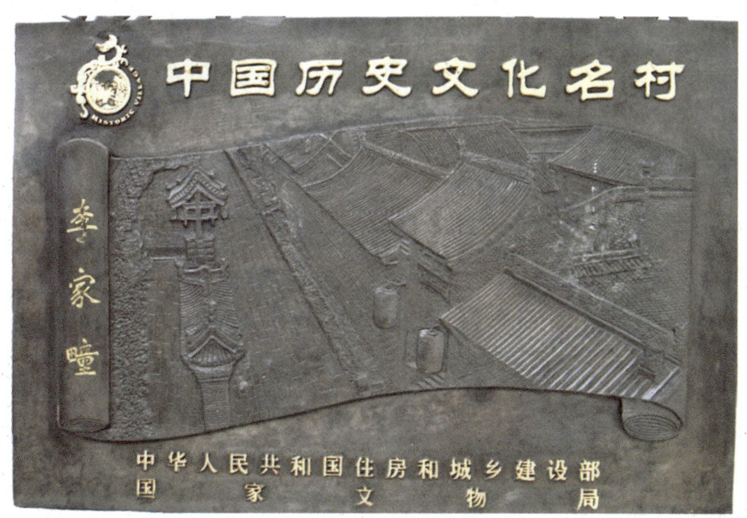

李家疃“中国历史文化名村”牌匾

西铺村石隐园古建筑（2015年）

附录

栗家庄树荆堂宅院

树荆堂毕[①]

树荆堂，是淄川县栗家庄一个经营地主兼丝织机坊的堂号。

栗家庄东距周村三十多里，西距济南一百多里，南到四暨山、北到白云山各二十余里。栗家庄所在的地方正是一个地形较开阔的小平原。道光二十年（一八四〇）树荆堂当家人毕远蓉（生于嘉庆十九年，卒于光绪二十二年，即公元一八一四——一八九六）

① 本文作者注：这份材料是我们根据对淄川栗家庄毕德寅、毕德宽（此二人均系恒盛丝织机坊主要经营人直系曾孙）、聂兴德等老先生的口头访问记录；并参考淄川毕氏世谱、毕氏碑文、祠堂牌位和淄川县志写成。

接受了他父亲的遗产，并进而扩展为拥有土地九百亩的经营地主，还兼营了恒盛丝织机坊、制毡帽作坊各一座。最盛时，家内常年雇佣近三百工人（计丝织机坊百余人，毡帽作坊百余人，农业雇工七八十人）。

现将调查所得材料列述于后。

（1）土地积累过程

根据口头访问了解，树荆堂的九百亩土地是经过“四辈子”才积累起来的。雍正年间只有三十多亩土地，乾隆年间在毕丰涟（生于乾隆甲戌，卒于道光庚子，即公元一七五四——一八四〇）的经营下积累到一百余亩。嘉庆年间，其子毕宁玠（生于乾隆三十八年，卒于道光二十年，即公元一七七三——一八四〇）扩展至三百余亩。树荆堂主要经营人毕远蓉（宁玠子）继祖父和父亲之后积累土地达九百亩。

光绪三十年前后，栗家庄全村共有可耕地约三千亩，居民八十余户。当时，树荆堂在本庄有地六百亩，占栗家庄土地总面积的五分之一弱。

光绪三十年（一九〇四）前后栗家庄土地占有情况表

类别	地主		富农	中农	贫雇农	总数
	恒盛	其他				
土地数（亩）	600	50 以上	30—50	15—30	15 以下	3000
户　数（户）	1	3	2	17	57	80

资料来源：口头访问综合

树荆堂后期的土地积累是比较迅速的，这是因为它所兼营的山绸作坊、毡帽作坊逐渐扩大并与土地经营密切结合的缘故。

（2）土地经营方式[①]

树荆堂对它拥有的九百亩土地，除在外村的三百亩采用租佃方式经营外，围绕本村的六百亩全部采用雇工经营方式。

光绪二十年前后，树荆堂共雇长工三十多名，其中包括大伙计一名，二伙计二十名，牛倌、羊倌、猪倌各一名，女做饭三名。除长工外，树荆堂在春、夏、秋一般农忙时节经常雇短工五十余名，在特别宜种宜收的农忙时节雇短工达一百二十多人。

树荆堂备有比较充足的生产和运输等各类农具。

① 本文作者注：为避免重复，凡与太和堂相同不甚重要的材料，一律从略。

由于资金和畜力充足，树荆堂种一亩地，大约要投下二十多个劳动力，而一般的农户最多只能投十五个。据了解，当时树荆堂每年可积大粪（人粪）二百余车，养猪二十余只、养牛十余只、养羊一百余只，可积牲畜肥七千余车（每车约重四百斤）。由于肥料充足，树荆堂的庄稼经常施三次肥，播种前用“底撒”，播种时用“耩粪”，秀穗前施“追苗肥”。每亩地施肥十到十五车，一般农户只能施五到六车。

在作物栽种方面，因有上述优越条件，树荆堂的六百亩土地每年种高粱三百多亩，谷子二百多亩，豆子等八十多亩，经常复种小麦三百多亩。[①] 当时他家土地的单位面积产量是：小麦亩产三百斤，高粱亩产六百斤，谷子亩产六百斤，豆子亩产三百斤，约高出当地农户产量的一倍左右。以此产量粗略计算，在一般年成下，树荆堂全年主要农产品收入为：麦子九万斤，高粱十八万斤，谷子十二万斤，豆子二万四千，合计细粮（麦子、豆子）十一万四千斤，粗粮（高粱、谷子）三十万斤。

按照当地习惯，每年麦后秋前的这段时间内，小麦等细粮价格与高粱等粗粮价格相近，每年秋后麦前的这段时间内，小麦等细粮价格比高粱等粗粮价格高一倍。秋、冬两季粮价较低，春、夏两季粮价较高，其间最高价与最低价往往相差一倍。树荆堂所产粮食除用于种子、家内人口消费、牲畜消费和供给长、短工伙食之外，一般情况下树荆堂的余粮都是在价格较高的季节，当作商品粮食运到王村集上变卖。因此，与其他农户相较，在出售商品谷物时，树荆堂又多了一分收入。

（3）农业雇工的身份及其工资水平

在树荆堂当短工的大都是自有三到七亩土地的贫苦农民。短工出来做工通常是自带镰刀、锄头等小农具，有些短工因所带农具不适于主人要求，也常使用树荆堂家内所备农具，不扣工资。短工全家生活主要依靠种地来维持，农忙期间外出当短工，就像非农忙期间外出推小车、卖山果一样，只是次要的副业收入。

至于长工的身份，有的是农村无产者——一无所有的雇农，但也有因家中地少、劳动力过剩而外出当长工的。长工则完全使用树荆堂备置的各类农具。长工可以自由上工和下工，但是在农忙时节下工主人多不同意。

无论长工、短工作工时都是树荆堂管饭，外领货币工资，有时亦用粮食作价代替。由于工资数额极其低下，无论是前一类型或后一类型每年挣得的工资，都是仅能够勉强

① 本文作者注：当时栗家庄一般农户因粪水不足大都不种麦子。

维持自己的生活，老婆孩子是根本养不起的，有些长工终生不得结婚，就是因太穷困的缘故。

现将这些长、短工的工资及其折实数字列表于下：

光绪三十年（一九〇四）前后树荆堂长短工工价表

长工	年薪（文）	折实	备注
大伙计	32000	4 石	表中折实数字按高粱每斗值制钱八百文计算得出。每十斗一石，每斗五十五斤
二伙计	21000	3 石	
牛倌	20000	2.5 石	
羊倌			
猪倌	8000	1 石	
喂骡子的	20000	2.5 石	
小觅汉子	4000	0.5 石	
女做饭的	8000	1 石	
短工	日薪（文）	折实	备注
日工	200	2.5 升	同上

资料来源：口头访问综合

（4）恒盛丝织机访的创业经过

树荆堂所兼营的恒盛丝织机坊，是由家庭副业逐渐发展成为丝织手工工场的。其发展过程十分曲折缓慢。

据了解：远在乾隆年间，栗家庄附近一带出现了不少“小机户”，那时毕远蓉的祖父——毕丰涟还只是个中等自耕农，拥有土地不足三十亩，生活主要依靠田里的收入来维持。当时毕丰涟看到那些“小机户”营利不少，便在农暇时节到离家不远的郭庄学会了织绸子。然后在自己家里安了一架“木机子”干起来了。

当时毕丰涟没有请帮工，产量很少，有时间歇，织出来的绸子都是扛到周村市上零卖给绸货店，周村市上有好几家绸货店专门收购这些“小机户”的零货。

据说毕丰涟为了卖得好价钱，总是肩扛着自己的“山绸”，在周村绸货市场挨家儿兜售，每到一家就停住脚抬高嗓子问是否添货，有人答腔就进门去，先给掌柜看货，看中了，然后再商量价钱。

由于营业的发展，不久他又添设了几架木机子，请了几个帮工。

嘉庆、道光年间，他和他的儿子毕宁玠继续经营机坊，至道光二十年（一八四〇）父子二人同年死去，这时恒盛机坊已设有二十几架织机了。

此后，恒盛机坊在毕远蓉的大力经营下，历经咸丰、同治、光绪六十多年的时间，终于发展成为一个拥有场房二十六间，织机七十二架，雇工一百余人，月产丝绸三百匹的手工工场了。

（5）恒盛机坊的生产状况

生丝原料多从周村买来，在那里可以买到泰安、费县、莱芜、莒州、栖霞等地出产的柞蚕丝。其中泰安丝较细，适于做经，费县丝较粗，适于做纬。当时淄川一带一般都爱用泰安丝和费县丝，恒盛也不例外。如周村缺货，有时便直接到泰安或费县采购。恒盛在最发达时，每次买进原丝三百六十多捆（每捆八斤），机坊的生产过程才不致中断。

生丝买来后，要经过选丝、络梭、牵刷和绕纙等四道工序，然后再上机织。

为了生产带色的山绸，恒盛机坊还附设染坊一座。

恒盛最发达时，共雇佣织工七十二人，选丝、络梭、牵刷和络纙工二十二人，采买三人。每月产量以织工的技术水年为转移，“好手”三天织一匹，一般工人四天织一匹，技术差的要五天织一匹。按织工七十二人、木机七十二架的生产功能计算，每月平均产量约三百匹上下。[①]

据了解，光绪二十年前后，生产一匹绸子的工本支出是：原料一七百文，选丝（二个工）一百六十文，络梭、牵刷（一个工）八十文，绕纙（半个工）四十文，织（四个工）五百文，共计支出二千四百八十文。按当时三千文一匹的市场价格计算，每匹可赚五百文。

（6）恒盛机坊的雇工身份及其工资水平

恒盛机坊的九十七名雇工，大都是附近二三里内的贫苦农民，他们之中有些是家中垅地无有的雇农，有些是只有二三亩地的贫农。上工时，手续很简单，由老工人或亲戚介绍经掌柜同意后即可上工，无书面契约。场主对工人无人身约束，场内亦无规章。

在场内织机的工人称师傅，学徒工称徒弟，师傅经场主同意可以带领自己的亲属做徒弟，学徒工无待遇亦无学徒年限。

场主不管工人伙食，外村的工人自己带着干粮来上工，本村的工人回家吃饭。场主在过年过节时要请工人们喝一次酒。应该注意，虽然在同一个经济体内，农业雇工是管饭外领货币工资，而织机雇工则是全部领取货币工资。

---

① 本文作者注：每匹长五丈六尺，宽一尺六寸。

为了具体了解恒盛雇工身份及其家庭经济面貌，这里将专门介绍一下先后有四十年以上工龄的老织工聂兴德的情况。

聂兴德是恒盛本庄人，生于光绪三年（一八七七），六十五年前除他本人外，全家还有父母二人、兄嫂四人、姊妹二人、侄男一人，是个不折不扣的“十口之家”。当时这个“十口之家”只租种有一亩八分茔地，好年景可收一石（约五百五十斤）粮食，平常年景只收半石多粮，坏年景往往不收。

租子按收成总额对半分，在平常年景里，他家完租后，只能落得三四斗粮食。按“大口小口一人一斗”的月耗量计算，这点粮食半个月就吃光了。因此，他家主要生活来源不是指靠种地，而是靠外出做工。

他的父亲、大哥、二哥和他四个人都在恒盛机坊当工人。大哥每月织六匹，二哥每月织十匹，他自己每月织七匹，父亲是刷丝的好手，每天能刷两匹。按当时工价织一匹得钱五百文、刷一匹得钱八十文计算，全家每月收入约在十五吊（制钱）左右。

每当农忙季节节到来，干一天短工要比干一天织工多挣七八文。因此，在这几个月里，他们父子四人经常到附近地主家里当短工，而不当织机工。

恒盛机坊的雇工身份及其家庭经济具体状况，大致如此。

当时恒盛机坊实行的工资制度是计件工资制，每织一匹多少钱，每刷一匹多少钱。此外，每当买主向恒盛机坊订购大批绸货时，场主为了能在预定限期内交货，还经常实行旨在加强工人劳动强度鼓励工人加班加点的所谓“挂彩的奖金制”，规定每个在完成一定工额之外，每提前完成一天则增加“彩金”若干。

在这种工资制的驱使下，工人往往整日不间歇地为场主工作。为了多挣几文彩钱，在昏暗的油灯底下，彻夜地工作。

当时织工织一匹（需时四天）得工资五百文，折合日工资一百二十五文，选丝女工选一匹（需时两天）得工资一百六十文，折合日工资八十文，牵刷工加工一匹（需时半天）得工资八十文，折合日工资约一百六十文，绕纬工绕一匹（需时半天）得工资四十文，折合日工资八十文。

同时期的粮食及生活用品价格是：麦子每斗一千二百文，高粱每斗九百文，谷子每斗七百文，猪肉每斤六十四文，豆腐每斤二十八文；布面一尺四寸四的粗布每尺六十七文。

如将恒盛机坊雇工的绝对工资额与上述物价对照一下，那么，它的劳动力价格就太低廉了。一个织工，一天所得只折高粱七点六斤（按一九五七年二月当地粮价高粱每斤八分计算，合日工资六角），折粗布一尺八寸六（按一九五七年二月当地布价粗布每尺二角二分计算，合日工资四角一分）；一个选丝女工，一天所得折高粱五斤（合四角），折粗布一尺二寸（合二角六分），那就更少了！

（选自景甦、罗仑著《清代山东经营地主底社会性质》，山东人民出版社 1959 年版）

列车相撞后的凡人善举

灾难无情人有情。“4・28”列车相撞特别重大交通事故发生后，事发地山东淄博市社会各界群众纷纷伸出援助之手，自发展开了一场前所未有的救援行动，铁道旁、病房里、献血站，处处展现出友善之举，洋溢着人间真情。

现场救援奋不顾身 周村区王村镇前坡村养殖户张复连，住所离事发现场只有 100 多米，是第一个冲到现场自发救援的农民。

4 月 28 日凌晨，张复连在睡梦中突然听到轰隆一声，以为是经常路过房后的拉石子车翻车，赶紧披衣起来看，只见前面不远处的路轨上有几节车厢亮着灯。借着灯光，他隐约看到几节车厢已经翻到路基下，凄惨的救命声不断传来。

张复连意识到出大事了，迅速冲到事发地，发现一名女乘客瘫坐在地上，怀里抱的孩子哭喊着，瑟瑟发抖。旁边的一名男乘客正在用手机报警，但说不清出事地点。他一把抢过手机，迅速向 110 报告事发地点。接着，他转身拿起地上的石头，砸开车窗救出了一名女乘客。随后，又从车厢中找到一根铁棍，沿着受损车厢将车窗一一砸碎，为乘客逃生赢得了宝贵时间。

危急关头，农民兄弟挺身而出，伸出了温暖无比的双手。笨重的铁棍，路边的石块，成了他们手中最好的救援工具。5 时 10 分，村里 60 多名男女老少带着梯子、凳子，砸开窗户，用被褥、被单往外抬受伤旅客。邻近的和家村 30 多名村民和附近工地上的

20 多名民工也纷纷赶来，自发展开救援行动。

村庄里的妇女、老人、小孩也拎着热水、食品和衣服，陆续赶到现场，为惊魂未定的旅客披上暖和的衣服，端上热水，递上烧饼。

周村公安分局治安大队二中队指导员张海波是第一时间到达现场的公安民警。他回忆说："当时是 5 时 10 分左右，天刚蒙蒙亮，现场一片混乱，许多乘客哭喊着爬出车厢。"

在经过简单的分工后，张海波与另一位民警负责救援一列侧翻车厢内的旅客。刚一爬进狭窄变形的车厢，张海波的手就被碎玻璃扎出了血。他把床单撕成背带，小心而又艰难地绑在受伤者的身上，一点一点地将旅客挪出车厢。在不到两个小时的时间里，张海波救出了 9 名受伤的乘客，还背出了两具遗体。

解放军第 148 医院骨科的一位老医务专家说，这些举措为及时救治危重患者赢得了宝贵的时间，最大限度地减少了死亡的发生，开辟了一条伤员的生命线。

爱心奉献大爱无边 事故发生不久，一车车满载爱心的物资就源源不断地送抵救援现场。

周村区的两家超市紧急调配了价值 6500 多元的矿泉水、面包、火腿肠、毛巾等物资送往事故现场。一家空调生产企业的负责人，把企业员工捐助的 3000 元现金和 40 箱矿泉水送到现场临时指挥部。各大宾馆、饭店紧急赶制了 5000 多份盒饭为救援人员充饥。一家面粉厂停止正常生产，紧急蒸制出 500 多公斤馒头。29 日凌晨 3 时多，本已下班的一家商场又临时组织了 850 公斤水果和 1000 包饼干，慰问救援人员。

病员众多，护理成为突出问题。周村区 30 多名青年志愿者自发组成护理队，进入医院，主动承担起陪护任务，为受伤乘客提供无微不至的服务。

北郊镇十里村 59 岁的老党员王传民听到事故发生的消息后，立即与老伴商议，拿出家里的 1000 元现金，骑自行车赶到民政部门，把钱交给工作人员。老人说："出了这么大的事，俺也帮不上大忙，钱不多，给伤员买点药品吧。"

15 岁的淄博六中高一女生周一冉，向同学们发出一份倡议书："纵然我们学业繁忙、力量微弱，但我们愿尽最大的努力，在灾难来临之时证明，中国人民不会被困难吓到，我们有团结起来战胜一切的勇气。"

义务献血不遗余力 由于伤员过于集中，一时间血库告急。危难时刻，淄博市许多市民自发前往各血液采集点献血，不少单位还专门包车组织员工献血。

一位名叫巩士强的小伙子，连夜在网上发帖，发动网友为事故受伤人员献血。他说：“当时我在驾车正好听到这个消息，马上给员工打电话，组织了20多人献血。回去之后，我迅速在网上发布消息，结果有很多网友奉献爱心。”

一家酒店的60名员工无偿献血2万多毫升。董事长常永刚说，28日早晨他们正在筹划酒店4周年庆典，从网站上得知胶济铁路火车相撞造成重大人员伤亡后，立即组织员工进行无偿献血。近100名员工报名献血，有60人符合献血条件。

刚刚走出校园的20岁女孩孙海霞，在酒店工作仅两个月，就经历了人生中的第一次献血。她说：“酒店取消了西餐厅开业仪式，就把这次义务献血作为开业的庆典，我想这更有意义。”

在解放军148医院献血的市民宋玉萍说：“虽然受伤的乘客来自全国各地，但我们都是一家人。事故发生在我们周村，我们就应献出全部爱心，去帮助他们，让他们早日康复回家。”

记者4月30日下午在淄博市中心血站了解到，事发后，义务献血的市民已超过600人次，献血总量近24万毫升，血库相当充盈，五一期间只得限型限量采集。

一位淄博网友在网上留言说：“作为一个淄博人，不知道还能够为他们做些什么。刚才，我去血站献了400CC的血，之后就只能为伤者祈祷了。如果有网友想要寻人或需要其他帮助，尽管告诉我，我愿意尽绵薄之力。”

（新华社消息）

主要参考文献

《明史》，上海人民出版社，2003 年。

〔清〕王增芳等纂修:《济南府志》，中华书局，2013 年。

《中国实业志》，1934 年。

《山东省志》，山东人民出版社，1987 年。

陈涟元、白相房主编:《淄川县志》汇编，2010 年 11 月印刷。

〔清〕倪企望鉴修:《长山县志》，2010 年点校本。

赵加洋、荣丙华主编:《淄博市志》，中华书局，1995 年。

毕建国、董振忠、李民兴、赵加洋主编:《淄博市志（1986—2002）》，方志出版社，2013 年。

翟明本主编:《周村区志》，中国社会出版社，1992 年。

刘远忠主编:《周村区志（1986—2002）》，中华书局，2005 年。

李文主编:《淄川区志》，齐鲁书社，1990 年。

王荣修、尚新英、刘远忠、吴卓春等主编:《周村年鉴（1993—2015）》，周村区史志办。

山东省出版总社淄博办事处编:《淄博风物志》，山东人民出版社，1988 年。

《周村统计年鉴（1995—2015）》，周村区统计局。

〔明〕毕木:《黄发翁集》(影印本)，周村区文管所藏。

〔明〕王所明辑、张至发校注:《铨部王先生文集》。

〔明〕毕自严:《石隐园藏稿》，蒲泽校注，中国文联出版社，2010 年。

〔清〕毕际竑:《讷庵痴说》(手抄本)。

〔清〕王渔洋:《王渔洋全集》。

〔清〕高珩:《栖云阁全集》，蒲泽校注，中国文史出版社，2017 年。

〔清〕唐梦赉:《志壑堂集》(影印本)。

〔清〕蒲松龄:《聊斋志异》(二十四卷抄本)，齐鲁书社，1981 年。

路大荒编:《蒲松龄全集》，上海古籍出版社，1988 年。

〔清〕高之騱:《强恕堂集》(影印本)。

〔清〕王培荀:《乡园忆旧录》，蒲泽校注，中国文联出版社，2011 年。

景甦、罗仑:《清代山东经营地主底社会性质》，山东人民出版社，1959 年。

袁世硕主编:《蒲松龄志》，山东人民出版社，2003 年。

袁世硕:《蒲松龄事迹著述新考》，齐鲁书社，1988 年。

李国经选注:《周村历代诗选注》，青海人民出版社，2004 年。

孙方之、郭济生主编:《周村风物》，青海人民出版社，2004 年。

孙方之主编:《周村历史人物》青海人民出版社，2004 年。

孙方之:《蒲学圣地西铺》，中国文史出版社，2005 年。

郑峰主编:《淄博历史人物》，新世界出版社，2006 年。

孙方之主编:《彭家庄志》，中国文史出版社，2008 年。

伊丕聪、于晓明注评:《桓台历代诗词选注评》，海豚出版社，2012 年。

毕义星等主编:《毕氏艺文》，中国文史出版社，2014 年。

马瑞芳:《幻由人生——蒲松龄传》，作家出版社，2014 年。

《山东文学》，2004 年第 12 期、2005 年第 1 期。

《蒲松龄研究》，2015 年第 1 期、第 12 期。

《国学茶座》，2013 年第 1 期。

王渔洋文化研究中心编:《王渔洋文化》，2009 年第 1 期。

《商埠》，2014 年第 2 期。

《淄西毕氏世谱》。

《苏李王氏族谱》。

《淄川牛氏族谱》。

《淄西杨氏族谱》。

《彭氏族谱》。

《淄川韩氏族谱》。

淄西官庄《王氏族谱》。

《淄西沈氏族谱》。

《丁氏族谱》。

《鸾桥王氏族谱》。

《中华丘氏大宗谱·山东淄博分谱》。

编纂始末

王村镇，地处山东省淄博市西部，有淄博“西大门”之称，是一方水光山色、人杰地灵、文化积淀深厚的土地。2016 年 2 月，《王村镇志》有幸被列入中国名镇志文化工程。这是一次展示王村古镇文化底蕴、精神风貌的大好机会。王村镇党委、政府十分重视《王村镇志》的编修工作，成立了由主要领导任主任、分管领导具体负责的编纂委员会，聘请有编纂志书经验的李国经、孙方之任主编，自 2016 年 4 月展开工作。

《王村镇志》的编纂时间紧，任务重，标准高，要求严。全体编纂人员严格按照中国名镇志丛书规范、行文通则标准，首先拟定出编纂提纲，会同市、区史志办专家对提纲进行反复讨论、修改。根据名镇志编纂要求，重点突出王村古镇深厚的特色地域文化，和王村镇作为《聊斋志异》诞生地的独特地位。设计 12 个类目，即：概述、基本镇情、蒲松龄与王村、姓氏家族、文化遗产、小城镇建设、风情风俗、特色产业、艺文、杂记拾遗、人物、大事纪略，并附以附录与编纂始末。随即，全体编纂人员到省、市、区、镇档案馆（室）、图书馆，查阅有关档案、文献资料；深入民间广采博访，踏勘镇内山川景物、禅寺庙宇、古建筑遗存等名胜古迹；寻访耆老，搜集口述资料和民间收藏的古籍、家谱、家乘等，为编纂镇志准备充分材料。

2016 年 6 月 13 日，北京市地方志办公室原主任王铁鹏亲临周村，指导镇志编纂工作，并对《王村镇志》的纲目提出了指导意见。是年 7 月，开始进入编写撰稿阶段，编纂人员按照分工，边消化资料，边开始撰写初稿。至 10 月，完成初稿，年底，二稿完成，次年 2 月再易三稿。其间，全体编纂人员集中与分散相结合，每完成一稿，经主编反复审阅、修改、切磋，提出具体修改意见后，或补充资料，或调整结构，或打磨文字，再三修改。

2017 年 3 月底，经四易其稿，《王村镇志》初具雏形。4 月初，经主编人员统稿修改，形成送审稿，同时送达王铁鹏主任和省、市史志办审稿。王铁鹏主任经认真审阅，对《王村镇志》送审稿给予了实事求是的评价和热情的鼓励，同时提出了中肯的修改意见。2017年4月13日、14日，省史志办在济南召开终审会，山东省政府办公厅党组成员，省史志办主任刘爱军、省史志办副主任郭永生等出席会议。李天程、罗毅、杨桂华等专家，对《王村镇志》反馈了审阅意见。专家们对《王村镇志》送审稿给予充分肯定的同时，从专业角度，条分缕析，提出了有针对性的修改意见。省审稿会议结束后，淄博市史志办副主任徐杰，当即与李国经、孙方之研究落实修改方案，迅速展开工作。

在终审会后不到两周时间里，李国经、孙方之倒排工期，夜以继日，再赴市、区档案馆，蒲松龄纪念馆，淄博市图书馆，周村区、王村镇有关部门、有关村，针对个别存有疑点的史料、数据，或进一步核查资料、采访当事人，或对有的古建筑、古遗址再次实地踏勘、测量，力求做到准确无误，杜绝硬伤。同时补充拍摄了部分照片。在此基础上，对志稿进行再补充、再修改、再完善。在内容上，对有的篇目作了较大调整或重写；在史料上，去芜存菁、去伪存真，严格把关；在行文上，对语言表述、病句别字、标点符号、纪年换算等技术性细节进行再打磨、再规范。同时，对志书所配照片进行精选、定位，力求使本书图文并茂，锦上添花，相得益彰。2007年4月22日，将电子稿发王铁鹏主任再审阅，王铁鹏主任对个别地方提出修改意见，再行修改。4月底，按照时间要求将终审稿送中国地方志指导小组。2018年，根据方志出版社的意见，又进行了修改、完善。

《王村镇志》是在镇党委、政府的直接领导下完成的，镇党委书记耿峰、镇长张开俊多次听取镇志工作汇报。2017年初，王晓峰继任镇长，对本书的编纂及出版工作也给予了重视和支持。副镇长张丽娟、李峰，党委委员毕研娟、孙娜先后分管镇志工作，全方位给予了支持、保障。

《王村镇志》的编纂还得到了各级史志部门和专家的指导。淄博市史志办公室毕建国、徐杰、郭延志等领导、专家，数次赴王村与编纂人员研究《王村镇志》的编纂工作，给予了高度关注、支持。周村区史志办公室主任吴卓春及后任主任仇勃，做了很多协调、服务工作。山东大学邹宗良教授、淄博六中聂廷生老师对有关类目提出了很好的建议。同时，社会各界以不同方式给予了支持、帮助。原淄川县第六区老领导，已近九旬高龄的孙能杰、解沛章热情接受采访，提供了十分有价值的史料。画家毕耜跃、解德源、韩家平为本志创作了绘画作品。周村区档案馆、气象局、统计局、文管所，王村镇各职能部门均提供了帮助。魏恒远、王树恒、王吉栋、彭延遂、刘恒忠、毕坤德、毕淑德、牛传稼、高庆礼、韩其芳、孙启新、张子孝、王明辉等提供了部分文字或口述资料。涉及本志的许多姓氏家族提供了族谱资料。在《王村镇志》付梓之际，谨向为在本志编纂工作中给予支持、帮助的社会各界人士一并表示诚挚谢意！

《王村镇志》主要工作由李国经、孙方之二人承担。聂廷生、毕于润、吕则泉、毕思宝、张德生撰写了有关篇目，毕玉桓、刘延华参与了资料的征集工作。

本志书所选用照片，以及收入的诗词文章，部分在版权时限内的作品，未能及时在出版前确认作者或与作者取得联系，有的照片由于年代久远，以及其他原因，难以确定作者姓名。《王村镇志》出版后如有作者能确认作品，请及时联系，即付薄酬。

《王村镇志》虽经编纂人员历时两年多时间，数易其稿，但囿于资料、时间和水平，错讹、疏漏之处在所难免，敬请方家和广大读者批评指正。

编　者

2018 年 5 月